大学 青春 人生

北理工人的成长印迹（德育答辩20周年合集）

主编●徐 建

北京理工大学出版社
BEIJING INSTITUTE OF TECHNOLOGY PRESS

版权专有　侵权必究

图书在版编目（ＣＩＰ）数据

大学　青春　人生：北理工人的成长印迹：德育答辩20周年合集／徐建主编． －－ 北京：北京理工大学出版社，2023.6

ISBN 978－7－5763－2481－5

Ⅰ．①大… Ⅱ．①徐… Ⅲ．①高等学校－德育－中国－文集 Ⅳ．①G641－53

中国国家版本馆 CIP 数据核字（2023）第 108445 号

出版发行／	北京理工大学出版社有限责任公司
社　　址／	北京市海淀区中关村南大街5号
邮　　编／	100081
电　　话／	（010）68914775（总编室）
	（010）82562903（教材售后服务热线）
	（010）68944723（其他图书服务热线）
网　　址／	http：//www.bitpress.com.cn
经　　销／	全国各地新华书店
印　　刷／	保定市中画美凯印刷有限公司
开　　本／	710 毫米×1000 毫米　1/16
印　　张／	17.25
彩　　插／	16
字　　数／	320 千字
版　　次／	2023 年 6 月第 1 版　2023 年 6 月第 1 次印刷
定　　价／	76.00 元

责任编辑／	申玉琴
文案编辑／	申玉琴
责任校对／	刘亚男
责任印制／	李志强

图书出现印装质量问题，请拨打售后服务热线，本社负责调换

编委会

主　　　任：庞思平

主　　　编：徐　建

副 主 编：苟曼莉　陆宝萍　李旭珊　周芳集

执行主编：王晓静　孔令名　杨　菲

编　　　委：辛嘉洋　韩姗杉　倪　俊　盛　筠
　　　　　　侯明佳　哈　楠　史大威　奚英伦
　　　　　　郭宏宸　张龙泽　张　锋　郭惠芝
　　　　　　陈丽健　王晶晶　彭明雪　孙　硕
　　　　　　马晓龙　欧阳哲　张梦雯　李成刚
　　　　　　方　蕾　王　博　邓　岩　王一飞
　　　　　　李　晋

前言

"回首大学时光，思考青春岁月，书写人生愿景"。每年开学第一天，迈入北京理工大学的新生都会收到一份特殊的礼物——《大学 青春 人生——北理工人的成长印迹》。这是一本德育答辩论文集，记录着已毕业师兄师姐们的青春奋斗故事，是新生人手一册的"德育教科书"。德育答辩系统工程是北京理工大学学生思想道德教育工作中创造性的一项举措，学生在大学四年过程中通过德育开题、中期检查和答辩三个环节，从政治、思想、品德、心理等多方面，对大学生活和个人发展进行全面规划、实施、修正和总结。从2005年至今，已连续出版18本，这套书影响了近10万名北理工学子。2022年"大学 青春 人生"优秀学生事迹报告会成员、设计与艺术学院毕业生李泽媛说道："大一报到时，我收到了一本书，书的名字叫《大学 青春 人生》，书里记录着优秀的学长学姐们关于自己大学生活的心路历程。当时我被深深地触动了，我也开始探寻着如何像他们一样成为有理想、敢担当、能吃苦、肯奋斗的好青年。现在这本书还放在我的书桌上，有时候我会拿来翻一翻，从那些优秀的学长学姐们身上寻找继续前进的动力。"

2023年，是北京理工大学实行德育答辩制度的第20个年头，这本书精选了20年来历届毕业生离校前写的德育答辩论文。每一篇文字都是大家成长过程中的真诚流露，或总结得失，或分享经历，或抒发情感，字里行间跃动的是一个个鲜活的生命。一届届优秀学子铭刻下了他们在北理工的成长印迹，也通过文字将他们的思想和情感一年年传递下去，形成了北理工特有的学生德育载体。

北京理工大学是中国共产党创办的第一所理工科大学，始终紧密围绕立德树人根本任务和人才培养中心工作，以培养"胸怀壮志、明德精工、创新包容、时代担当"的领军领导人才为己任，将思想政治教育贯穿教育教学全过程。德育答辩工作是学校德育体系的重要一环和特色工作，从2003年开始，学校在全国率先试行本科生"双答辩"制度，毕业生需进行毕业论文答辩和德育答辩。其中，德育答辩为学生提供了一个多角度审视自我、展示自我的舞台，每名本科毕业生在毕业前，都要回望自己四年的大学生活，写下思想成长轨迹，确立新的人生目标，与老师同学真诚交流，积蓄能量，踏上新的征程；2006年，学校制定了《北京理工大学关于在本科毕业生中开展德育答辩工作的实施意见》《北京理工大学本科生德育答辩工作实施办法》等指导性文件，启动选拔优秀毕业生代表组建"大学 青春 人生"优秀学生事迹报告团，在新生入学季，举办了第一届"大学 青春 人生"优秀学生报告会暨时代新人说讲述活动，面向全体新生讲述青春奋斗故事；2008年，学校在大一年级本科生中全面开展德育答辩论文开题工作；2009年，学校在大三年级本科生中全面开展德育中期检查工作；2013年起，学校全面实施"一年级工程"新生入学教育系列活动。2021年起，学校探索德育答辩制度的新时代表达，通过大数据等信息化手段，将德育答辩与学生综合素质评价相结合。多年来，以德育开题、德育中期、德育答辩三个关键环节为切入点，学校有针对性地开展深度辅导，帮助学生规划大学生活，树立理想信念，思考人生价值；引导学生通过总结反思进一步明确发展目标，厚植爱国主义情怀，培养爱国奋斗精神，不断加强品德修养，增长知识见识，增强综合素质，将个人发展与国家发展联系起来。在不断凝练时代内涵的同时，德育答辩逐步发展成为学生全面规划、实施、修正和总结个人发展，接受评价和指导的系统成长成才重要载体。

《大学 青春 人生——北理工人的成长印迹》这本承载着一代代北理工人的独家记忆的德育答辩优秀论文集，将成为北理工人的精神标识，长此以往、坚持不懈地传承下去。

2023 年夏

"大学·青春·人生"德育展板　　作者：刘炫琳1120103511

梦想
启航的地方

北京理工大学
BEIJING INSTITUTE OF TECHNOLOGY

设计 人生
(I'M A SLOW WALKER, BUT I NEVER WALK BACKWARD)

北京理工大学
BEIJING INSTITUTE OF TECHNOLOGY

第一次唱卡KTV	第一次聆听蒲凤鸣的讲乐	第一次养宠物	第一次数码摄影
第一次自己买火车票坐火车	第一次看车展	第一次参加设计竞赛	第一次独立完成设计作品模型
第一次搬家累	第一次跟他拍比较真诚的谈话		
大一	大二	大三	大四

也曾沉浸在游戏的快乐中不能自拔

也曾努力拼搏，去争取一点成绩

也曾像个泥疙瘩一样死板，不会生活，不会学习

也曾把 university 直译为"由你玩儿四年"，整天只知道吃喝玩乐

也曾迷失方向，不知道前途在何方

校园让自己变得成熟，让自己变得丰富，让自己逐渐明白人生的酸甜苦辣。

我眼中的校园

毕业实习
安徽 浙江

所有的这一切，无论是痛苦还是甜美，都是自己的财富，都是宝贵的经验，有了它生活才丰富，人生才更精彩。

rabbit

设计艺术学院毕业生德育答辩设计优秀作品

元向飞

致最好的朋友

班號：二五七○一○○三
學號：一一二○一○三四三○
作者：齊曉琳

大學裏我們恣意輕狂
青春中我們共同成長
你們是我一生溫暖的力量

大學·青春·人生

我的大学生活

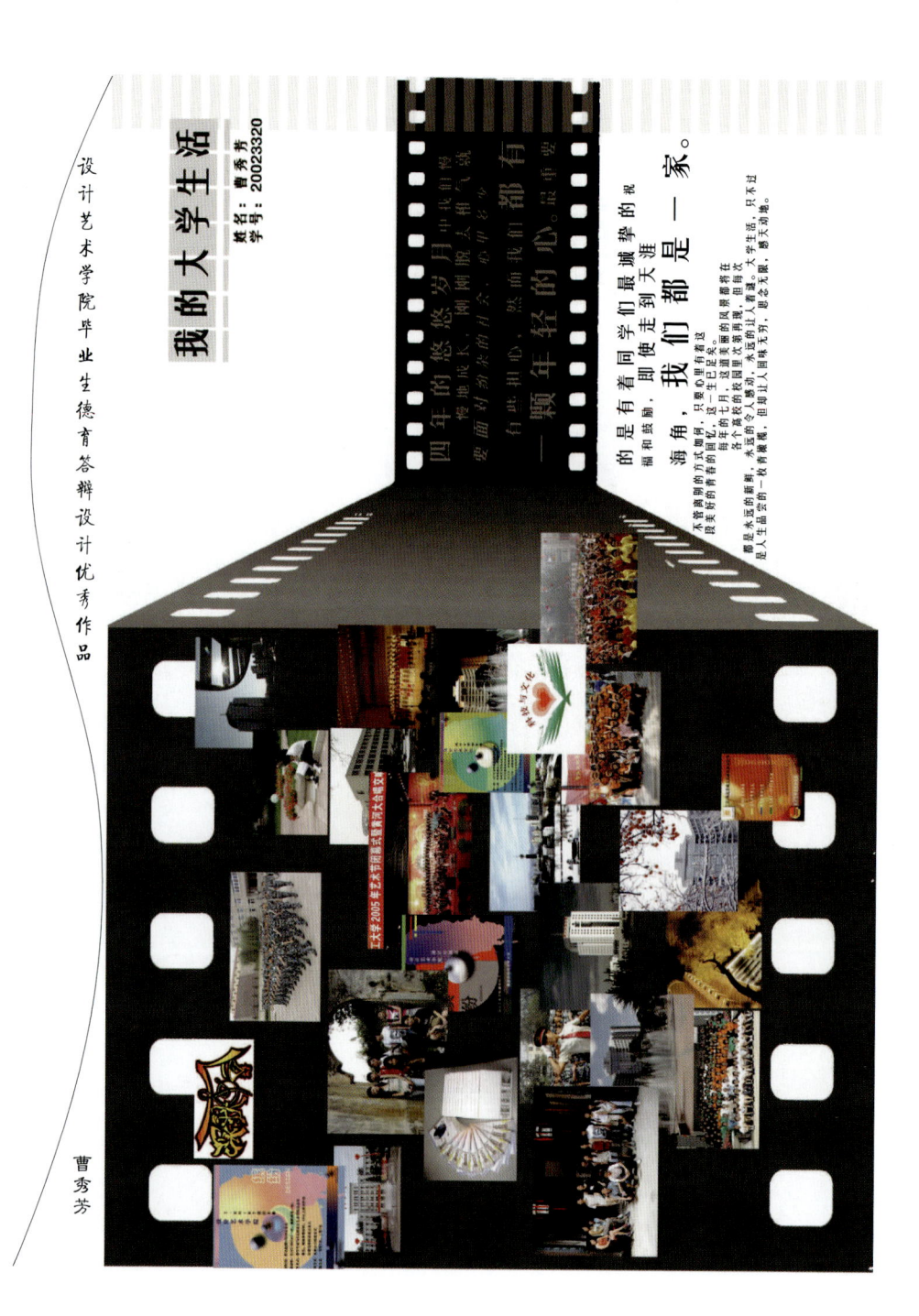

姓名：曹秀芳
学号：20023320

四年的悠悠岁月,刚刚褪去帅气就变得如此的圆滑,少不了对面对的自己,然而我们都有着一颗拥心。年轻的心最重要。

的是友情、鼓励，即使走到天涯海角，我们都是一家。

祝同学们最诚挚的

设计艺术学院毕业生德育答辩设计优秀作品

曹秀芳

107

良乡大学城 — 中关村南大街
LIANGXIANG DAXUECHENG ZHONGGUANCUN NANDAJIE

首车 2010.8.27　末车 2014.7.3

1	2	3	4	5	6	7	8	9	10	11	12	13
良乡大学城	静园D	北操湖	足球场	篮球场	网球场	排球场	超市	北食堂	南食堂	清真食堂	石头村

14	15	16	17	18	19	20	21	22	23	24	25	26
中关村南大街	中关村	五道口	西单	三里屯	簋街	南锣	中南海	安徽	苏州	杭州	上海	……

LIT 12公里内票价0.4元　　BIT 票价2年

设计艺术学院毕业生德育答辩设计优秀作品

成佳梅

回首，一起走过的岁月

10310401班

我想大学一定是酸甜苦辣并存的，**大学**否则我们怎会相遇如此深爱的人以及让我们成长的人，学会放弃和知足，懂得梦想和追求，迎接爱情友情，相遇与离别。

青春 轻轻的风青青的梦，轻轻的晨晨昏昏，淡淡的云，淡淡的泪，淡淡的年年岁岁。

德以明理学以精工，这句话一定会成为人生的座右铭，伴我成长。**人生**

四季的雨雪纷飞让我心醉却不堪憔悴，青春的花开花谢让我疲惫却不后悔，

25111001班 1120103393 杨旸

激情

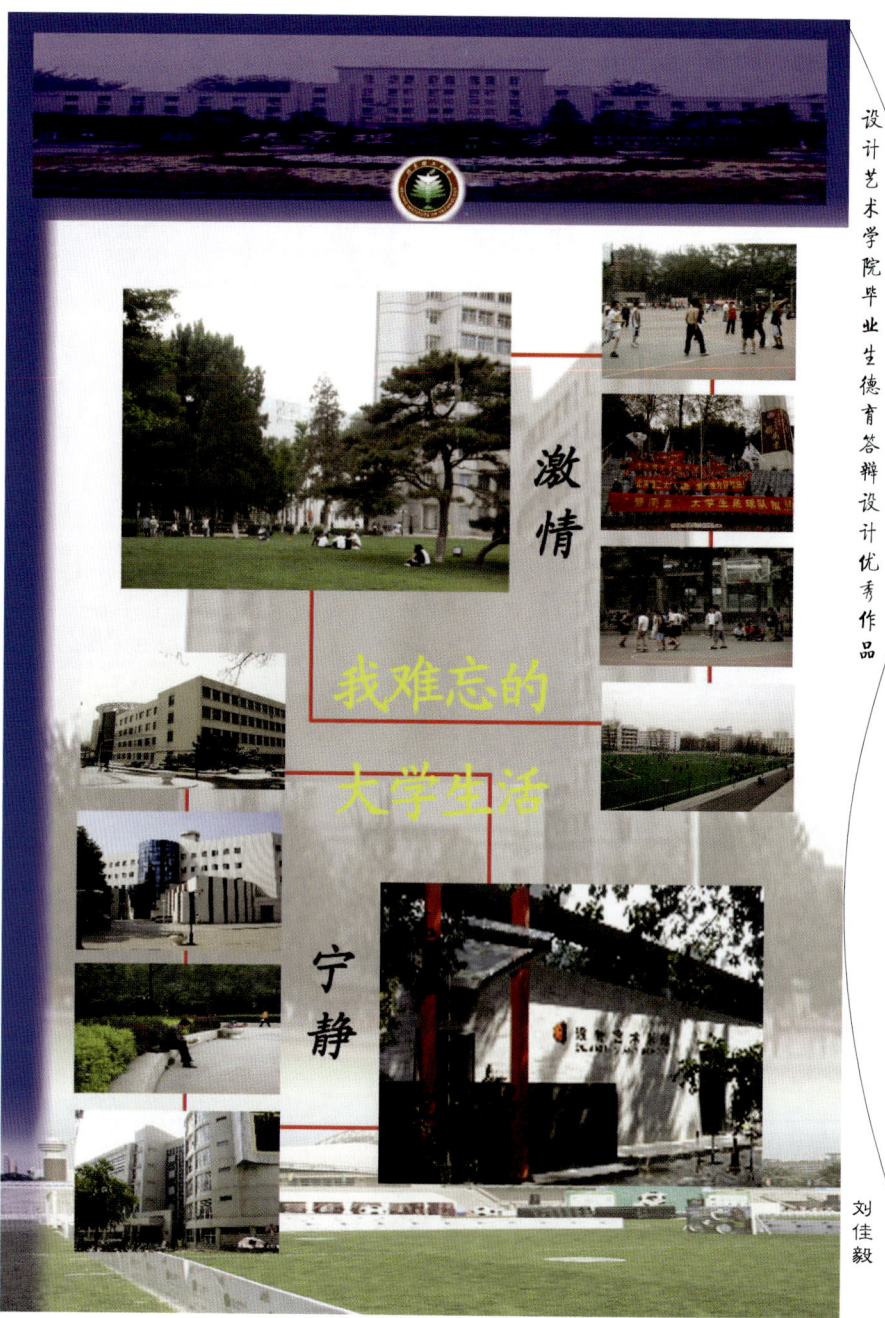

我难忘的
大学生活

宁静

设计艺术学院毕业生德育答辩设计优秀作品

刘佳毅

2010级本科毕业生德育展板

大學·青春·人生
University · Youth · Life

U 从七月到七月，我们走过了一个轮回，回首时，象牙塔洁白依旧…

从2010年的9月到2014年的7月，我们走过了同样一个轮回。
人生中我们只能经历一次，青春的岁月我们在这里度过，
大学的记忆将是我们永远的回忆。
今天，
毕业在即，不多的时日之后，朝夕相处的同学就要各奔前程；
回想前事，
25701002班曾经的点点滴滴，
同学们曾经的天真和忧伤，记忆中那么清晰，
却又如此模糊。曾经的年少无忌、曾经的青春飞扬，
仿佛经历，
却又如烟般了无踪迹。

·Y 烟雨暗千家，诗酒趁年华

从家乡到北京、从乡村到首都，
大学四年，一路走来；
二十二岁的我，已是熟悉了这方校园。
良乡的一草一木，熟悉不过的宿舍，常去的图书馆，
挤不上的环一，散步的北湖……
从一个不经世事的少年，无数的思考和迷茫，成长到现在，
我经历了外部环境和意识形态的巨大变化，
人生观、世界观也逐渐成熟。
我最灿烂的青春，最美好的回忆，全部都在这里。

·L 德以明理 学以精工

毕业，同时也到了盘点自己大学四年经历的时候。
在这2004年的春夏之交，二十二岁，希望能给自己确定一个
明确的答案；
之后，无论我去向哪里，都将铭记母校的校训 "德以明理
学以精工"。四年，是您让我在许多事情上从无知道到懂得，
是您教会我做人。感谢母校的培育之恩。

也感谢，四年之中，我所经历的事情。
感谢大学里遇见的这样一群人，发生着丰富多彩的故事。
再见，这段经历；再见，这段青春。
我走过了那些年，而下一站将是我的第二人生。

班级：25701002 姓名：国浩然 学号：1120103467

22歲那年，我開始與花期揮手……道別……

青春，不是人生的一个时期，
而是一种心态。

青春的本质，
不是桃面桃腮，
不是朱颜红唇，
不是灵活的关节，
也不是强壮的肢体。
而是坚定的意志，
丰富的想象，
和饱满的情绪。
青春是蕴藏在生命甘泉中的一丝清凉。

青春的内涵，
是战胜怯弱的勇气，
是敢于冒险的精神，
而不是好逸恶劳。
许多上了年纪的人，
反而比年轻的人更具备上述的品质。
年月虽增，但并不衰老；
衰老的成因，
是放弃了对理想的追求！
岁月徐徐褶皱肌肤，
而豪气却在褶皱灵魂。
烦恼、恐惧、乃至自疑，
均可摧垮精神，
伤害元气！

每个人的心中，
都有一部无线电台。
只要能从他人和造物主那里接受到美好、
希望、欢畅、勇敢和力量的信息，
那么我们便拥有了青春。

一旦天线垮塌，
精神便会遭到傲世和悲观情绪的压迫。
此时，即使是二十岁的人，
也会觉得苍茫；
然而，只要天线高擎，
不断接受乐观向上的电波，
那么，即使你已经年迈，
即使你已经两鬓如霜，
你也会仍感感觉到年轻！

设计艺术学院毕业生德育答辩设计优秀作品

沈士远

大学／青春／人生

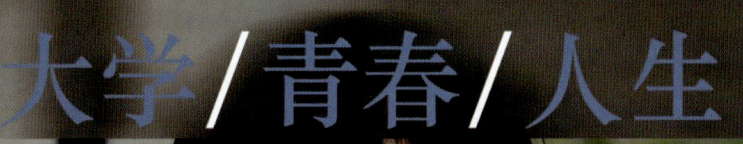

BY 侯江南

青春不仅仅是月亮、林荫、交谊舞，也不仅仅是为了使地球多一个高等动物。假如你能让青春放逐出自己的思维，让它驰骋在大自然纷繁的境地，回旋在物质的深层结构，奔波在宇宙无限的区域，那么你会为之迷恋，为之振奋，为之倾注出自己的全部热血。

我们是不是忘乎青春地抱怨自己老了
然后在锦瑟可触弹的基音了
青春做怕我们是什么
激情 梦想 还是苍茫
我们是不是每次只要一触及青春输消烟
心中总是升起押愁
不知不觉中
我们已走到了青春的渡口
那些年里所有的欢声笑语 悲伤离别
在这一刻仿佛都烟消云散
那些走过的路 欣赏过的风景 遇到过的人
在不早不晚的时间里已成为历史
堕进深深的谷底
那些年少的梦想
是不是慢慢输给了时间
那些豪言壮志
是不是已在每日的虚度中慢慢消失
或许 你会是这样
但我相信 你其实并不想这样
流逝的青春 翻转的年轮
我们要做一粒倔强的蒲花种子
哪怕明知道绽放只是那一瞬间的使命
也仍执着的冲刺出土
迎着风雨坚强的成长 义无反顾。
努力过 奋斗过 青春方无悔！

以青春之我／
创造青春之
家庭／青春之
国家／青春之
民族／青春之
人类／青春之
地球／青春之
宇宙／资以乐
其无涯之生

记忆中的影像

大一的回忆

最难忘的回忆就是"非典",怕并幸福着。怕自己应付不了这突来的灾难。幸福着自己用坚强换来了长大。感谢"非典",让我感受到了非同寻常的人生体验,体会到了

别样的人生

"非典"一景

大二的线画

熟悉了校园生活的我,各方面都开始得心应手。参加了很多活动,也走出了校园,去了北京很多的风景名胜。充实了自己的生活,也增长了自己的见识。喜欢这种自由的感觉,更喜欢回到学校亲切的感觉。大二让我体会到

多彩的人生

大三的忆录

要开始决定自己的路了。工作是考研???最终决定了考研,从此校园的道路上又有了一个忙碌的背影。留下的只是急匆匆的脚步。北京的冬天很冷,考研过程也很辛苦,有时真的很想放弃。可是冬天来了,春天还会远吗?

艰苦的人生

大四的回忆

就要离开学校了,第一次变得这么感伤。怀念校园的一切事物,又一次重新定位自己的方向,开始我们新的道路。

新的人生

设计艺术学院

黄 玉

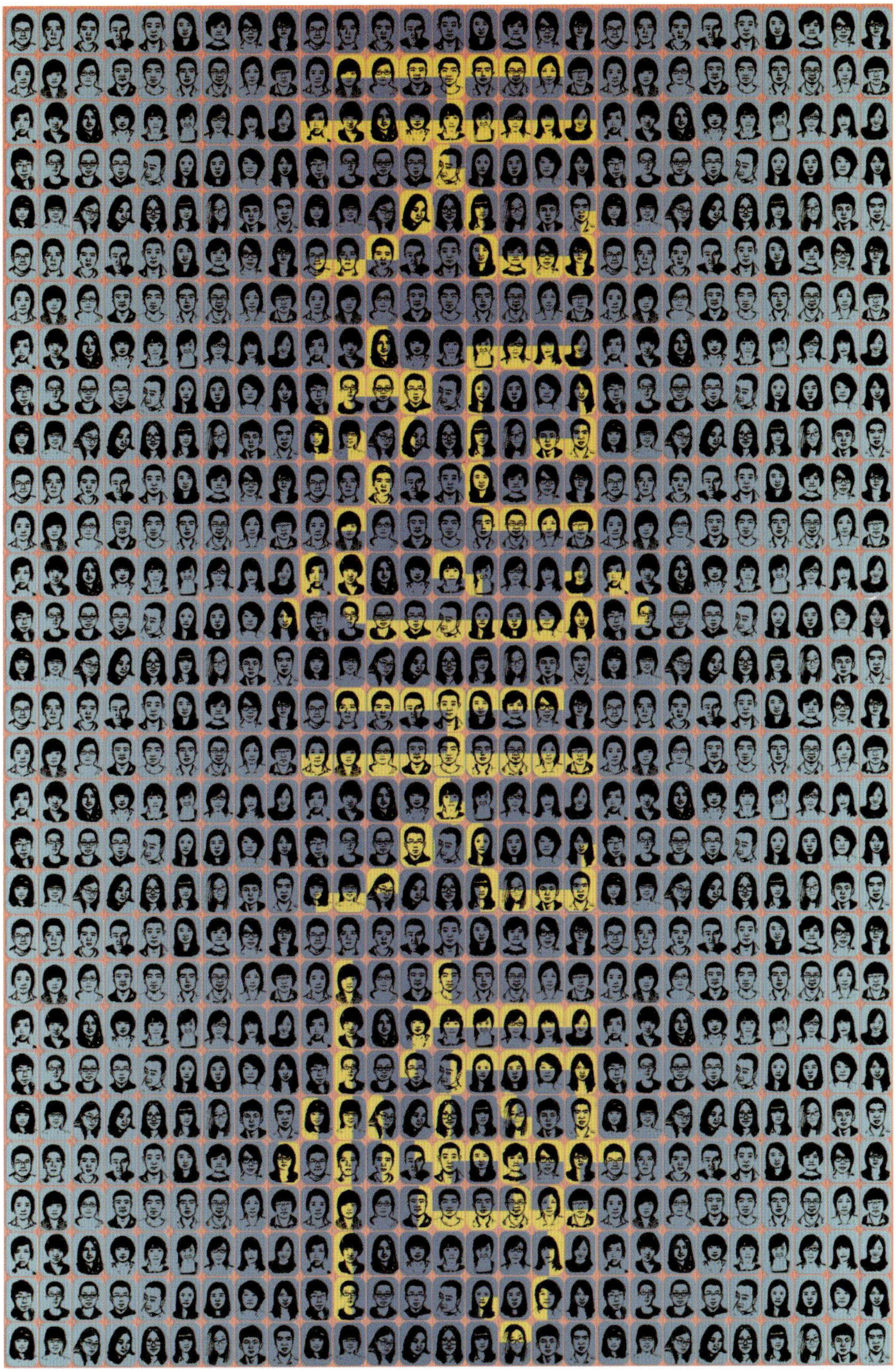

08

不管昨天多疲惫
生活令你的心多艰辛或憔悴
这一切，我通通不管
明天，我只要你看得见阳光
充满激情
我们青春无悔

它，献给
身边每一位陪伴我一起幸福的人
那些一起与青春有关的日子
……

Name： Jiangtao
ID： 20043369
Class： 10120401
University： BIT

2004——2008

设计艺术学院毕业生德育答辩设计优秀作品

蒋涛

人 生而幸福

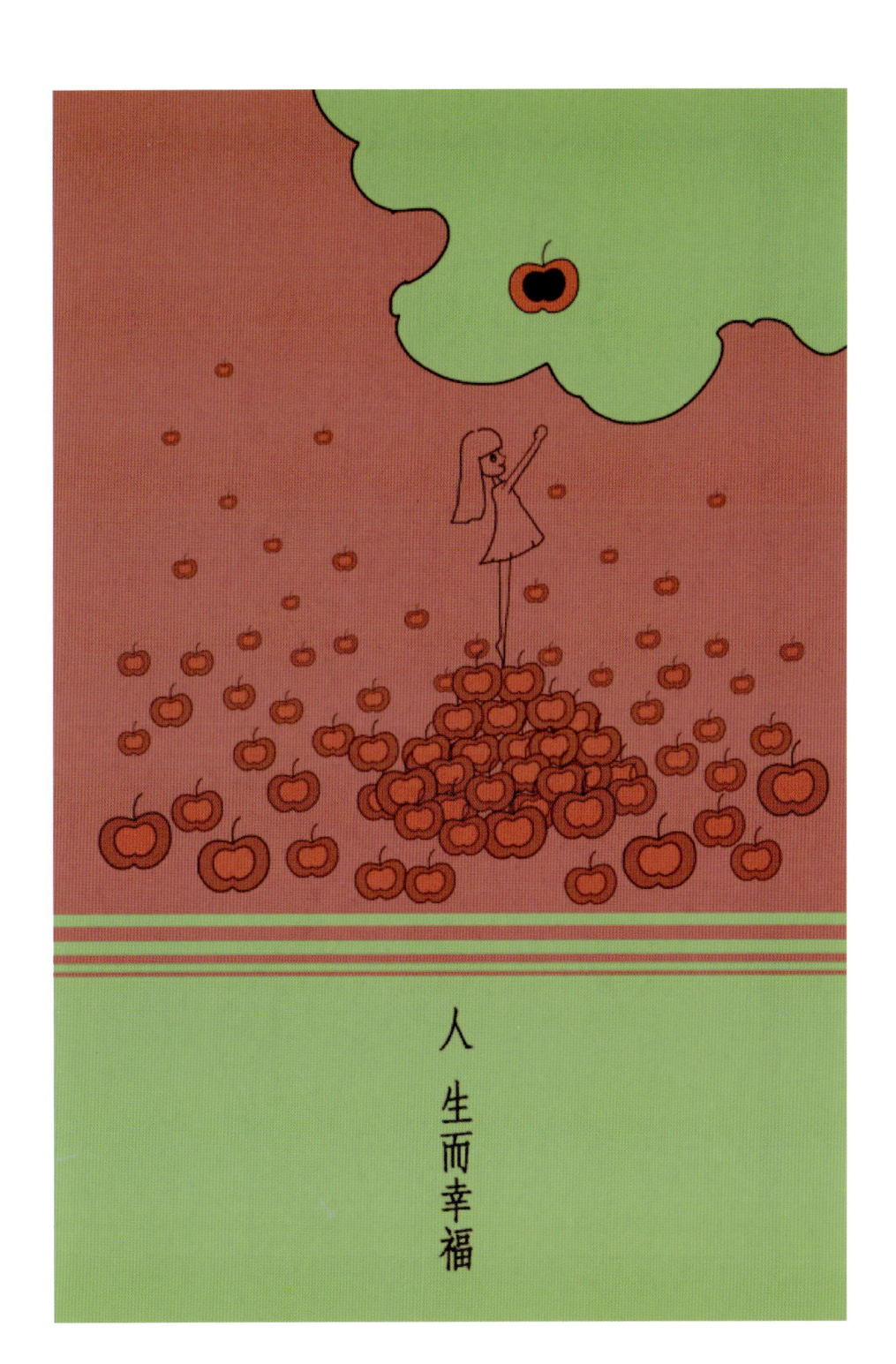

设计艺术学院毕业生德育答辩设计优秀作品

许婧

大学·青春·人生
回忆·感悟·前行

乐在其中
奋情努力
思绪万千
迈步前行
迷失方向
初来乍到

设计艺术学院 10110301班 许婧 20033084

北京理工大学 BIT
设计与艺术学院 SCHOOL OF DESIGN&ARTS

四年

2010.8.26——2014.7.4
1409个日夜

30余名同学

共同成长

MANY STUDENTS WITNESS

姓名：张林静
学号：1120103400
班级：25111001
工业设计（理工）

军训、英语、专业课、手绘、模型、外出写生、告别良乡、实习考察……

■ 2010级工业设计班拥有的共同记忆

石头村　　RHINO
西递宏村　3D MAX
苏州美术馆　PHOTOSHOP
　　　　　SOLIDWORKS

大学·青春·人生

设计艺术学院毕业生德育答辩设计优秀作品

我们的纯真年代
OUR CRYSTAL YEAR

蔡欣

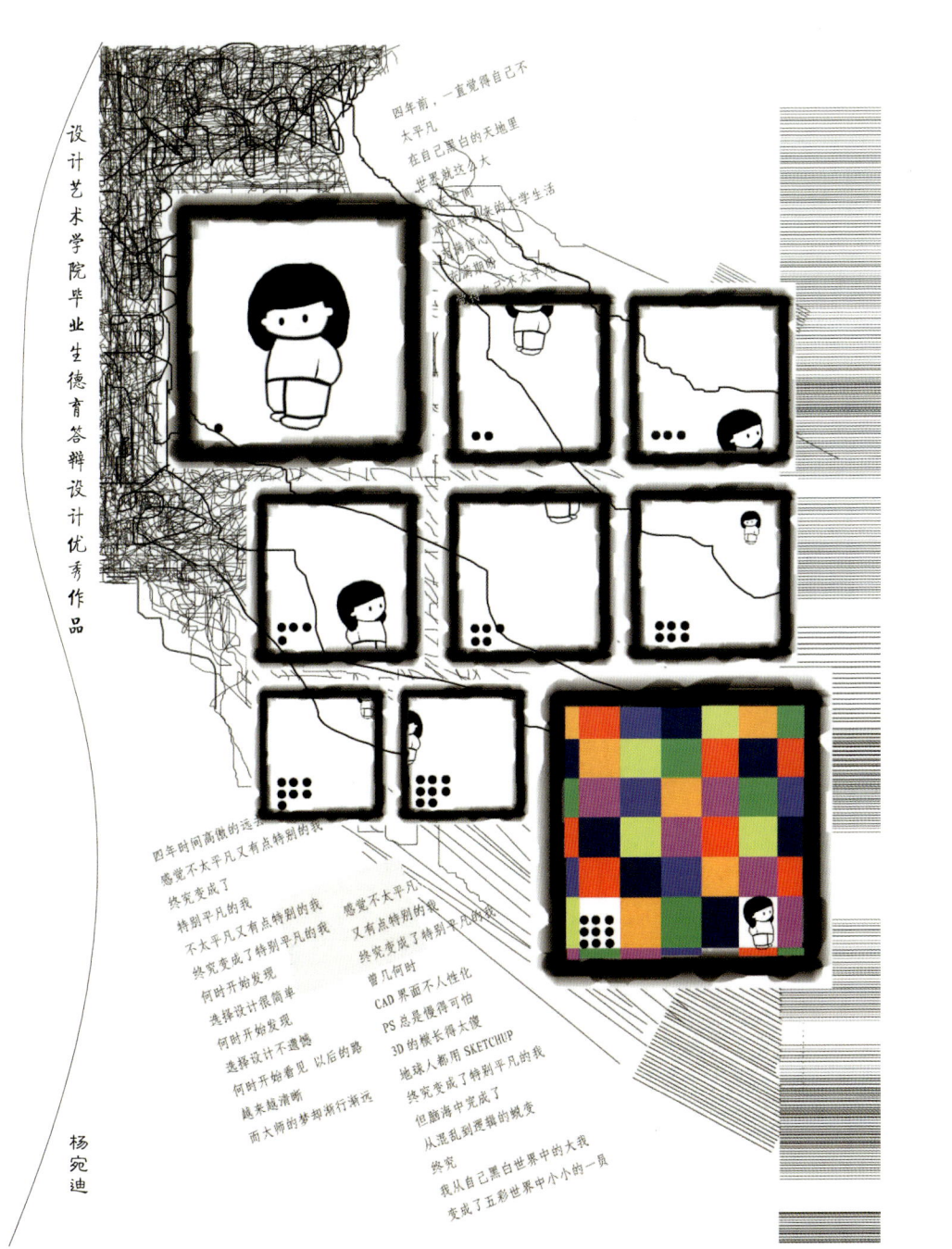

设计艺术学院毕业生德育答辩设计优秀作品

四年前，一直觉得自己不
太平凡
在自己黑白的天地里
世界就这么大
……的大学生活

四年时间高傲的远……
感觉不太平凡又有点特别的我
终究变成了
特别平凡的我
不太平凡又有点特别的我　感觉不太平凡
终究变成了特别平凡的我　又有点特别的我
何时开始发现　终究变成了特别平凡的我
何时开始发现　曾几何时
选择设计很简单　CAD 界面不人性化
选择设计不遗憾　PS 总是瘦得可怕
何时开始看见　以后的路　3D 的橡长得太像
越来越清晰　地球人都用 SKETCHUP
而大师的梦却渐行渐远　终究变成了特别平凡的我
但脑海中完成了
从混乱到逻辑的蜕变
终究
我从自己黑白世界中的大我
变成了五彩世界中小小的一员

杨宛迪

徐特立学院
XUTELI SCHOOL,BIT
未来成就未来

我们的

青春献礼二十大，强国有我新征程

遇见
未来
做大学生活的导演
睿信书院

精工2123

"Δ" Me
sup?
科研
自我
学习
inf?
致四年后的自己
德育开题海报
无限趋近于真实的自己

1940

青春不散场
I BIT

少年凌云志
筑梦展芳华

1801
BJLGDX
TH

以镜明心，以镜正己
——2018级明镜班德育答辩交流会

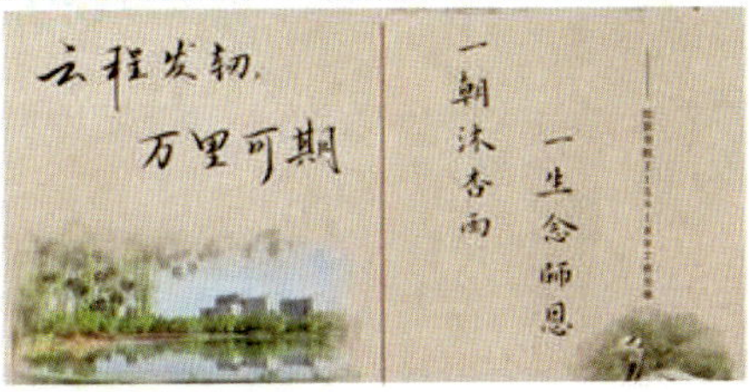
云程发轫
万里可期
一朝沐杏雨
一生念师恩

中外叠班
德育终期

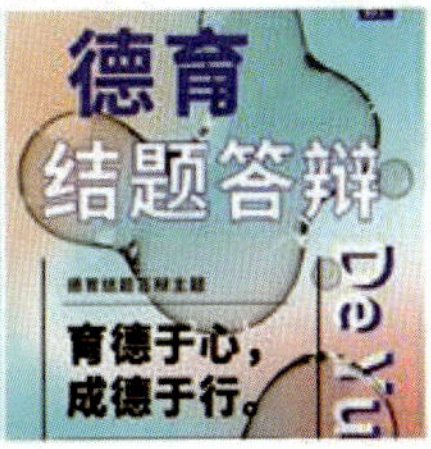
德育
结题答辩
育德于心，
成德于行。

青春无边
奋斗以成
胸怀壮志 明德精工 创新包容 时代担当

修身立德 迎接挑战
德育中期报告

2001班德育中期答辩

经管书院21592005班德育中期答辩会

做大学生活的导演

永远跟党走
奋进新征程

永远跟党走
奋进新征程

永远跟党走

永远跟党走
奋进新征程

报告会
永远跟党走
奋进新征程

学生
活动
永远跟党走
奋进新征程

奋进
永远跟党走
奋进新征程

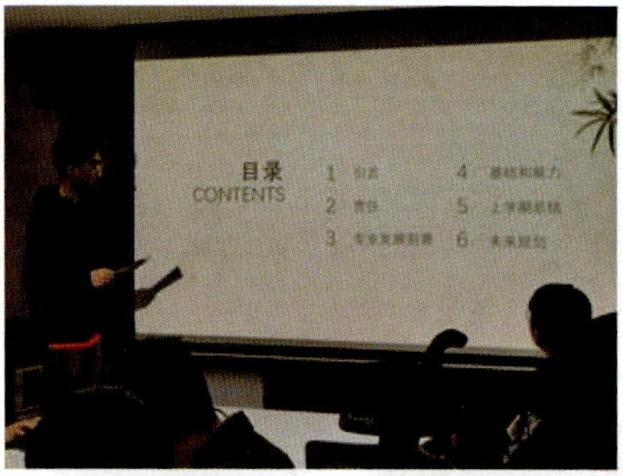
目录
CONTENTS

明德2002班德

乘风破浪正当时 我愿扬鞭自奋蹄
——求是2017班德育开题

做大学生活的导演

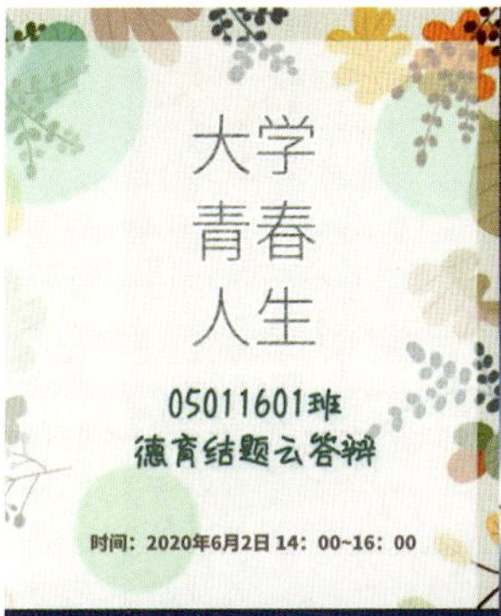

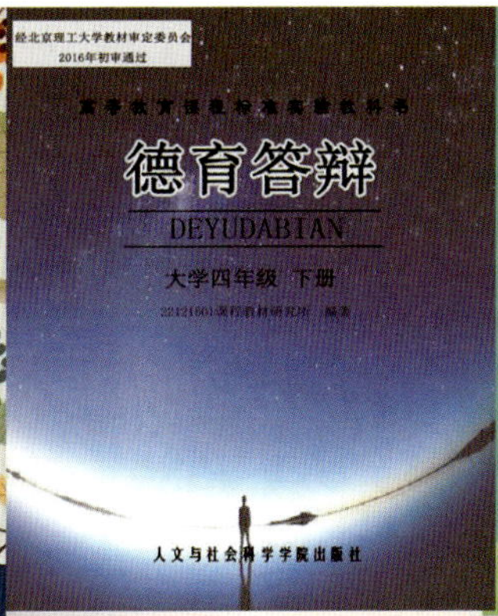

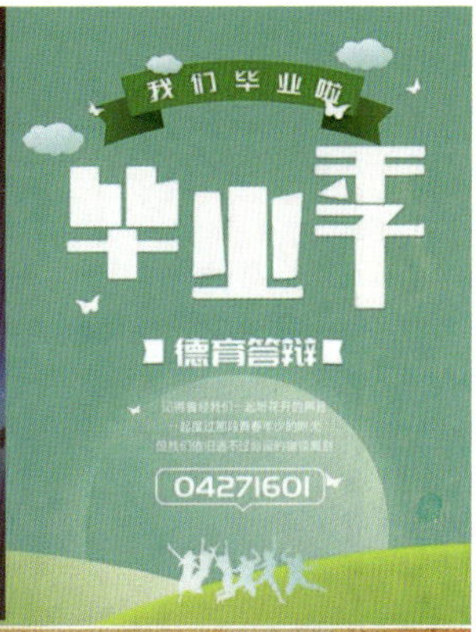

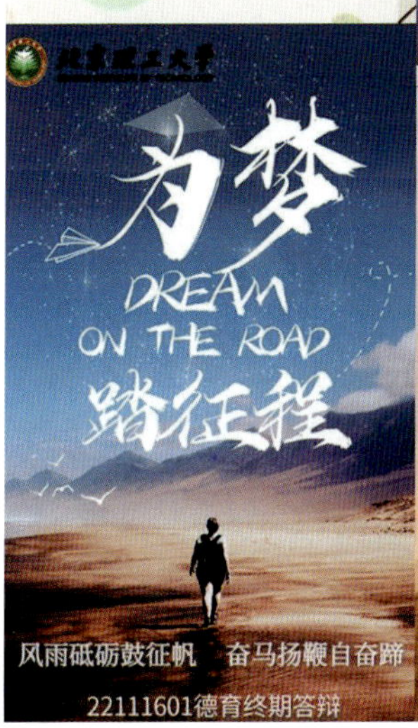

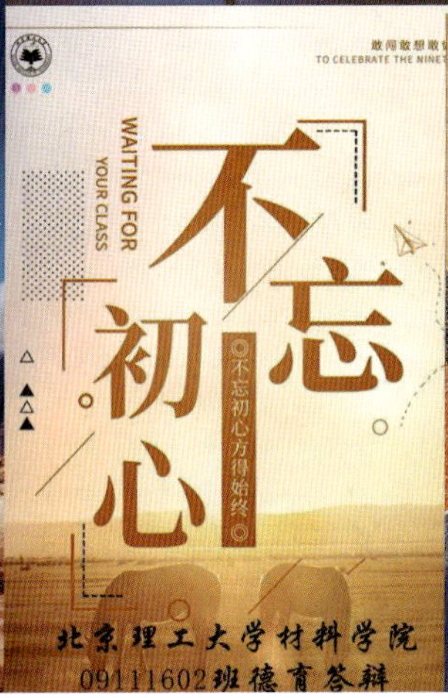

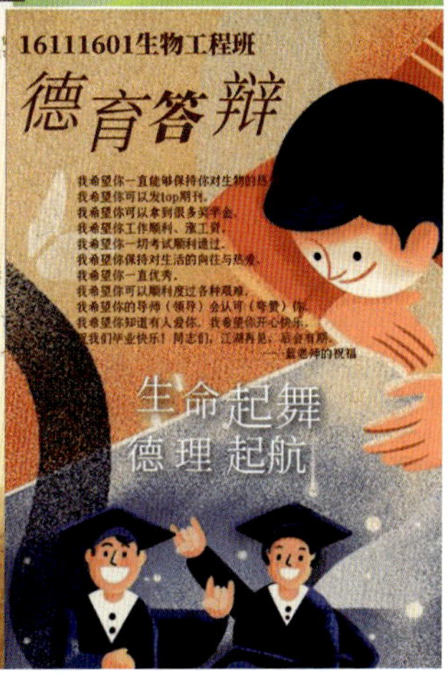

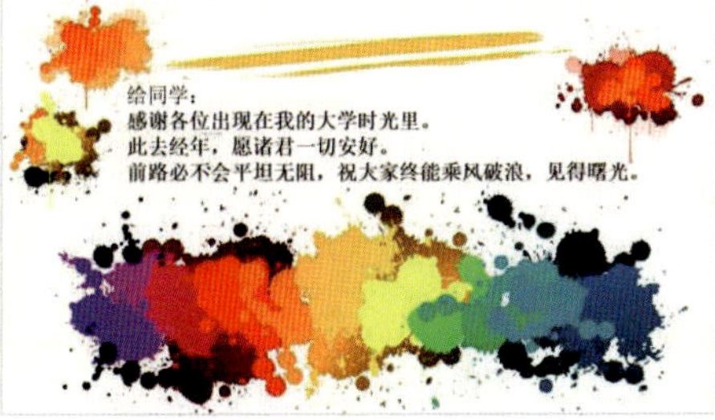

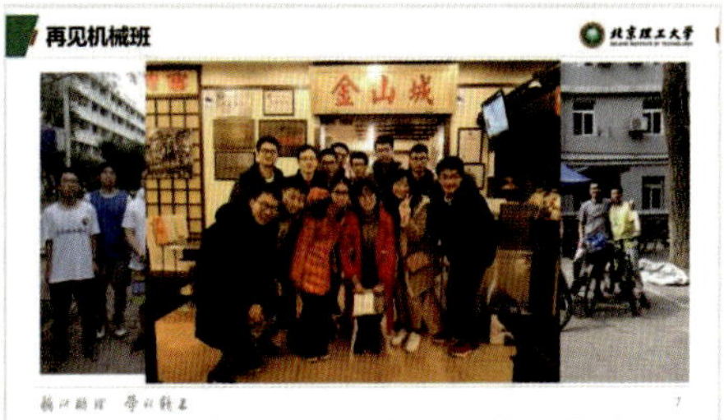

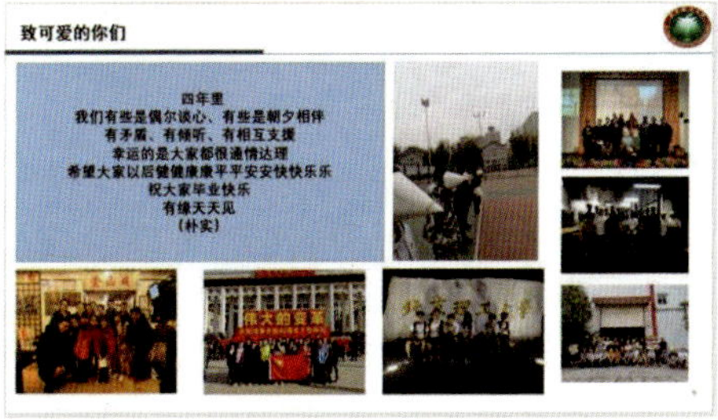

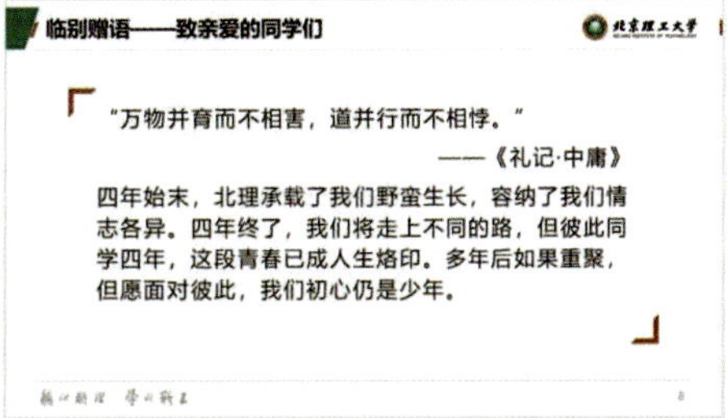

照亮人生路
生事迹报告会

北京理工大学
青春献礼二十
想照亮人生路
第十七届“大
优秀学生事迹报告会
讲述活动

想照亮人生路
秀学生事迹报
讲述活动
北京理工大学

报告会
北京理工大学

优秀学生事迹报告会
讲述活动
北京理工大学

生事迹报告会
北京理工大学

青春献礼二十大 梦想照亮人生路
第十七届“大学 青春 人生”优秀学生事迹报告会

目录

第一篇　领航志 /1

做一名北理工的力行者 /3
　　　　　　　　　　　徐特立学院　白闻硕

一场青春的远征 /6
　　　　　　　　　　　宇航学院　朱恩耀

君子乾乾若天行健　何惧前路艰险 /10
　　　　　　　　　　　生命学院　信树辰

先人后己　矢志不渝 /13
　　　　　　　　　　　明德书院　李彦沨

我的大学故事：打造中国的"钢铁侠" /17
　　　　　　　　　　　机电学院　许毅

驻足之处　皆是舞台 /20
　　　　　　　　　　　材料学院　方叶星

以志愿服务绘就最美青春画卷 /24
　　　　　　　　　　　设计与艺术学院　李泽媛

用专业技术保障祖国"高光时刻" /27
　　　　　　　　　　　计算机学院　薛彤

第二篇　大学道 /31

岁月如风 /33
　　　　　　　　　　　材料科学与工程学院　李钦

缤纷大学人生　精彩青春故事 /38
　　　　　　　　　　　化工与环境学院　荀曼莉

大学 青春 人生

Forever Home – Our 413　/42
　　　　　　　　　　计算机科学技术学院　陈磊
一个班级的传奇
　　——献给06210301班全体同学　/47
　　　　　　　　　　生命科学与技术学院　廖玲妮
飞翔之梦　/54
　　　　　　　　　　宇航科学技术学院　高峰
点滴积累成就精彩大学　/59
　　　　　　　　　　化工与环境学院　甘凤妍
如何让天上掉馅饼　/64
　　　　　　　　　　人文与社会科学学院　于满
我的大学自强必修课　/69
　　　　　　　　　　设计与艺术学院　欧阳哲
岁时散记　/73
　　　　　　　　　　管理与经济学院　曹雪
立足自身　设计成长之路　/79
　　　　　　　　　　机械与车辆学院　段斌
心之所向　百折不挠　/84
　　　　　　　　　　机械与车辆学院　倪俊
从大学的细枝末节探究成长的蜕变　/89
　　　　　　　　　　设计与艺术学院　武婷宇
生命不息　奋斗不止　/94
　　　　　　　　　　管理与经济学院　白佳
合理规划　不断攀登　/98
　　　　　　　　　　外国语学院　倪志远
激昂青春　不悔人生　/102
　　　　　　　　　　宇航学院　贺璇敏
无悔理工路　归来仍少年　/106
　　　　　　　　　　机电学院　任禹名
越过一座座山丘　/111
　　　　　　　　　　人文与社会科学学院　肖剑桥
北理工的四个夜晚　/118
　　　　　　　　　　光电学院　李中石
共克时艰　北理工学子有担当　/122
　　　　　　　　　　机电学院　寸辉
　　　　　　　　　　自动化学院　黄腾

以青春之我　奉献青春之校园 /126
　　　　　　　　　　　　　徐特立学院　袁祥博

第三篇　青春行 /129

把梦想扎根进土壤　于过程沉浸去生长 /131
　　　　　　　　　　　　　机电学院　王睿茜
回首来路漫漫　矢志初心不改 /135
　　　　　　　　　　　机械与车辆学院　杨嘉文
我不是一定要赢　我只是不想输 /141
　　　　　　　　　　　信息与电子学院　周栋凯
不误光阴　不虚此行 /145
　　　　　　　　　　　　　自动化学院　张振林
我的北理故事：在热爱中成长 /149
　　　　　　　　　　　　　计算机学院　钱海
致我大学四年的碎片时光 /153
　　　　　　　　　　　　　经管书院　徐小雯
孜孜不辍　玉汝于成 /157
　　　　　　　　　　　　　求是书院　刘紫玉
千里之行　始于足下 /161
　　　　　　　　　　　　　知艺书院　赵容慧
前进吧！少女 /165
　　　　　　　　　　　　　法学院　王田甜
背灯和月就花阴 /170
　　　　　　　　　　　　　特立书院　郑沄龙
行而不辍　容与自熹 /174
　　　　　　　　　　　　　光电学院　吴冠霖
适与适从：一场苦旅的双重印象 /178
　　　　　　　　　　　　　明德书院　王禄玺
"抹去"的梦想与我的大学生活 /181
　　　　　　　　　　　　　宇航学院　齐刘哲烈
"小镇做题家"的突围之路 /185
　　　　　　　　　　　　　机电学院　何鹏发
坚定理想　丰富自我 /190
　　　　　　　　　　　　　光电学院　杨琢

第四篇 人生梦 /195

不畏将来 不念过往 /197
　　　　　　　　　　宇航学院　崔爱雅

在锻炼中成长 在力行中前进 /201
　　　　　　　　　　机械与车辆学院　王荣煊

北理凌云志 青春当如是 /205
　　　　　　　　　　光电学院　仇宇浩

青衿之志 履践致远 /209
　　　　　　　　　　信息与电子学院　刘泓杉

守正求新 诠释时代青年的奉献与担当 /213
　　　　　　　　　　自动化学院　郭纪新

享受大学 无问西东 /217
　　　　　　　　　　计算机学院　牟效仑

击空明 溯流光 凌万顷 /222
　　　　　　　　　　经管书院　侯依琳

风的季节 /228
　　　　　　　　　　求是书院　张睿斌

吾本桥梁 融汇中西 /232
　　　　　　　　　　明德书院　吕晨晓

北理故事·无悔青春 /236
　　　　　　　　　　经管书院　汪子婕

青春正当时 /241
　　　　　　　　　　求是书院　汪曼琳

年轮 /245
　　　　　　　　　　特立书院　姚怡君

一路泥泞 一路生花 /248
　　　　　　　　　　自动化学院　吴桐雨

那是叫做青春的味道 /252
　　　　　　　　　　知艺书院　黄奥博

第五篇 德学思 /257

与优秀的人同行，你也会越来越优秀。想告诉大家的是，在北理工，有平台，有资源，有倾情指导的导师，有并肩奋斗的伙伴，只要你坚持追梦，一切皆有可能。"人生万事须自为，跬步江山即寥廓。"作为北理工学子，我们要牢记自己的红色基因与军工品格，在追逐梦想的道路上奋勇向前，永不停歇！

第一篇 领航志

做一名北理工的力行者

徐特立学院　白闻硕

我是徐特立学院2022届工程力学方向本科毕业生白闻硕。

2018年，也就是四年前，当我第一次踏进北理工良乡校园时，满眼的欣喜，对于未来大学生活满怀憧憬，但又似乎有些迷茫。相信每一名新生都有着同样的疑问：如何度过一个有意义的大学生活？如今即将毕业的我的回答是："努力做一名北理工的力行者！"

力学笃行，追求卓越，恪守学生本分

什么是力行呢？首先就要做到脚踏实地，在精进学业中恪守学生本分。记得大一时，一位数学课的老师跟我们讲：在对未来感到迷茫时，不如静下心来，做好自己眼前的事情，一定会有回报的。这句话我始终铭记，因为我知道，自己从来都不算一个聪明的人，只有脚踏实地，专注走好每一步，才能不断地向上攀登。

那怎么才算做好眼前的事情呢？其实，就是分阶段地去制定目标，把复杂的过程具体化，明确地知道现在的自己需要做什么、怎么做，把内容计划具体地融入到每一天、每一小时中。例如，当天的作业当天及时完成，坚持参与锻炼，健康作息生活，每一个微小而确定的努力，都是我们成长道路上最好的见证。

而学业与科研之路绝非坦途，除了循序渐进、制订计划外，更需要持之以恒的专注。我清楚地记得，一道弹性力学中关于薄壁圆筒容器结构的压力问题分析困扰了我整整3天，十几页稿纸写满了推导公式，看似简单的问题却很难获得解析解，这让我一度怀疑自己是否适合学习力学。我将心中的困惑向老师请教。老师告诉我，再复杂的计算都是一步步求解推算出来的，关键在于计算过程中是否专注、心无旁骛。自那以后，我更加坚信，只有凭借认真的态度与专注的品质，才能提升自己的思维水平与认知能力。

正是在这样的信条下，四年来，我的学业成绩与综合成绩均位列专业第一名，连续三学年获得国家奖学金。而课程之外，我也明白，"纸上得来终觉浅，绝知此事要躬行"。力学专业如同一架桥梁，连接起基础科学与实际应用。所以，我也积极地参与学科竞赛与科创活动，不断地提升自我专业能力。例如，数学建模比赛让我切实体验到探索规律、建立模型与抽象演绎的魅力与意义。无人车队瞄准工程前沿、学科交叉、工训赛从实际问题出发，注重动手，在这些比赛中，我可以切实将所学内容应用于工程实践中去。

因此，我更加坚定了"力学"作为自己志业目标的决心。今年，我是一名北大的博士新生，将继续在力学的道路上前进，深耕基础研究，积极面向应用，志愿成为一名力学科研工作者、力行人，瞄准国家重大战略需求，推动科技创新。

奉献担当，青春历练，磨砺增长才干

力行，更意味着奉献担当与主动作为，在实践中磨砺自我。

大学与中学有很大的不同，你们会发现，从原来井井有条、按部就班的学习生活突然就变成了独立自主的模式，一切都由自己来决定——学业科研、社团服务、学生工作……都是如此，"广阔天地，大有作为"。北理工为大家搭建了最好的成长舞台，而这一切只有你主动迈出脚步，敢于为之持续奋斗，才能在实践中逐渐成长为一个真正的力行者。

在大一大二期间，我担任校读书社社长，凭借持之以恒的奉献与热爱，让这所理工科为主的校园刮起文学之风——在写作交流会上，各位同学畅所欲言；在读书计划微信群里，不同书院的书友们分享打卡；诗词大赛、小说大赛、推动社团进社区……这些活动的组织策划让我切实感悟到学生工作带给自己的成长与收获。一群志同道合的伙伴，一起搭档工作的挚友，一份属于自己的奉献与热爱，这些将是我一生宝贵的财富。

回顾自己四年的大学生活，我感谢学校、学院、老师、辅导员、学长学姐给予我的帮助与指导，正是他们的提携与指点，才使我逐渐明确了自己的方向，一路成长。心怀感恩，传递力量，自己能做的就是将这些收获与经验分享出去，去帮助更多的学弟学妹们。这也是我们朋辈导师与学长团的初心所在。

因此，在徐特立学院的号召下，大三时，我们一同创办了"学长团"这

个朋辈帮扶组织，尽自己所能去帮助学弟学妹，开展经验分享、学业串讲活动。这些活动深受师生信赖，我因此获得了"北京市三好学生"荣誉称号。但这些荣誉并不是目的，在这些经历与机遇之外，还有更为重要的品质值得我们去拥有：我是否对自己有了更清晰的认识？我是否怀揣一颗热忱与包容的心？我是否还保留着自己的初心与专注，不曾被一时的困难所击败，敢于攀登远处的山峰？

……

我的答案是肯定的。在北理工的四年，我收获了太多，成长了太多。在这里我想分享徐特立老院长的一段话，作为今天演讲的结尾。他曾经对青年朋友说："我们应当比前一代怀更大的志气，抱更大的理想，负更大的责任，把祖国建设得繁荣兴旺！"的确，一代代北理工人胸怀家国天下，把人生理想融入国家富强和民族复兴的伟大事业中。流水争先，争的是滔滔不绝。前路，我们都将不遗余力！

亲爱的学弟学妹们，四年不长，不妨主动尝试，认识自我，追求卓越，力学笃行，脚踏实地，努力做一名力行者，在北理工这片沃土上度过美好而难忘的时光！

一场青春的远征

宇航学院　朱恩耀

我是宇航学院2022届本科毕业生朱恩耀，有机会在这里与大家分享我的六年大学故事，深感荣幸。

肯定大家都会好奇，为什么是六年的大学生活呢？没错，我不仅是一名北理工人，也是一名大学生士兵。我庆幸在我的青春里有过学生和军人两个身份，我感恩在北理工四年和军营两年得到的所有教导、爱护和支持。

关于学习

每个人都有自己的长征路，每个人的长征路都离不开梦想的指引。2016年，我结束自己的高中生活，怀揣着梦想，来到北京理工大学，期待着开启一段精彩的青春长征。我的北理工求学路同样源于一个梦想，那便是——中国梦、航天梦。

2003年，"神舟五号"载人飞船顺利升空的那一刻，一年级的我坐在教室的电视机前出神地看着这颗美丽的蓝色星球，惊叹于航天飞船发射时的壮观。载人飞船将宇航员杨利伟送入太空，在我的心中留下了航天梦的种子。2016年的秋天，我终于实现了梦想，踏入了北理工的大门，成为宇航学院飞行器设计与工程专业的一名学生。

然而，进入大学以后，新环境带来的不适应让我一度十分挣扎。大一学年，我奔走在课堂、社团和学生组织中，大有"山高任鸟飞、海阔凭鱼跃"的感觉；但期中考试之后，高等数学、大学物理的分数却让我傻了眼。高中时引以为傲的数理化，如今却仅仅在及格线边缘徘徊。从小到大不服输的我，面对这样的打击，没有丝毫犹豫，立刻转变学习思路，调整学习计划。我开始在学习上投入更多的时间，享受学习的孤单与快乐。期末考试，"高数""大物"均取得了90+的成绩，本科阶段的课程学习也从此走上了正轨。

随着课程学习的深入，专业性越来越强，我不禁开始思考：自己究竟能够为祖国的国防工业发展做些什么呢？一次创新大赛的机会让我进入宇航学院实验室，跟着课题组的学长学姐们做项目、搞科研，很快，我就找到了答案。我们的实验室课题组承担了许多国防武器装备型号的研制工作，这些国防项目的研制过程十分艰辛。老师们在环境艰苦、烈日当空的靶场一待就是数月，时常为了科研攻关而加班加点；但他们仍旧几十年如一日地坚守在岗位上艰苦奋斗、精益求精，生动地诠释了什么是"干惊天动地事，做隐姓埋名人"。也正是在实验室学习期间，我开始认识到：一个人只要将小我融入大我，坚守初心梦想，不管遇到多少困难，都能克险摧难，实现人生价值。

关于实践

我想和大家分享的是：大学教会我们的，不仅仅是课程的学习，更是做人的道理。那么我们要做什么样的人呢？我的答案是做一个对社会有用的人。

"但行好事，莫问前程"，正是我们所做的事定义了我们是谁。考入北理工后，我一直用这句话来勉励自己。因此在学习之外，我积极参加志愿服务和学生工作。2016—2017学年我担任房山六中科技讲师，每周五都会为小学生们奉上生动有趣的科技实践课，在机器人组装、简易编程中培养他们的动手、动脑能力。2018年暑期实践活动中，我带领团队前往青岛对退伍军人权益保障课题进行实地调查，也正是这次对退役军人的关注增加了我对军人群体的了解，为日后参军入伍奠定了一定的思想基础。在服务帮助的过程中，为社会贡献自己力量的同时，我通过自己的能量去带动身边的同学以及学弟学妹，成为更加积极并能传递正能量的人。

未来的学习生活中，当你匆匆忙忙地追寻梦想时，我希望你不要忘记思考，不要忘记探索，不要忘记投身实践能让我们充分发挥自身价值、寻找真正向往的人生方向。

关于当兵

2019年9月12日，我的人生迎来了巨大的转变，因为在这一天，我第一次穿上军装，坐着南下的列车，来到安徽蜀山脚下的军事基地，正式成为一名光荣的武警战士，这也标志着我军旅生活的开始。

其实关于当兵，我的入伍初心很简单。因为习总书记曾说过，在青年时代,选择吃苦就选择了收获,选择奉献就选择了高尚。在"延安根、军工魂"红色校风的熏陶下,我坚定了自己的理想信念,全心全意跟党走,加上从小听着抗战故事长大,心底一直坚信军人保家卫国是最神圣伟大的事。我家族有三位哥哥当过兵,对我来说,当兵没有太多的功利性,我想像哥哥们一样当一个保家卫国的英雄,我想走出校园去外面的世界锻炼自己,我想用当兵来表达对这片土地的爱。

世界上所有的故事都是关于成长的故事。幸运的是,部队让我活出了最精彩的青春。当兵的两年,打枪,抗洪,演习,拉练,我都经历过。我暗暗地下决心:当兵就要当一个好兵,我要当一个军政双优的大学生士兵。我开始苦练军事素质,400米障碍1分59秒、轻装五公里19分,每一个科目考核我都达到优秀。也正是凭借着过硬的素质,我成为支队唯一的义务兵副班长。2020年年初,新冠肺炎疫情暴发,危机四伏,我主动请缨,担负部队营门洗消任务,在这个特殊的抗疫一线奋战三个月。2020年7月,我跟随部队在安徽望江地区同马大堤抗洪一线奋战39天,全力守护人民群众生命财产安全。在一次次任务中,我开始感受到自己的价值,我做到了在不同岗位上北理工人的"对党忠诚、勇于担当"。

关于梦想

2021年9月,服役期满后,我复学返校。既然选择远方,当不负梦想。我谨记部队教诲,保持着部队养成的坚韧品质和优良作风,顺利完成了由一名合格军人向地方青年的转变。

青春服务国家。作为一名退役军人,我的身上也多了一重身份——征兵宣传者。我将自己在部队的经历分享给身边有意愿当兵的学弟学妹,并鼓励他们应征入伍,报效祖国。看到他们如愿以偿穿上军装,我仿佛也看到了以前的自己。2021年11月,在党组织的培养下,我光荣地成为一名中共预备党员。我终于可以在退役后,以一名党员的身份,继续为党和人民服务。我积极参加无偿献血、抗疫志愿活动,凭借良好表现,2021—2022学年我获评"青春北理"年度榜样人物、北京理工大学优秀退役士兵、北京理工大学优秀团员。在这些沉甸甸的荣誉前,我深感自己做得还远远不够,但我相信:人一旦有了坚定的理想信念,就一定能干出一番事业。

两年军旅生活让飞行器设计与工程专业的我对于"军工强国"有了更深刻的理解。脱下军装后,我清晰认识到,作为学生只有更加刻苦学习、努力科研才能为建设更强大的祖国出一份力。我选择继续读研深造，在2022年南京大学硕士研究生考试中，我取得了专业第一的成绩并被顺利录取。

  青年兴则国家兴，青年强则国家强。学校和部队的领导都曾教导我，祖国需要的是为人民踏实做事的人。很庆幸我曾经为伟大的祖国奉献过青春，六年北理工生活所给予我的除了珍贵的阅历与荣誉外，更重要的是一颗历经打磨与淬炼的内心，可以不畏风雨，勇敢前行。毕业后站在人生新起点上的我将永怀对祖国赤诚的爱，肩负起时代赋予的重任，在未来的科研道路上继续保持一名老兵、一名北理工人的良好作风。

  亲爱的学弟学妹们，青春是我们最好的财富。《士兵突击》里面有一句话："这是一项光荣而艰巨的任务，光荣在于平淡，艰巨在于漫长。"当兵如此，学术科研亦是如此。但正因为平凡，所以才不断地提醒自己：一项伟大事业的背后总是无数日夜的艰苦攻关，我们还年轻，吃苦趁现在。

  最后，我想和同学们共勉：青春是一场远征，注定会有"大捷"，也有"失利"，不管是成功还是失败，都将助力我们成长，怀揣梦想，坚定信念，将个人理想追求融入民族复兴伟业中，我们终会活成自己最精彩的样子！

君子乾乾若天行健　何惧前路艰险

生命学院　信树辰

我是2018级求是书院/生命学院生物技术专业本科生信树辰。我来讲讲我的北理故事。

时间过得真快啊。四年前的"大学　青春　人生"报告会，那时在南操场，我坐在台下，看着台上的学长学姐分享他们的优秀事迹。他们取得很多成绩和奖项，我至今难以望其项背。听完报告的我，很不开心，因为我正在并不熟悉的大学、并不适应的生活中苦苦挣扎。我曾遇到过很多的问题和困难，走过很多的弯路，我也一度想到过放弃，不过还好，我坚持了下来。十年饮冰，难凉热血，面壁数载，奈何心坚。

辞别白山黑水，志在山河日月。高考时意外的超常发挥，让我有幸压线进入了北京理工大学，幸运地进入徐特立学院，并再次幸运地通过了开学分流考试。但很快我怀揣着这份幸运，遭到了"大佬们"全方位的无情碾压，我持续处在一种使不上力、做不成事的沮丧之中。第一学期，我每天早上6点半去理教楼，坐在第一排最靠近老师的位置；我在各个方面通宵达旦地努力，不敢有丝毫懈怠。那时的我，还想通过自己的努力，像"大佬们"一样闪闪发光。然而一学期下来，我的成绩非常惨淡，距离目标相差甚远。往日的成绩皆烟消云散，如今的努力又不值一提，我也在思考，我该怎么办？

听完"大学　青春　人生"报告的我，陷入羡慕、嫉妒、自我怀疑的复杂情绪中，我觉得我做不到他们那样"有手就行"的出色，但我也不想就此躺平。最初的情绪过后，我开始认真思考：大学四年，我是为了什么而读书？应采取什么样的方式实现自己的目标？我是否要过和其他人一样的大学四年？

古之成大事者，不惟有超世之才，亦必有坚韧不拔之志。我能走到现在，所依靠的无非两件事：最宏大的理想与人生追求，最坚韧不拔的意志。我首先明白了，我要为什么而读书：本为无缘位，青史刻一痕——以人类文明永续发展为己任，立志做有理想、有本领、有担当的红色青年科学家。因此我形成了"一体两翼"个人发展布局，全面发展自己，形成自己的核心竞争力。

这世上从来就没有毫无准备的横空出世，只有背水一战的努力和持之以恒的坚持。我并没有什么好的学习方法，我能做的只有一点一滴积累，以待攻守之势异也。我延续高中的方法，对每天、每周衣食起居和学习工作的方方面面都制订了计划，并以最强的执行力将设立的目标逐一实现。

"微吟罢，凭征鞍无语，往事千端。"我始终坚信，勤能补拙，我四年如一日地坚持每节课提前至少10分钟来到教室，坐在几乎专属于我的第一排最靠近老师的位置。我曾经历过从早8点第一节课开始，一直到晚上第十三节课全程无休的日子，晚9点后还有学生组织的例会。后来那一天被我称为"疯狂星期四"。2019年，我往返良乡和中关村校区做实验，早上天还没亮便出发，直到夜深才回到寝室。因为经常赶不上回良乡的末班校车，久而久之，我知道了北京地铁最晚开到几点。而搬到中关村后，我见过清晨的第一缕阳光洒向5号教学楼，也见过深夜仪器轰鸣的实验室。征途是星辰大海，何惧雪雨风霜。

遇到机会，倾尽全力，不求一定成功，但求无怨无悔。2021年8月的夏令营面试，为了赶回良乡校区准备线上面试的场地，我凌晨4点半从中关村校区出发，天还没完全亮，距离北门最近的16号线苏州桥地铁站尚未开始运营，我不得已急忙骑车赶往人民大学站。那一天的一点一滴，我一辈子都忘不了。

"功崇惟志，业广惟勤。"幸运的是，今天的我找到了自己同世界对话的方式，进入清华大学直接攻读博士学位。本科期间，我连续四个学期获得一等学业奖学金，获得"北京市优秀毕业生""北京理工大学优秀共产党员""北京理工大学优秀学生标兵""北京理工大学优秀团员"等荣誉称号。我也如愿以偿斩获北京理工大学最高荣誉——徐特立奖学金。我先后发表SCI论文1篇、会议论文2篇，获得国家发明专利1项；获得北京分析测试科技成果及青年人才成长评价二等奖，是获奖者中唯一的学生。我所承担的国家级大学生创新创业项目入选第十四届全国"大创"年会，是全校唯一入围的学术论文类项目。我先后担任班长、团支书以及多个学生组织社团的负责人，作为学校书院制建设以来最早入党的学生党员之一，我转正后长期担任党支部副书记，历次民主评议均为优秀。

大学不只是保研、拿奖、有一个好成绩这么简单。请大家看看身边，大学期间最宝贵的财富之一，就是大家现在的老师和同学。每个人都有不同的人生轨迹和目标，但我们有幸得以在北理工校园里相遇。数载疏桐此生相系，求知求理昼夜不息。得益于书院制大类培养，我认识了很多朋友。无论是追寻红色信仰，朋辈引领指导，还是志愿活动和抗击疫情，我们携手与共，在疏桐园、在求是社区，我们度过了很多难忘的时光。再见良乡之时，我是如此不舍！去年考研时，我在中关村中教报告厅，为从良乡而来的求是同学们做好后勤保障工作，再苦再累，我亦乐在其中。大学生活，不只有成绩，也有诗和远方，更有身边带来无数欢声笑语，在困难中给予最坚定支持的老师和同学们。希望学弟学妹们，都能珍惜好眼下的同学，希望这几年，是大家最美好最值得回忆的一段日子。

以上就是我的北理故事。往事桩桩件件，历历在目。悠悠岁月，既有目标实现后的快乐与欣慰，也有诸多意难平。但回顾四年，我可以很骄傲地说，我的大学时光没有遗憾。大学四年，最重要的莫过于想清楚我们到底为什么而读书，在此基础上，不忘初心。这世上没有最好的道路，但有最适合自己的道路。每个人都能找到自己同世界对话的方式，用智慧、勤奋和毅力，成就人生光明未来。希望我今天的一些浅薄之见，能够对大家有所帮助。

我们可能一时受挫，可能怀疑人生，但是不要放弃自己，不要放弃努力和读书。不是所有人都生于白昼，但没有什么能阻止我们走出长夜。

君子乾乾若天行健，何惧前路艰险！

先人后己　矢志不渝

明德书院　李彦泇

我是明德书院2018级本科生李彦泇，很荣幸与大家分享我这四年在北理工的成长、收获与感悟。作为"书院制"改革的第一批"书生"，我完整地接受了书院培养，这是我与书院之间的缘分。书院是我的家，我在书院找到了自己要走的路，它给我的人生带来了无限的可能。

在开始分享我的经历时，我想先抛出两个问题。习近平总书记勉励青年："在青春的赛道上奋力奔跑，争取跑出当代青年的最好成绩！"第一个问题是：大家要选择在哪条赛道上起跑？我想答案是共同的——北京理工大学。那第二个问题：大家想朝向哪里奔跑？大家也许会回答"读研""工作"，等等。提出这两个问题，其实是想和大家一起思考：大家这四年以学校为平台，要成长为一个什么样的人，要实现一番什么样的成长和蜕变？现在我们都容易把阶段性成果当人生导向，把读大学、保研考研和找个体面工作当成奋斗的全部，这样下来一旦我们实现这些目标以后，人生又该去奔个啥呢？所以我们一定要想明白这个问题，做出正确而又坚定的选择，不辜负时代的希冀、学校的培育和自己的努力。锚定方向，再去通过一个个小成果去实现，这样未来四年的路才能越走越直、越走越稳。

于我而言，从选择北理工起，我便选择了"为人民服务"这条"先人后己，服务奉献"的道路。用学到的真本事、真学识经世济民，为国家、民族和人民做一些实事，是对北理工发源于延安的红色基因的最好继承。

走好"先人后己，服务奉献"的道路，一要树立远大的理想和坚定的信念。真正理解服务的意义其实并不容易。我上高三那年是2017年，时逢党的十九大召开，通过对党史的学习，我看到了党带领人民创造的实实在在的成就和对未来中国的规划，我对党的事业充满信心。对党的崇敬促使我在入学之初，便提交了入党申请书。在党组织系统地培养教育后，我逐渐明白了中国共产党为什么能带领国家和人民实现这么多目标——就是把人民放在第一位，全心全意为人民服务。从那时起，我找到了自己的信仰，认定了我此生要跟着党走，具体在自己的行动上，就是要全心全意为人民服务。2018年提交入党申请书，2019年12月成为第一批"书生党员"，到现在入党近三年，我被评为了校"优秀共产党员"，从军训连的排长到院共学会主席、社工班班长，再到党支部副书记、兼职辅导员。我在学生工作的赛道上，扎扎实实服务了广大同学四年。理想信念使我服务奉献的脚步迈得更坚定。

要走好"先人后己，服务奉献"的道路，二要练就过硬本领，锤炼品德修为。服务校园是一段时间的事，用学到的知识和本领服务人民是一辈子的事。我敬畏知识，刻苦学习，四年来我的学业成绩和综合成绩均位列第一，我两次获得国家奖学金，被评为"北京市三好学生"，保研至中国人民大学社会政策专业继续深造；我潜心治学，在专业领域参加国家级"大创"一项、省部级课题两项，获得校级学术科技竞赛一、二等奖三项；在党支部书记、共学会主席、班长等一系列学生工作岗位上积累工作经验、培养组织领导能力，获评北京市级"优秀毕业生"、校"优秀学生干部"和书院"学生领袖榜样"；在"大场面"中开拓格局视野，作为校学生代表现场参与庆祝中国共产党成立100周年大会，参加"扬帆计划·中央和国家机关大学生实习计划"，在国家部委实习锻炼。四年的积累，我的能力更全面，视野更开阔，也形成了优良的意志品质。本领修为使我服务奉献的脚步迈得更从容。

要走好"先人后己，服务奉献"的道路，三要耐得住平凡、枯燥，脚踏实地坚持、坚守。脚踏实地的坚守很难。2019年服务保障庆祝中华人民共和国成立70周年群众游行活动，是我们2018级同学共同的记忆。我和3 498名同学一起组成了"与时俱进"群众游行方阵，高举鲜花，高唱着《走进新时代》，簇拥着巨幅画像彩车走过天安门城楼。但比起走过天安门的兴奋欢愉，更让我记忆深刻的是那一箱箱的芙蓉花道具。作为所在中队的物资专员，正式游行前70天内，我们经历了10次合练，那6箱72个、一个就3斤重的芙蓉花便成了我"誓死捍卫"的对象。我们深夜出发，我就需要带着同伴更早起床去领取道具分发到位；拂晓回归，我们也得强忍着一个通宵的困倦回收道具清点归还。诸如此类的工作，我四年里干了一项又一项。年年"一二·九"合唱比赛，在训练的深夜和比赛的当天我都会拖着小推车为演员们添水送饭、保管衣物；书院整体搬迁新校区，两天时间，我协调两百多个志愿者，把500多名同学的几千件行李从疏桐园搬下又从甘棠园搬上；区人大换届选举，从凌晨5点到晚上11点，18个小时内我协调甘棠社区投票站百余名工作人员，保障了近千名选民顺利投票；疫情防控期间，我对接食堂和书院党员先锋岗，保障百余名同学在一个星期相对隔离时的一日三餐。说实话，这些工作平凡、琐碎、枯燥且真的累人，看上去和"高大上"的理想信念毫不相干，过程中还会招致一些批评、指责、不理解。但我干得依然起劲，为什么？因为我知道，要实现伟大的理想不是敲锣打鼓喊口号就能成的，而是需要一代代人接续奋斗，具体到当前个人，就是要把一件件服务校园的事做好。在入党之后，"共产党员不上，谁上？"的优良传统，是让我坚持下去的"秘诀"。我明白我干的平淡又光荣的事和我心中的理想，是有机结合紧密呼应的，至少我让同学们的生活更幸福了。坚持坚守使我服务奉献的脚步迈得更踏实。

要走好"先人后己，服务奉献"的道路，四要勇立时代潮头，带头引领担当，要让更多人加入我们的事业。作为党员先锋模范，作为学生骨干，团结引导更多人听党话、感党恩、跟党走，这是我们必须要肩负的重担。带着这种自信自觉，我作为思想引领朋辈导师，大胆开拓创新，在疫情期间在书院首创红色"云"实践形式，先后赴湖南长沙徐特立故居、四川成都建川博物馆，以直播的形式为书院团员带来线上实践党课3次；作为书院共学会主席，任期的两年间，我先后协调组织时事论坛和理论实践课堂十余次，协助书院培养了200余名入党积极分子和近百名合格发展对象；作为学校党史学习教育青年宣讲团成员，我先后为明德书院、睿信书院、宇航学院、机车学院、经管书院和校学生骨干培训班的青年们分享了7次专题宣讲，覆盖人数600余人。我的奋斗也得到了回馈，作为学生党支部副书记，我见证了45名同学加入中国共产党，他们成为我的同志，成为为中国人民谋幸福、为中华民族谋复兴队伍中的一员，这是我努力的幸福。引领担当使我服务奉献的脚步迈得不再孤独。

虽然离开了学校、书院，离开了我热爱的学生工作岗位，即将开启新的人生阶段，但我将一直服务、一直奉献、一直干事。"君子贵人而贱己，先人而后己""先天下之忧而忧，后天下之乐而乐"，我将用一生去践行。能走这条道路，我很幸福。

我选择的道路和我所经历的故事，只是北理工四年无数种可能性中的一种。今天我分享给大家，仅供参考。但我想，一代人有一代人的长征，一

大学 青春 人生

第一篇 领航志

人有一代人的担当，作为北理工人，继承"延安根，军工魂"的红色血脉，为实现"两个一百年"目标而不懈奋斗，实现中华民族伟大复兴，就是我们的长征和担当。无论我们选择走什么样的路，都一定要树立远大理想，脚踏实地，锤炼品质，将青春之小我融入时代的大我，朝着国家富强、民族复兴、人民幸福的伟业向前跑。期待我们未来都能成为共和国的中流砥柱，在各自选定的青春赛道上跑出最好的成绩！

我的大学故事：打造中国的"钢铁侠"

机电学院　许毅

我是机电学院 2022 级硕士研究生许毅。

我从小学开始，就非常喜欢机器人。当别的小朋友还在玩游戏、玩玩具时，我就已经吵着闹着要去参加一些关于机器人的课外兴趣班课程，也是从那时候，我开始学习一些基础的编程，以及进行一些科创 DIY。

等到中学的时候，在机器人上面花费的时间就越来越多了。我加入了学校组织的机器人队，正式开启了我的机器人生涯，每天学习之外的时间，基本都是在训练和比赛……并开始在各大机器人赛事中崭露头角。

由于已经积累了一定的机器人设计经验以及工程实践能力，所以在刚上大学的时候，我就跃跃欲试，参加了大学生创业项目，想要大展身手。

但没想到的是，我等来的并不是认可和赞赏，而是哐当的迎头一棒。

当时我向老师提出了一个能够自动修复电线的机器人构想，但是没想到老师是这么回答我的，他说："许毅，你的想法很新颖，但同时也有些不切实际，你先回去再做做调研吧。"听完这个答复后，我的心情非常沉重，同时也感慨自己的不成熟。当时我就有一个疑问，大胆创新和不切实际，到底是什么关系呢？

我是那种不会屈服于困难的人，即使受了挫败，也不会轻言放弃。于是我当即就换了个课题方向，反复思考可行性后，再次提交了课题方案。这一次，老师终于认可了我的想法，并支持我去做。

虽然在后来执行设计的过程中，也遭遇了一些坎坷，不过在大家的坚持和鼓励之下，一个比较完整的机器人作品，还是较为顺利地制作出来了，而这也是我正式打开机器人科创大门的一把钥匙。

2019 年的夏天，大二的我正式进入了课题组，成为仿生机器人团队中的一员。在那里，我接触到了真正属于国际前沿的科研项目。我又高兴又焦虑。高兴是因为通过这么多年的努力，我终于离我的"中国钢铁侠"梦想越来越近,而焦虑是因为,怕自己在技术上跟不上,会拖同组师兄师姐的后腿。

我们的第一个课题是研制一只能够满足特殊狭小空间内部部署以及探测要求的仿生机器鼠,当时这个方向在国际机器人技术中,算是一个全新的领域。为了能够让这只机器鼠具备多工况和复杂环境下的狭窄空间运动能力,我也决定从"创"到"研",一遍又一遍地翻开文献、做笔记、做实验,更加深入地对它的运动模式进行设计和验证。

最终,在团队的共同努力下,我们终于研制出了这只具备5种基本运动模态(同类机器人中最多)、2种感知模态(同类机器人中最多)的仿生机器鼠,也首次在同尺度机器人中实现了如此多的运动模态和优越的环境适应能力。

以前玩机器人,可以说是单纯为了兴趣爱好去玩,不带有任何目的。但这一次通过不断努力去攻克技术难点而设计出来的作品,却让我发现,原来历经了科研的磨难制作出来的作品,有如被打磨过的珍珠一般,会呈现出更大的价值。我也更深刻地体会到自主创新的价值和背后那种令人兴奋的成就感。而此次我们所涉及的机器鼠,就实现了狭窄的不规则工艺管道内的巡检作业,具有良好的社会应用价值。

随着科研经验的积累,我也逐渐勇于挑战全新的课题,创新性提出仿生跳跃足结构、研究能量锁定与瞬时集中释放机制,以及高负载比飞行系统构建方法。因为是仿生科研项目,当时我的生物参考原型是蝗虫,想要通过精密的电子手段,复刻还原出蝗虫既能跳跃又能飞的生物运动特性,以在军事侦察以及农业经济上获得更广泛的应用。

很多人问我,玩机器人玩了这么久,最大的收获是什么?

可能大家都以为我会说最大的收获是各种奖项,但其实不是。在研发机器人这一漫长而枯燥的过程中,我最先的收获就是自信。当我脑海里各种天马行空的想法,通过不断探索努力,被实现、被认可的时候,我才知道原来我一直以来的兴趣爱好,是有可能有机会去回馈祖国、回馈社会的,将会变得更加有意义。

因为一个"中国钢铁侠"梦想,我从充满好奇的小男孩,一步一个脚印地成长为一名科研工作者。

回顾当年那个疑问,大胆创新和不切实际到底是什么关系呢?我想这个问题或许没有明确的答案,在此之中更宝贵的是发现科学工作者勇闯科创无人区的决心与基于强大知识储备的信心。

与优秀的人同行,你也会越来越优秀。我的本科班级是北京理工大学机电学院智能机电系统实验班，班里29位同学本科期间参与了国家自然科学基金重点项目、国家重点实验室自主探索课题等共计19项，我们通过国家重大课题的学习研究取得了多项科技成果。在各类科创竞赛中，斩获国家级奖项7项、省部级奖项10项、校级奖项50余项。我想告诉大家的是，在北理工，有平台，有资源，有倾情指导的导师，有并肩奋斗的伙伴，只要你坚持追梦，一切皆有可能。

最后，我想以"人生万事须自为，跬步江山即寥廓"与大家共勉。作为北理工学子，我将牢记自己的红色基因与军工品格，立志成为一名又红又专的科技工作者，在追逐打造"中国钢铁侠"的道路上奋勇向前、永不停歇！

驻足之处 皆是舞台

材料学院 方叶星

我是材料学院 2018 级本科生方叶星,很荣幸能和大家分享我的四年本科生活。

四年前,我挥手告别父母,踏入北京理工大学,在新的环境开启了我的大学生活。四年时间里,我是站在全国联赛领奖台上的舞者,是站在山区讲台支教的志愿者,也是即将踏入北京大学深造学习的求学者。今天,我作为一名学姐站在你们面前,将我四年最深的感悟分享给你们,那就是:把握好学校为我们提供的机遇,在人生的各个舞台精益求精,乘风破浪,书写靓丽的青春篇章。

舞蹈演绎青春芳华

回顾我的本科阶段,文体活动充实了我的大学生活。由于从小学习舞蹈,我一直对舞蹈艺术情有独钟。进入大学后,课业生活虽然繁忙,但我对舞蹈的热爱丝毫不减。母校给我们提供了许多发挥才艺的舞台。比如,学校组织的各种活动开幕、舞蹈比赛、节日晚会,同学们自发组织的社团活动、快闪演出,都是各怀才艺的同学们大展身手的时机。在学习之余,我抓住这些宝贵机会,活跃在各种校内活动中。我曾用一支啦啦操艺术舞蹈为校运动会开幕式热场,曾代表书院参赛并为书院拿到第一个舞蹈类奖项,也曾在 80 周年校庆活动中用舞蹈为学校献上真挚的祝福。

当然,北京理工大学还全力支持我们参加全市、全国的文体比赛,为母校增添荣誉。本科期间,我曾获得过 1 次国家级啦啦操(第一名)、4 次北京市健美操的奖项。

当然,这些成绩离不开我努力踏实的练习。

还记得大一上健美操体育课时,老师发现我有一定的舞蹈基础,将我推荐给啦啦操协会，代表学校参加北京市健美操比赛。那是我第一次接触健美操。不同于我擅长的拉丁舞、现代舞，健美操对肢体的协调度、力度有很高的要求，并且需要队友之间配合。我加入时，团队已经训练两周了，而我一次也没有练过。面对即将到来的审核，我没有将时间浪费在口中的抱怨和心中的焦虑，而是行动起来，积极应对。那段时间，我有空就对着教学视频"扒舞"，一遍遍听歌，一遍遍练习，并时不时向社长请教动作要领，直到自己满意。功夫不负有心人，我顺利通过审核。最终，凭借团队出色的表演，我拿到了第一个健美操奖项——北京市第40届健美操艺术体操第三名。

这次比赛让我意识到，生活中不只有学业这一个舞台，我们还可以在其他舞台大放光彩。

2020年，也就是我大三的时候，凭借着舞蹈功底和对舞蹈的热情，我被任命为校啦啦操协会社长。在我任职期间，我以身作则，与团队努力训练，不断进步，获得了2021年首都高等院校啦啦操比赛第二名，并在全国啦啦操联赛中，摘取桂冠。我很荣幸，能用自己的爱好特长为学校增光添彩。

听到这里，也许你们会问："学姐，你参加这么多文体活动，会耽误学习吗？"我的回答是："不会。"相反，我在文体活动中得到的经验，在一定程度上帮助我的学业发展。

四年来，我的学业成绩和综合测评成绩一直名列前茅，多次获一等奖学金，校级"优秀学生标兵""优秀学生"等荣誉。

勤奋描绘青春底色

当然，在丰富文体活动下，保持稳定的成绩，也绝非易事，需要合理规划时间，更需要找到适合自己的学习方法，高效学习。

大学学习离不开自学，因此我建议大家尽快学会自学。这个自学不是自己闷头学，而是自己主动学，并提高自己对知识掌握情况的敏感度。对于不懂的知识，要学会利用学校为我们提供的师资力量和知识平台，我们可以请教任课老师、课程助教，也可以借阅相应课程的资料书，或是在学校的线上平台观看教学视频。总之，要充分利用资源，去理解消化知识，使之内化为自己的东西。

以我的经历来讲，大一时，我学习大量学科的基础课程。大二时，我选择电子封装技术专业，这是一个融合电子、机械、材料三方面的交叉学科，所学知识覆盖广，专业课程量也很大。面对这样的学业挑战，我调整自己的学习计划，利用琐碎时间来学习较简单的科目，用大块自习时间去攻克对我来说比较难的课程。针对不同类型学科，采用不同的学习方法。最终，在我学过的82门课程中，我的优良率是98%，97分以上的课程有15门，并顺利保研北京大学。

我想告诉大家，找到适合自己的学习方法，在繁重课程中，仍可以学好每一门课；并且高效学习节约出的时间，能够让我们走上才艺舞台。

志愿践行青春誓言

除了学习和舞蹈，我还积极拓展更多的人生舞台。我加入中国共产党，积极参与社会实践，我想在青春大舞台绽放光芒。事实上，在北理工延安精神的红色氛围中，我们都积极承担起大学生的社会责任，发挥青春力量去服务社会。在大学期间，我累计志愿时长近三百小时，被评为校级"优秀志愿者"。

在实践过程中，我也认识到志愿服务是一个相互成就的过程：一方面，我们奉献力量，去帮助他人；另一方面，这份经历拓宽我们的眼界，让我们成长。

还记得2019年的暑假，我加入暑期实践团，前往河南省五龙镇第二中学支教20天。支教期间，我不仅为山区的孩子传授知识，更充分利用我的特长，主持策划了文艺汇演和运动会，并指导舞蹈节目和合唱节目，为孩子们带去丰富的文体活动。回想2020年春节，湖北疫情暴发，我自觉担当起大学生党员的责任，积极参与社区志愿服务工作，并代表求是书院书写北理工家书，为身处疫区的学子加油鼓劲。

这些经历，让我更深切地感受到我身上的责任，也让我明白，国家和社会需要我们的青春力量。

乘风破浪，逐梦青春未来

最后，我想和大家分享一句感悟：学习作为"第一"是我们的荣誉，但如果只是"唯一"，或许会有些许遗憾。生命中有很多美好的事物等着我们去发现。

着眼当下，学校多种多样的平台为我们的成长提供了无限可能。多元的课程设置、可实践的教学活动、包容的学习氛围，让我们可以和名师交流，提高认知的境界；深深镌刻在北理工血脉中的红色基因，让我们可以坚定信仰，树立科学的价值观；丰富的文体活动、老师的支持与指导，让我们可以大展所长。这都是我们的舞台，这些舞台都等着我们去大放异彩。

　　回望过去，本科的四年生活是我永远难忘的四年，也将会是每一位北理学子难忘的人生经历。我真心希望大家能够珍惜时间，把握好学校为我们提供的机遇和平台，努力实现全面发展，在各个舞台都能展现最好的自己，成为德智体美劳全面发展的社会主义建设者和接班人！

　　最后，祝愿大家都能在北京理工大学收获充满意义的大学生活！

以志愿服务绘就最美青春画卷

设计与艺术学院　李泽媛

我是设计与艺术学院2018级本科生李泽媛，很荣幸能与大家分享我的大学生活，讲述我与志愿服务的故事。

新冠疫情席卷全球、地震山洪侵袭山川，每当困难来临的时候，千千万万自愿"出列"的志愿者勇敢地站了出来，逆流而上，将种种"不可能"化为"可能"，践行着不计得失、不慕名利的志愿奉献精神，迸发出令人惊讶的潜力与能量。我认识到：每个人的力量纵然微小，但每一股细流汇聚起来便成为克服一切困难的强大力量。因此，本科期间我加入了学校的"延河之星"志愿者总队，以及学院的青年志愿者协会，成为一名光荣的志愿者，希望能以微萤之光映中华日月。四年本科生生涯中，在冬奥、国庆等国家重大活动保障中，在支教、抗疫的基层一线上，都有我参与志愿服务的身影，用实际行动奉献青春力量，践行"奉献、友爱、互助、进步"的服务理念。在超300小时的志愿活动中，我不仅丰富了见识、增长了能力，更是收获了意想不到的成长。

我想通过三个故事来讲述我的志愿故事。

第一个故事还要从我的冬奥之旅开始说起。在冬奥志愿者岗位上，我和同伴们一起度过了36个日夜，这也是我第一次离开家乡在冰天雪地和朋友们一起过春节。我承担了首钢滑雪大跳台注册业务方面的工作，主要参与各国家（地区）代表团的注册工作。这个工作看似简单，实际上充满挑战。在注册工作中，认真仔细是第一要务，任何一条数据都不能有差错，否则可能导致场馆管理混乱、影响运动员参赛等一系列问题。作为中国青年大学生志愿者，我时刻提醒自己，要以精益求精、万无一失的工作态度完成工作，为冬奥盛会贡献自己的力量。我每天都和同伴交流工作心得，主动开展冬奥相关知识的学习，对冬奥项目、体育词汇已经烂熟于心。36天的工作中，近3 000张证件从我的手中准确无误地发放。在工作之余，我也亲眼见证了谷爱凌、苏翊鸣等中国运动员夺冠的瞬间。每当五星红旗升起的那一刻，自豪、感慨、荣誉、担当、希望……诸多情绪交织在一起。冰天雪地里，无数建设者、服务者、管理者默默奉献，让赛场上每一次拼搏呐喊都更加掷地有声。此外，我还和小伙伴们发挥专业特长，为首钢滑雪大跳台场馆绘制了一幅20米的墙绘作品《逐梦冰雪，相约冬奥》。看到自己设计的图案能在冬奥赛场上呈现，为冬奥会增彩献礼，我觉得非常骄傲。同时，我主动承担了首钢大跳台志愿者形象的设计工作，设计了专属于志愿者的徽章，成为首钢滑雪大跳台各国运动员和国际友人争相交换的"独家定制"。这些不仅是我们创作的作品，更是属于我们志愿者的"冬奥独家记忆"。

除了冬奥会，四年里我还参与了大大小小各种志愿活动，如中华人民共和国成立70周年游行方阵、第二届"一带一路"高峰论坛、2019年世界园艺博览会等。志愿活动给了我最好的锻炼机会和实践舞台，既丰富了我的视野，也提升了我的综合能力。同时我也庆幸，在大学期间能参与国家这么多大事、好事，我深感生逢其时、重任在肩。习近平总书记曾寄语青年，要肩负历史使命，立大志、明大德、成大才、担大任，这激励着我在志愿服务中继续贡献自己的力量和热情，不负时代赋予我们的责任，不负民族寄予我们的希望！

第二个故事是2021年暑期，我作为支教团团长在吕梁市方山县支教的一段岁月。

我和队员们为方山县的孩子们带去了精心准备的艺术主题课程，精心策划了剪纸、折纸、绘画、漫画等课程。在教学过程中，孩子们非常好学，对一切新鲜事物充满好奇。我们为孩子们的真挚和纯粹所感动，被孩子们渴求知识的眼神打动。有位女孩在她的画中写道："我喜欢画画，我也要像哥哥姐姐们一样好好读书、好好画画，也去教别的小朋友画画。"我突然明白了，这一个月的支教，并不能教会孩子们画多少画、学会多少知识，但我们能在他们心中种下一颗梦想的种子。在结课时，经方山县胡堡村村委会的允许，我们和小朋友们一起绘制了乡村振兴文化墙绘，用色彩点亮乡村。点点滴滴的回忆，都化作多彩的颜料，不仅留存在墙面上，更留存在孩子们对未来的憧憬中。

正是在志愿服务的过程中，我学到了很多书本上没有的知识，也更坚定了我用脚步丈量祖国大地、用眼睛发现中国精神、用耳朵倾听人民呼声、用内心感应时代脉搏的信念。我将继续用自身所学助力社会发展，让青春之花绽放在祖国最需要的地方。

第三个故事是我参加学校文创产品设计志愿活动时的故事。我和团队成员结合学校文化及科研成果，设计出三套徽章文创产品，其中一套还被选为2021年招生纪念品，发放给了大江南北的新同学们。尽管设计过程复杂繁复，但是最终看到自己的作品能够发到大家的手里，看到朋友圈里大家对作品的认可和赞赏，是一件很幸福、很有成就感的事情。

"志不求易者成，事不避难者进。"在四年不断地磨砺和坚持中，我尝试不断挑战自己，执着地将自己的想法一个一个地实现，伴随着完成一个个项目时的激动与喜悦，我也在四年中完成了蜕变——我变得更坚定，更敢于去做以前不敢做的事情了。感谢四年来的坚持。

燃星火以驱寒夜，聚微光以成大爱。北京理工大学从延安走来，始终与党和国家同呼吸、共命运，与中华民族伟大复兴的历史进程同向同行，一代代北理工人用奉献和担当践行初心使命。投身志愿公益活动，既是收获成长、提升自我的重要路径，更是服务社会、服务人民、实现人生价值的使命担当。希望大家能和我一起积极参加志愿服务活动，展现新时代青年担当，在志愿服务中绘就最美青春画卷！

用专业技术保障祖国"高光时刻"

计算机学院　薛彤

一段求学时光的完美结束,昭示着新篇章华丽开始。这个暑期,新的北理人挥别高中迈入神往的北理工,我也开启工作生涯步入了社会。"德以明理,学以精工。"既然拿起了北理工的接力棒,就应传承红色基因,锻造军工意志,传播北理精神。

我是计算机学院2017级博士生薛彤,软件工程专业,研究方向是数字表演与虚拟仿真。

大学生活是快节奏的,我们需要独立解决很多学习生活中的难题,迷茫在所难免,怎样走出迷茫呢?我们需要团队的力量。我所在的"数字表演与仿真技术北京市重点实验室",是学校全面实施"双一流"建设,瞄准世界科技前沿,整合计算机、艺术和光学工程学科力量,组成的具有高度学科交叉的创新团队。在丁刚毅教授的带领下,团队多年来一直为国家盛典提供技术保障,推动相关技术的迭代发展,保持领先优势。数字表演,简单来说,就是将数字信息与计算机技术直接运用于表演中,将数字仿真技术与表演艺术相结合,全面提升文艺演出的创意、编排、表演、推广全流程。在国庆70周年庆祝活动中,我们团队承担了群众游行、联欢活动、电视转播、观礼人员座席安排和集结疏散等5项仿真任务。这也是我深度参与的第一个国家级仿真项目,面临的挑战着实不小。"十一"当天,在全球30亿观众的注视下,如何保障天安门广场上15万群众游行活动井然有序、分秒不差?在当晚的联欢活动中,如何保证近10万演员与群众配合光影、焰火等海量表演要素规划合理、万无一失?我们跟进每一场创意会,实时演算,把导演惊艳世界的创意不打折扣地呈现出来;我们进驻排练现场,用数学模型求解3 290名演员的运动路线,通过仿真编排完成10万级人群调度规划;我们扛着设备进入天安门广场,保障了"精精益求精、万万无一失"的总要求。我们研发的

27个版本的仿真系统，不仅为国庆盛典装上"科技大脑"，也为北京市和中央评审决策提供最直观的参考。面对挑战，我的心中始终踏实，因为我的身旁是并肩作战的师长、同学，我们的背后有我们的学校。在这里，报国从来都不是孤军奋战。北理工是个有爱的大家庭，建议大家多与师长、同学交流，在团队中汲取力量。

  大学生活是丰富多彩的，在多彩中定位自己尤为重要，所以我们要尽快走出懵懂。我在本科阶段确定自己的专业发展方向为数字媒体。为了走进这个领域，我自学了大量相关课程，阅读相关方面的书籍，积极参加学科竞赛；特别是广泛的项目实践，在开阔视野的同时，极大地提升了我的编码能力，提高了我分析问题、解决问题的能力，也磨炼了我的意志。圆满完成国庆任务后，我幸运地获得了国家公派联合培养博士资格，开始一年的海外求学。身后是得心应手的项目和荣誉，前方是未知的国度、全新的实验室。导师的全力支持、疫情期间学校寄达的物资、大使馆的关怀，给了我不断跳出舒适圈的勇气，也让身在异乡的我对"我和我的祖国，一刻也不能分割"有了更深刻的感受。放眼世界多元文化的碰撞，我对交叉学科有了更进一步的思考与认知。我和实验室的老师、同学密切沟通，通力合作，将科研成果切实落地产业化，服务社会。2020年年底，我带领团队凭借"京工智演——数字表演产业化的领航者"项目，在第六届"互联网+"大赛的全国总决赛上夺得金奖。博士期间，我以第一作者发表论文7篇，作为骨干参加了国家重点研发、国家自然科学基金项目，以唯一学生身份获得中国仿真学会科技一等奖等多项荣誉。

  想问大家，你们心目中大学生涯的"高光时刻"是什么呢？是学业？是科研？还是荣誉？我想，我在北理工的"高光时刻"，一定是用自己的专业技术保障祖国"高光时刻"。服务保障国庆70周年活动的激动心情还未散去，2021年年初，我们团队又一次领受国家任务——承担了建党百年庆祝大会综合服务保障、《伟大征程》文艺演出仿真编排、重磅微视频制作等多项任务。印象中，那是距离《伟大征程》演出倒计时30天，凌晨三点，刚刚完成《新的天地》节目百面大鼓的运行仿真回到寝室，序章导演的一个电话惊醒了我，开场的盛典节目遇到了颠覆性修改，演出人数从之前的1 315人变成了3 174人，人数增加了一倍多，而给到的修改时间只有一天。"带着电脑快来排练场！"没有任何迟疑，我和两名小伙伴匆匆赶赴现场，和编导们一点点梳理需求、一遍遍推演创意方案。我深知数据对实地排练的重要意义：如此复杂的排练，如果仿真结果出错，3 000多名演员的表演变化依靠人力一天内根本无法开展编排与修改。两个夜晚的奋战，3 174份排练手册，50 784个点位数据，我们一直在和时间赛跑，和自己的意志力赛跑，为的就是用最精湛的技术献礼建党100周年。"七一"当天，站在天安门广场，当仿真系统里的一切真实再现在眼前时，当全场齐声高唱《没有共产党就没有新中国》时，我热泪盈眶：我为自己是一名青年党员自豪，为能够用自己的专业知识保障服务建党百年的庆祝活动骄傲。

圆满完成建党百年庆祝活动任务后，我们又立刻投身科技冬奥的重点专项中。2020年8月，我们实验室正式挂牌"北京2022冬奥会和冬残奥会开闭幕式创意基地"。一年多的时间里，我们与开闭幕式导演创意团队不断深入研讨，论证评估创意方案。为了更好地服务相关工作，我们甚至都进修了"第二专业"。在冬奥开幕式和平鸽展示环节中，有500名小学生演员，他们的每一个动作的调度和启动时间都要与音乐节奏紧密配合。一开始，背景视频和仿真效果之间总是相差一两个节拍，更别提指挥小演员们表演了。于是，我主动找到导演，一遍遍地学习如何听音乐节奏。就这样，我们一个个地地道道的"理工生"，经过上百遍的"磨耳朵"训练，竟然可以在每一次调整后，根据音乐节拍把仿真系统中的动作细节精确到毫秒级别，大大提高了仿真系统的准确度。即便经历了无数次虚拟，但在开幕式现场与鸟巢4万名观众一同欢呼呐喊时，亲眼看见《立春》的同心圆绽放在舞台中央时，看到《致敬人民》的轮滑在巨型地屏上滑出"中国结"时，我的眼泪止不住地流了出来。那一刻，我知道，无数次的线上排演和迭代了41版的虚拟仿真平台都是值得的，我们让世界看到了"最精彩"的中国。

"建设数字表演专业，就是为了这一刻报效党和国家！"我的导师丁刚毅教授的这句话，是我们团队时刻牢记的战斗号令。

一次次庆典，从纸上方案到仿真编排，从点位推演到多轮联排，多少次激烈论证，多少次通宵编码，多少次反复修改。数字表演，早已从课堂上的理论变成手中的秘密武器。

最近，北理工承办的第十三届"挑战杯"大学生创业大赛即将进入总决赛，我们实验室基于服务大型活动的技术研发了"挑战杯·元宇宙"大型沉浸式数字交互空间,构建了良乡校区数字校园、虚拟展厅、云舞台等场景,是我国元宇宙技术在教育领域的一次大规模应用,欢迎大家扫描二维码参加我们的公开测试。

  作为一名博士研究生,能够与优秀的团队一起,用自己的专业技术为祖国的"高光时刻"提供保障,是我能想到青春时光里最酷的事情。加油,我们的未来会更精彩!

大学时光，在 20 年的光影流变中，时而滑熟可喜，时而幽光沉静，每个人都有独一无二的青春记忆。那恰恰是新器刺目的锋芒、浮躁的色调、干涩的肌理相对照的。四轮春秋，冷暖得失都已沁润在这皮壳，细细端倪总勾起记忆中的什么东西，轻微的伤感笼罩，一阵激荡后，坦然平静，充满希望。

第二篇 大学道

岁月如风

（2004届本科毕业生德育论文）

材料科学与工程学院　李钦

若干年后的某日，当你漫步于一条小径时，微风吹动你的发梢，轻拂你的面颊，在似曾相识的温柔的感受中，你会觅得久违的记忆，在微风吹动的树叶的沙沙声中，往事如微风一样在你心底吟唱……

在即将离别的日子，回过头来看看这四年的路，留下的是笑声、泪水、汗水，还有记忆里永远难忘的自习楼。真的应该给自己一个机会好好回忆这一段甜蜜、辛酸、浪漫，还有只有自己知道的味道。

记得刚进大学的时候，还是一个不知天高地厚的黄毛丫头，第一次只身一人从遥远的南方来到这片陌生而广阔的北方天空，眼里满是好奇与兴奋，虽然一无所知，但浑身充满了干劲。

新鲜

新鲜的环境，新鲜的舍友。可谓来自五湖四海的同学们，高的、矮的、胖的、瘦的，小巧清秀的南方妹子、高大豪爽的北方姑娘，都集中在了我们寝室。新鲜的气候。刚来没多久就流鼻血了，干——的确是北京的一大特色，这里每年下雨的次数和下雪的次数差不多，这与南方形成了极大的反差，直到今天我还没有完全适应过来。新鲜的食物。这么多的食堂，菜更是多得让人眼花缭乱，唯一不足的是——怎么一点也不辣呢？这对于我这个土生土长的辣妹子，还真的是一种折磨呢。不过奇怪的是，后来我渐渐习惯了北方的饮食，还深深地被其所打动，第一个学期居然长了20斤，真是不可思议。新鲜的学习方式、新鲜的……有太多的新鲜，好在我们还年轻，有足够的好奇心与适应力，渐渐融入这全新的空间。

想家

　　第一次离开父母，离开生活了 18 年的城市，不舍是自然的。等到强烈的好奇与兴奋过后，接踵而来的是思念与迷茫。电话成了与父母沟通的桥梁，于是为电信事业做出了不少贡献。女孩子总是多愁善感的，独自在夜里还会偷偷地抹眼泪。时间是最好的疗伤药，慢慢地，身边的朋友越来越多，要做的事情越来越多，电话打得越来越少。直到有一段时间，除非父母主动打过来，自己忙到几个星期不记得打。现在想想真的挺自责的。再后来是自己定期给父母打电话，不是他们交代自己怎么做，而是自己询问他们怎么样了，需要些什么，也会安慰他们说自己一切顺利——虽然生活永远都不可能一切顺利。也许这就是成长，这就是生活——曲折而充实。

生活

　　生活由许多部分组成，就像立体拼图，环环相扣，缺一不可。
　　学生仍然应该以学为本的，多年的正规教育养成了我被动而踏实的学习方式，但是突然接触到大学这种自由而散漫的学习方式，不习惯，仿佛在你饿极的时候给你一块大肥肉，太腻。曾经有很长一段时间，不知为什么心情很糟，什么正经事都提不起精神去干。不想上课，不想学习，没事往床上一躺，胡思乱想，或者捧着一本闲书消磨时光，再不就和大伙瞎聊。可每次聊完天或看完一本闲书，都有种犯罪的感觉，深深自责为什么总是抵抗不了这些诱惑呢。日子就这么一天天过去，从前的许多好习惯在一点点离自己远去。总觉得生活中似乎缺少点什么，可又不知是什么。有一天突然读到一篇催人奋进的文章，霎时间，浑身有一种触电的感觉，天空也一下子变得晴朗，马上就有一种要拿起书去上自习的冲动，觉得失去的东西又回到了自己身上。那篇《人生的帷幕》中有一句"母校从不乏激励"，我恍然，原来生活中缺少的就是一种激励，激起我的勇气、信心，促使我努力、勤奋。学习原本平淡，它需要我们用热情去点燃。把烦恼抛到脑后，真心地投入，天空依然蔚蓝。好在我重新进入学习的轨道比较快，加上本人有一点小聪明，所以四年中，虽然具体花在学习上的时间并不是特别多，但年年都拿奖学金，自己的知识也在一点一滴积累中丰富起来。知识面宽了，视野开阔了，总觉得有东西等我去探寻。没有一个人敢说自己已站在了知识的最高峰，学习、学习、再学习，只有谦虚的人，才会取得进步。

我的大学生活中很值得一提的应该是我的工作经历了，因为这部分占据了我大量的业余精力。刚开始全凭一股没头没脑的热情，加入好几个社团，同时还被任命为班委。自己觉得好像过得很充实很有意思，每天都被这样子那样子的会议所左右。时间长了，才发现人的精力真的有限，而且并不是每件事情都适合自己去做的，虽然我们总是充满热情，所有的都想要试一试。于是慢慢调整状态，把注意力集中在擅长的某一方面。大一结束以后，付出的努力终于得到了肯定，我被任命为学院学生会学习部的部长。虽然后来进入大三以后我顺利进入学生会成为分团委副书记，但是我觉得在学习部担任部长的这一年，工作最有挑战性，最丰富多彩，也最让我感到充实。当一个人想要独立做某件事情的时候，才会发现意想不到的困难一个接着一个。但是只要充分地发挥主观能动性，发挥自己的聪明才智，调动大家的积极性，发挥团队合作精神，吸取他人的宝贵意见，一切的问题也就迎刃而解了。学习部是给我最深体验、最多帮助、最大收获的地方。所有的欢声笑语、所有的曲折艰难都会是我以后最美好的回忆与体会。

生活的细节还有许多，情感、人际关系、思想……

在经历了生活的历练之后，我比以前更加坚强，已经能够遇事不乱，处变不惊。相信我已经能够应付将来发生的任何事情，因为我长大了，大学让我长大了，今后的生活只会让我更加成熟起来。

"非典"

为什么要特别提到这个呢？因为这实在是一段很特别的日子，它对我们今后的人生道路会产生很深远的影响。我总是相信，经历过才会长大，人是在一点一滴的感悟中获得生命的力量的。

这是怎样的一个4月和5月，当漫天柳絮轻舞飞扬的时候，点点斑驳的阳光里，是否欢笑亦然，浪漫依旧？我们也许在一天天上升的疫情数字中，在白色的口罩后面，失去了一些舒心和自由。这又是怎样的一个4月和5月，当清风拂面、花繁叶茂的时候，如许生命的感动中，是否成长更快、明了更多？我们在突如其来的灾难面前选择坚持和理智，我们在朋友的真心问候中懂得情谊和珍惜，我们在生命的考验中紧紧相拥，用心祈祷，用爱创造奇迹。在"非典"时期里，第一次在死亡的阴影中有些战战兢兢，也第一次真正地打开心扉，重新审视自我和社会。这才意识到，活着，是多么美好！

我如此真切地感受到，责任沉甸甸的，在肩上，在心里。当谣言四起时，我奔走于惊恐不安的同学之中，用我微薄的力量传递真相；当朋友们一片繁忙收拾衣装时，我不断地告诉自己要留下来，用我的实际行动感染更多的人。我知道，这一次面临的是怎样一个情况，在这个被称为"国难"的时刻，一个党员、一个学生干部，甚至只是一个普通大学生应该怎样去做。我想，至少应该选择信任和坚强。我留下来了，带着一开始就有的坚定和坦然，为一个普通大学生应背负的责任，为许诺与众多好友共度患难的责任。

患难之中见真情，说得一点没错。"非典"袭来时，伴随着猜疑和惊恐的，还有源自心底的真情流露。朋友准备离开了，见我没有走的打算，突然红着眼睛嚷道："你还要不要命啊！"我悄悄转过身，没有让她看到我眼角滑落的泪滴。一向温柔的她第一次这么激动地朝我吼，我也第一次知道自己在她心中的位置。是怎样的感动和甜蜜紧紧包围了我！坐在电脑前，关注着北京被感染人数的变化，一个许久未见的老同学发来一条短信："Hi，你还好吗？请你每天给我发一条短信，告诉我，你很好！"我傻傻地捧着手机，半天没有回过神来。当岁月的尘风改变了我们曾经天真烂漫的脸，当旅途的疲惫困倦了我们曾经青春无悔的心，而封存的记忆一旦被揭开，仍弥漫开友谊的芳淳。一条质朴的短信，居然蕴藏了这样感人的力量。我突然意识到，繁忙的生活，几乎让我丢失了珍贵的情谊，现在拾起，但愿还不算太晚。

在这场突如其来的灾难中，生与死的搏击、正义和人道的呐喊迸发出了撼人的生命火花。奋战在抗"非典"第一线的白衣战士们，在家人和国家面前毅然选择了牺牲小我保全大我，用自己的生命与病魔和死神做着生死较量。那以身殉职的叶欣护士长、邓练贤主任医师，用自己的生命捍卫着医生最崇高的使命和坚定的誓言！还有更多不知名的医务工作者，仍在坚守岗位、不眠不休。政府部门全力以赴，科技工作者日夜攻关，热心人士捐款捐物……在这个非常时期，所有人的心都紧紧相连，不同城市、不同岗位，却有着相同的爱国激情，相同的生命渴望。众志成城，共赴国难。民族精神在神州大地激荡，爱国主义热潮在中华儿女心中涌流。这是用生命与鲜血、信念与希望筑起的钢铁长城！在这样的时刻，我真切地感受到五千年文明孕育的中华民族积蓄了怎样伟大的力量，那磅礴的气势、强健的前进步伐，是谁也阻挡不了的！

这是一个不寻常的4月和5月，生活的磨难让我们看清了自己，懂得了珍惜。徜徉在午后的阳光中，看飞鸟轻盈地划过蓝天，呼吸着自由的空气。这是不同于一般的惬意，因为心中充满了爱和希望，因为前方的路日益清晰。

非常时期很快就要过去,在欢笑和泪水中,人生的日记将翻过一页。那些生命的感悟,那些无悔的选择,那些成长的厚重,会陪伴我们经历更多的考验和历练,这是一生的宝藏。

四年的时间很短暂,很快就要挥别这个美丽校园,走出象牙塔去实现心中的梦想。未来就在眼前,终于要去面对。

在今后的工作中,我一定会保持大学里养成的优良品质,戒骄戒躁,端正学习态度,发扬刻苦钻研的精神,正确面对人生,乐观向上,积极主动地把握生命里的每一天。

离开,想对亲爱的母校道一声:谢谢!是您翻开了我人生新的一页,是您让懵懂的我变得成熟起来,是您给了我人生的又一笔宝贵财富,是您让我度过了美好的四年光阴。这段日子将是我生命中的闪光点。

缤纷大学人生　精彩青春故事

（2005 届本科毕业生德育论文）

化工与环境学院　苟曼莉

当春天的杨絮又一次飘起来的时候，我们走进了大学生活的最后一段时光。听着喜欢的歌，想着感人的事，写下这些文字的时候，忽然觉得这是一次难得的机会，可以好好想一想人生最宝贵时光中的收获，可以好好品一品青春岁月带来的酸涩和甘甜。

人们常常说，大学是人生的关键阶段。这是因为，进入大学是我们一生中第一次放下高考的重担，开始追逐自己的理想、兴趣；这是我们第一次离开家庭生活，独立参与团体和社会生活；这是我们第一次真正有机会在学习理论的同时亲身实践；这是我们第一次脱离被动，有足够的自由处置生活和学习中遇到的各类问题，支配所有属于自己的时间。更重要的是，这很可能是我们一生中最后一次有机会系统性地接受教育，这也很可能是我们最后一次能在相对宽松和包容的环境中安然地成长。

所以，回顾这四年来的历程，大学给予我的远远比我给予她的要多得多，在她潜移默化的熏陶中，我学到了很多……

学习之一：自修之道

有人曾说："如果我们将学过的东西忘得一干二净时，最后剩下来的东西就是教育的本质了。"所谓"剩下来的东西"，其实就是自学的能力，也就是举一反三或无师自通的能力。在大学期间，学会专业的知识固然很重要，但更重要的还是要学会思考的方法，培养举一反三的能力。

回想起来，四年里学过的课程确实很多，有几百人一起上的基础课，也有自己班里的专业课。我还清楚地记得和宿舍的同学们一起熄灯后在楼道里写作业时的温馨，记得和班里的同学为一个问题争得面红耳赤时的激烈，记得期末备考期间晚上12点才从三号楼回宿舍时的惬意，记得整理整齐的笔记和复习资料时的自豪……关于学习的点点滴滴总是在脑海中回荡，因为我从中体会到的不仅是掌握知识的快感，更多的是懂得如何从短短45分钟的课堂上获取知识的精华，懂得如何在浅显的基础上挖掘更深。

大学中，遇见了很多的好老师，他们严谨认真，思路清晰，但是，使我受益最深的是他们的良好风范和人格魅力。他们对知识的孜孜以求，对工作的踏实负责，对学生的谆谆教导，让我感受颇多，从而也明白了获取知识的途径和做人做学问的道理。

学习之二：发展兴趣

孔子说："知之者不如好之者，好之者不如乐之者。"兴趣是最好的老师。在大学中，除了正常的学习之外，我们有充足的时间可以自由支配，因此，发展兴趣、钻研爱好也是重要的学习内容之一。学校和学院里有很多的社团，无论是爱好文学的、音乐的，还是爱好体育运动的，大家都能从中找出自己的兴趣所在。

当然，在我三年的学生工作中，不仅仅是融入其中，培养爱好，更多的是参与组织了一系列的活动。大一的时候参加了学院"新绿"文学社，那时还是一个什么都不懂的部员，只知道热心地跟着社长跑活动、编杂志，然后看着集体的收获开心。团支部的事情也是刚刚接手，还处在慢慢摸索的阶段。幸运的是，我处在了一个积极、团结、向上的集体中，班委会、支委会的同学互帮互助，共同为创建良好的集体氛围而不断努力着。

大二大三是我最忙的时候，学生工作的事务渐渐繁忙了起来，团支部的工作也因为颇有成果而需要面对各种评比和验收。走过了那段匆忙的岁月，当时觉得沉重的痕迹现在已慢慢淡化，那段时光在我心里的分量很重。因为在一天天的忙碌中，我学会了如何合理有效地分配和完成各项工作；在一次次的评比中，我学会了如何清晰完整地展示集体的魅力；在一场场大型的活动中，我学会了如何与同伴们分工合作、共同完成。当然，收获的同时也要付出很多的代价，我也曾因为赶一份材料而在寒冷的楼道里写到半夜两点，也曾因为工作繁忙而去熬通宵完成作业，也曾因为一个小小的失误而给大家带来了麻烦，也曾因为没有保质保量地完成工作而闷闷不乐。

虽然"忙碌"成了我当时最为形象的刻画，但我为能这样地度过自己的课余时间而感到欣慰。我没有足够的时间去休闲，没有足够的时间去娱乐，但是我有机会和同学们共同欣喜、相互鼓励，为集体的荣誉开心或者是沮丧。这一段难得的过程和友谊，对我的影响和帮助是非常深远的。

学习之三：懂得选择

大学四年是最容易迷失方向的时期。我们来自不同的地方，共同生活在一个陌生的地方，自然会面临各种各样的困难和形形色色的诱惑，常常会出现需要抉择的时候。而对于初来乍到的我们，对于刚刚接触这么多人的我们，是有很大困难的。如何去判断和决定，别人没有办法教你，只能摸索着慢慢往前，经历着或大或小的抉择。从一开始的患得患失，到现在能够比较理性地勇敢地取舍，也算是习得了一项生存技能吧。

想想大一的时候，什么事情都喜欢亲力亲为，总是不放心把事情交给其他同学去做，自己忙得团团转而其他同学则无所事事。慢慢地，我学会了分工合作，学会了统筹安排，学会了区分轻重缓急，最重要的是学会了取舍。当然，要放弃时，心里也会有些许不舍与不甘，但是，暂时的放弃是为了永久的未来，放弃一棵小树是为了整片森林。

特别是在临近毕业的时候，几乎每一个人都为自己的去向而思前想后，犹豫不决。那个时候是最彷徨的，在亲人、老师、朋友的关怀下，安然走过了那一段难忘的岁月，想必在以后更艰辛的道路中，会多一份信心和智慧吧。

学习之四：人情温暖

上了大学，来自五湖四海的同学都在慢慢融入一个集体中。开始的时候，我还在为没有和自己班里的女生住在一起而耿耿于怀，可是慢慢地，我发现，每一个集体都有自己独有的风格，于是开始和更多不同班级、不同学院的人打交道，共同经历着一件件的事情，让我们的心靠得更近。

每一次参加班级活动，我总能发现同学们的可爱之处。怀念大家一起烤羊肉串时的美味，怀念大家一起爬山时的笑声，怀念大家一起笑对"非典"时的勇气。

特别是我们班里的一群女生，大家经常一起唱歌，一起聊天，一起哭，一起笑。我至今还清楚地记得和班里的女生在校园里一起拉起手走成横排大声唱歌时的肆无忌惮，记得大家精心为每一个男同学准备生日礼物和春节卡片时的奇思妙想，记得一起做学生工作时的默契，记得一起逛街购物时的随意。尤其是在我们班的球赛时，我们女生组成的啦啦队已经成了赛场上一道独特的风景，齐心合力的欢呼呐喊，激昂嘹亮的歌声，让整个比赛都变得生动活泼起来。

当然，从这些优秀的姐妹身上，我学到了很多。她们热心地帮我解答疑难问题，她们积极帮我出谋划策，她们一起完成集体的工作。在大家的努力下，我们班获得了各项荣誉，这也是我们一直引以为自豪的。

还有很多很多的人，比如学生工作组的老师、其他学院的同学、一起工作过的师兄师姐们……和他们相处的岁月中，我学会了为人处世的原则，学会了做事的技巧和方法，也学会了如何更加有效率地学习和工作。

每一年初夏的时候，学校都会有一场欢送毕业生的晚会，看过了1999级和2000级的，转眼间我们就会用自己的歌声为自己送别了。离开了这个校园，我们大家都会天各一方，为生活和梦想而努力奔波。但我相信，无论身在何处，我们都会牵挂着这里，因为她记载了我们的欢乐和悲哀，记载了我们的成功和失败，也记载了我们的理智和感情。

大学四年，就像人生的四季，有明媚的春天，有激情的夏天，有沉思的秋天，有回忆的冬天，无论是哪一天，我们都会将这青春的岁月珍藏在心底，伴随着我们愈来愈成熟的脚步，走在通向未来的道路上……

Forever Home – Our 413

(2006届本科毕业生德育论文)

计算机科学技术学院　陈磊

　　陈磊，他代表了计算机科学技术学院2002级一个特殊的寝室：寝室中4名同学被保送北京理工大学硕士研究生，其中1人直博，1名同学被保送北京大学硕士研究生并直博，3名同学分别以各专业第一名的成绩考上北京理工大学研究生，8人均为公费研究生。寝室里有7名党员、6名学生干部。寝室成员累计获得过68项荣誉，其中有47人次获得校级以上各类奖学金，有21人次获得校级以上各类荣誉称号。

　　大学生活的一个重要组成部分就是寝室生活，寝室可以说是我们每个人的第二个家。我想从5个方面为大家描述一下由我们8个来自祖国各地普通的青年组成的不普通的413寝室四年的大学生活，与大家分享我们这个集体，在这缘分的天空下，四年最为难忘的成长时光。

拳头一样的集体

　　我们的寝室是一个凝聚力很强的集体，可以说从入学开始就定下了团结一致的基调，无论在思想上还是在行动上，我们8个人都能达成默契、形成统一。

　　入住寝室的第一天，我们8个人就共同列出了日常所需的生活用品清单，规划着如何布置宿舍，然后集体去寝室附近的城乡仓储超市采购。感觉就像团购一样，场面甚是热闹。可谓空手而去，满载而归。这也仿佛是我们大学四年的一个缩影：大家满怀求知欲走到一起，四年中我们团结互助，共同收获了知识，体味了成长，度过了充实的本科生活。同样是空手而来，满载而归。

　　在我们的寝室，无论谁遇到什么样的问题，其他7位兄弟都会倾尽全力帮他渡过难关。我们明白，一个人的力量毕竟是有限的，在朋友们的帮助面前，困难往往都是微不足道、可以迎刃而解的。比如说，同寝室最小的一个兄弟大三时就遇到了一个困难。事情是这样的：他喜欢上同专业其他班的一个女孩，我们剩下的7个倾巢出动，一起帮助出点子、想办法，平时自习我们会分布到学校各个教学楼，除了自习学习外主要就是帮着他寻找那位女生的行踪和自习规律，并且通过各自的同学和朋友帮着搜集关于那位女生的各类情报和信息。最终在我们7个人的大力支持下，在他自己的努力下，他终于赢得了那个女孩的芳心，我们也多了一个弟妹。最后我们的这位兄弟直博北京大学，我们的这位弟妹也顺利考入本校研究生。试想若干年后我们齐聚在他俩的婚礼上，谈起这段往事，我们一定感到无比的骄傲和自豪，同时将更加体会到"团结就是力量"的含义。

"骂"出来的情义

社会上有四种类型的人：当面说你好话的、当面说你坏话的、背后说你好话的、背后说你坏话的，当然也包括四种类型的各种组合。我认为当面说你坏话、背后说你好话的人往往是我们最应该结交的朋友。

四年中，我们正是这样相处：相互之间坦诚相对，彼此有什么缺点毛病都直言不讳、毫无保留。比如说，寝室长是我们寝室的"觉皇"，也就是睡觉之皇，寝室中最能睡的人。当我们发现他嗜睡时都会及时进行劝说和督促，学习任务繁重时我们甚至会"武力"解决问题，到了该起床时会毫不犹豫地揭开他的被子，无法忍受经常"春光外泄"的他也只好无奈地挣扎着起来。渐渐地，他也改掉了总爱睡觉的坏习惯。

由于专业的关系，我们每个人都有自己的电脑，自然会接触到许许多多的游戏。但是当谁有沉迷于游戏的苗头时，他就将陷入极其痛苦的境地。想必大家都看过周星驰主演的《大话西游》这部电影吧，大家肯定都熟悉一个场景：孙悟空被唐僧的唠唠叨叨折腾得生不如死。那首《Only You》也一直被大家津津乐道。在我们寝室也是同样，当一个爱玩游戏的"孙悟空"出现时，他面对的将是7个意志坚定、能说会道的"唐僧"，轮番地进行解劝"轰炸"，保证让他迷途知返，远离游戏的危害。

刚开学时，我们寝室经常会弥漫着一种异味，气味极其浓烈。我们就一起寻找这个根源，终于发现了罪魁祸首——寝室有一个兄弟不习惯于每天都洗脚。他也因此成了众矢之的。在大家的软硬兼施、"威逼利诱"中，甚至是几次"武力押送"洗手间洗脚后,他也逐渐改掉了这个坏习惯,每天晚上回来脱了鞋第一件事就是直奔洗手间洗脚,动作比谁都快。

四年中我们有过争吵和摩擦,然而不会有人去记住这些不愉快,因为我们都明白:年轻时养成一个好习惯,受益将是终生的;年轻时保留一个坏习惯,遗憾也将是一辈子的。我们更加懂得,只有对待自己真正的朋友才会做到知无不言、言无不尽,也只有真正的朋友才会一针见血地指出自己的缺点和不足。也正因如此,我们8个人的情谊在"骂"中逐渐加深。

超五星级的公寓

一般人都认为男生都是不拘小节,对什么都马马虎虎的。然而我们的宿舍在全校卫生评比中被评为"星级宿舍",每周的检查都是90分以上。每次老师来检查或者平时同学来我们寝室,都会赞叹不已。我们打扫寝室,并不是为了迎接检查,而是为了使自己住着舒服。大家打扫寝室就像清洁自己的家一样,所以每个人都很自觉和主动。关于按时打扫宿舍我们8个人更有以下四点共识。

第一,我们都认为细节决定个人成败。大家应该都听过一个关于招聘的故事。招聘经理故意在面试者必经之地的纸篓附近放了几团废纸,一个个衣着光鲜的应聘者经过纸篓时都视而不见,直奔考官而去。唯独最后一名应聘者主动将废纸捡起并放入纸篓。看似简单平常的一个动作使他最终获得了这个职位。

第二,干净优雅的寝室环境更有利于自己的身心健康和正常休息。我们也去过一些被学校的老师评价为"不适合人类居住环境"的寝室。反差真是很强烈。

第三,为了自己的幸福。我觉得每个女生都希望自己的男朋友干净、整洁,而不会希望他邋邋遢遢。因此所有的学弟们,如果你们时刻保持整洁干净的话会在很多重要方面提升自己的魅力。

第四,自己打扫卫生的同时也可以为同寝室的其他人提供一个更舒适的居住环境。在我打扫寝室时,我是在真心为其他7人付出,而在他们打扫寝室时我同样感受到了他们的真心付出,正是在这彼此的真心付出中,大家的集体荣誉感和凝聚力都得到增强,我们的寝室也更加和谐。

良性的竞争氛围

我们8个人充满激情、崇尚实力、热爱竞争。学习中我们面对挑战有着必胜的决心，我们努力着，我们前进着，把一切不可能都踩在脚下。然而我们在竞争中绝不会耍手段、使伎俩，通过不正当的方法获得成功。争论和共享永远是我们寝室学习氛围的主旋律。

首先谈谈争论。我们通常都是一起自习，遇到问题时一起研究和讨论，观点不同时相互争论。争论时往往会分成两大阵营，没有永远的敌人，没有永远的朋友，只有永恒的问题，每次争论双方的成员组成也不尽相同。争论的内容也许现在都有些淡忘了，但争论的价值永远值得回忆。在这个过程中自己对知识点的掌握更加透彻和全面，极大地提高了每个人的能力，更坚定了每个人对真理的执着追求。

再就是要学会共享。拿出自己的资源跟同龄人尤其是竞争对手共享是需要勇气的。一个小气、心胸狭窄的人不会敢于共享自己的资源，因为他害怕别人比自己强，害怕与强手竞争。而在当今的社会中，强手林立，竞争无处不在，因此这种心理是绝对要不得的。所以我们要学会大气。我们每个人平时收集的各门考试科目的复习提纲，往届的平时测试练习题，期中、期末考试卷子和相关复习资料都会和大家共享。当宿舍中营造出一种资源共享、你追我赶、勤奋刻苦的良性竞争氛围时，每个人的能力和实力都会在竞争中得到极大的提升。

知易行难

我们8个人觉得自己的大学四年还"行"，而老师和同学觉得我们很"行"。回顾大学四年，我们也在想，为什么我们就"行"了呢？我们觉得自己并不另类，也不是书呆子，我们就是当代大学生中的普通一员，只不过我们把一个当代大学生应该做的事情踏踏实实地做了。我们玩游戏，但不沉迷，懂得克制，我们在学习和玩之间找到了契合点；我们中有人谈恋爱，8个人中有3个有女朋友，但不影响学习，我们在学习和爱情之间取得平衡；我们身为学生干部，但不耽误学习，我们将学习和工作良好结合；我们的宿舍全天供电，但不影响休息；我们的宿舍在校外，处在繁华地段，但我们能抵制各种诱惑，大部分的活动在学校……这些看似平常的小事正是决定一个人大学四年成败的大事。其中任何一点处理不当,都将对我们的大学四年产生不良影响。

  大学时代是人生最宝贵的黄金时代,我们应当珍惜它,把握住自己的青春。我相信这种种的道理大家都会明白和理解,关键在于如何能够坚持身体力行。如果一个人说出一个道理,这个道理对他而言是一种知识;如果一个人践行一个道理,这个道理对他而言是一种智慧。真正地做到行胜于言,美好的未来自然水到渠成。

一个班级的传奇
——献给 06210301 班全体同学
(2007 届本科毕业生德育论文)

生命科学与技术学院　廖玲妮

廖玲妮,生命科学与技术学院2003级本科生,毕业后被保送为北京理工大学研究生。她代表了一个具有传奇色彩的集体——06210301 班。这是一个非常优秀的班集体,曾经被提名为全国优秀班集体,并获得过"北京市先进班集体""北京理工大学优秀团支部""北京理工大学优秀班集体"等一系列荣誉称号。

全班37人中,有20名党员,占到班级总人数的54%;大学英语四级通过率达到100%,一次性通过率达到了94.59%,位居全校第一;有2人获国家奖学金,1人获徐特立奖学金,1人获 SMC 奖学金,4人获得单科优秀奖,28人获得人民奖学金;有6人在核心期刊上发表了7篇论文,其中有3篇英文论文;20人先后被国内外著名大学录取攻读硕士研究生,占全班总人数的54%;就业率达到100%;有7人赴海外求学,占全班人数的19%,其中1人被英国牛津大学(生物医学工程专业)录取。

今天,我给大家讲述一个传奇,一个关于 06210301 班的传奇。06210301,这些数字代表的绝不只是简单的数字罗列,更不是一个苍白无力的班级代号,恰恰相反,它是一则至今提起,依然让许多人心中为之一动的传奇!因为它代表着一种强大的向心力,显现出一种打不垮的钢铁意志,还带着"几分酸楚几许甜"的滋味;它是一个让师长啧啧称奇的班级,是一个让外人羡慕到眼红的集体,是一个让我们每一个成员暖到心坎的大家庭。

今天我把这则传奇分为三个部分来讲述。第一个部分叫作"37 = 1",说的是那些众志成城的往事;第二部分叫作"Impossible is impossible",讲的是那些逆流而上的岁月;第三部分叫作"我们的班级有点甜",回忆那些"几分酸楚几许甜"的滋味。

37 = 1

人的一生之中总有几件大事，比如高考，又比如到了大四的考研或者工作。提到考研究生，与其说它是个脑力活，不如说是个体力活，而且是个非常必要、相当无聊、极度需要意志力的高强度体力活，完全符合催眠三大定律，即单调、重复、集中，造成我考研大军大量"战友"直接"睡死"在一线战场——自习室中，更有无数的"战友""阵亡"于大后方——宿舍中。还有不计其数"被俘"的"战友"：或是赖床不起被床俘虏的，或是和网络游戏难舍难分被电脑俘虏的，或是陷在温柔乡中不能自拔被爱情俘虏的……

针对这些严重的"违纪"现象，我06210301"部队"始终坚持"一个原则两个基本点"。一个原则就是"一个都不能少"的原则，两个基本点就是坚持"自习骨干与群众力量相结合"，坚持"糖衣炮弹与唐僧政策相结合"。对掉队的"战友"晓之以理、动之以情，努力实施把"睡死"的吵醒，将犯懒的说晕，以及对玩网络游戏的工具——电脑实行全面监禁等一系列措施，以达到把所有掉队的"壮丁"全部抓回"一线战场"的根本目的，最终实现了考研大军"一个都不能少"的根本目标。

那些不用"上火线"的"战友"，则充分发挥其"有难同当"的同志精神和广大人民群众奋勇直前的奉献精神，成为我们这些考研"一线士兵"最忠实的"后勤部长"，从课堂笔记到课下补习，再到生活上无微不至的关照，都让我们感到春天般的温暖。

考研不再是一个人的事，而是我们06210301班所有人的"人生"大事，这种你拼我赶，同时又相互帮助的氛围，为我们顺利通过考研提供了极大的助力。

也许你们会说考研是一个比较特殊的时期，尤其当我们面对大学生就业困难的这样一个现实时，许多人不约而同地选择加入"研家军"，这样比较容易形成一个共同学习、一起进步的学习环境。这种说法也许是有道理的。但对于我们的班集体来说，共同努力去完成同一个目标是始终如一的行事风格。

遥想当年，想搞科研了，众同学雄姿英发，斗志昂扬，试图合众人之力，以迅雷不及掩耳之势，做一个可以直接投入实际临床应用的生物医学信号检测仪。可是当时我们全班没有一个人学过汇编语言，不会编程咋办？现学！

也就一晚上，三本经过精心筛选、厚达几百页的参考书就交到了同学们的手中。然而，"万里长征"刚刚开始，"好日子"还在后头呢。那大堆大堆、闻所未闻的知识就像龙卷风过境一样，向我们迎面扑来。

于是一阵手忙脚乱之后，我们纷纷罹患"郁闷症候群"，症状一般表现为恶心、头痛、食欲减退，还伴有熊猫眼、水泡眼、青春疙瘩豆等。罪魁祸首可能是那如同天文一般的编程语言，也可能是那长达20多页，查字典查到手软，满篇皆是那种横跨五六行找不到主谓宾，同时具有六七个of结构的超难、超炫、超酷句型的英语产品说明书。

不过幸好，越是在困难的时刻，我们的大家庭越是显现出强大的凝聚力。每个人都在自己的工作岗位上不遗余力地做好自己的工作。即使平日里干净到有些"洁癖"的女生，也会为一个关键性数据，硬是花了一个下午，把整个图书馆里三层开架甚至是四楼存放着的那些脏兮兮的、落满灰尘的、少有人问津的过期刊物都给从头到尾翻一遍，弄得自己一身尘土，狼狈不堪。她甚至还可以笑着说："没给咱班拖后腿，再狼狈也值了。"还有一回，另一个女生就是画不好工程图，眼看着第二天就要把图纸交送厂家了，急得她差点在实验室里哭鼻子。这情景被我们的班长看到了，他立刻放下自己的事情，帮助这位女生一起完成这个图纸的绘制，一直忙到凌晨3点才休息，第二天一大早他又急急忙忙地起床赶去送交图纸⋯⋯

虽然我们的产品并没有带来巨大的商业利润，甚至离临床应用还有很大的距离，但是这毕竟是我们班的第一项科研成果。也正是这个不是很成功的科研过程激发了许多同学的科研兴趣，促使他们树立了投身科研事业的志向。

正是这种高度分工而又灵活合作的工作方式使得我们完成了一系列在外人看来不可能完成的工作。我们收获的绝不仅仅是一次次的嘉奖，更多的时候，它使我们获得了彼此间的默契，在我们共同努力的同时，我们学会了真正的理解和体谅，也感悟到同甘共苦、众志成城的真谛。

Impossible is impossible

这句略显稚气的口号恰恰说出了我们班集体的特点，它比阿迪达斯广告语"Impossible is nothing."多几分豪气，比李宁的广告语"Everything is possible."多几许自信。这是我们的班训，更是我们的班级灵魂：一个永不言败，不到最后一刻绝不认输的钢铁四班。

我一直认为这是一种直面困境的勇气，一种正视挫败的魄力，一种百折不挠的韧劲，一种千锤百炼而来的自信。

正是凭借这些信念，即使面对再强大的对手，即使明知胜算很小，我们依然充满信心。就像在篮球比赛时，虽然我们班只有11位男生，在比赛中他们轮流上场，打得异常顽强，也异常艰苦，顶住赛场的压力，咬死了比分，无论结果如何，这种"可以输掉比赛，却绝不能输掉自己"的魄力，足以震撼在场的每一个人。今天，他们中的许多人已经离开了北京理工大学，然而我仍想说一句：四班的男生，你们真是好样的！

我也永远不会忘记那次模拟逃生演习所带给我的强烈感受。记得那是一次"十一"的长假，我们全班去参加了素质拓展，其中一个项目就是模拟逃生演习。它要求我们在没有任何工具的情况下，徒手攀爬通过一个高约5米、90°垂直于地面、表面异常光滑的障碍物。每一个爬过山的人都知道，坡度越是陡峭越难以攀爬，更何况这样一个高达五六米的障碍物表面光滑，又不能借助外物，这叫我们一时非常为难。在教练员提示下，我们先搭起两层人墙把头两名同学送上平台，先到达平台的人可以将剩下的人逐个拉上去。所有到达平台上的同学迅速而极为默契地组成一支队伍，后一个人抱住前一个的腰，嘴里喊着口号一起使劲把还处于下方的同学拉上来。

然而当面对某位体重近200斤的同学时，把他拉上来却成了一个难题，这道难题让我们迟疑了。已经不记得是谁第一个出声，但几乎是立刻，所有的同学都不再犹豫，在我们的心中，只剩下一个共同的念头——一定可以把他拉上来。即使当他被悬在半空僵持不下，伙伴的脸孔涨得通红，牙咬得"嘎吱嘎吱"响，时间在一秒一秒地过去，我们的压力也越来越大，僵持了近3分钟的时候，这位深感不安的同学甚至声声恳切地请求我们松手，回答他的却是一句异常坚决的话："千万不可以松手，再加把劲，我们一定可以把你拉上来的。"这句话不但给这个一度想要放弃的男生增添了必胜的勇气，也给我们增添了必胜的决心。终于，在我们嘹亮的"一、二、三"声中，他被我们拉了上来。

这件事情过去已经很久了，有些东西却深深地印刻在我的心上——这世界上本来没有什么渡不过的难关，但如果我们放弃，一切等同于提前结束。这样的勇气、这样的信念是我们班集体的灵魂所在。就是抱着这样一种信念，我们走过一路的坎坎坷坷，磨砺出一种千锤百炼而来的自信——没有我地球照常会转，不过肯定会减速。

我们的班级有点甜

你知道一个人坐在星巴克里喝咖啡的滋味吗？望着窗外车水马龙，苦涩得让人有哭的冲动，不由自主地想起孤单的感觉。

关于孤单，有谁会比我们这些"异乡漂泊客"体会得更深刻呢？

不过我可以骄傲地说，我比许多人幸运，因为我找到了我的集体——06210301，那个温暖的大家庭。她给了我们这些游子如同家人，甚至是母亲一般的关怀，让我们觉得生活不再孤单。

就在考研那段忙碌的岁月里，就在那个名为"生命的起源"的班级QQ群里，总能发现一些加油打气的话，让我们"终日奔波苦，一刻不得闲"的"苦命人"心窝一暖。

即使只是一句"同志们辛苦了！"，也会让我们一边大声叫嚷着"怎么这么没创意……"，而另一边却又忍不住"自个儿偷着乐"。

有时候，我们会复习到夜深人静时，偶尔"间歇性神经短路"，突然去QQ群里大吼一声：

"有没有人在？快快现身！"

"干吗？请客吃饭呐。"

"请客算我一份。"

"原来都潜着呢！我说怎么没人呢！"

……

就是这些不断闪烁的QQ头像顿时让我们一天的疲惫去掉大半，心情爽爽。

在那一刻，突然发现，原来，我们从来不是一个人在战斗！

也是在这个大家庭中，我感受到了什么叫做"患难见真情"。

我们班里有一个1987年出生的小妹妹，短短4年，两度住院，第二次住院又动了一个长达几个小时的大手术，足足休养了两个多月。

在她动完手术的第二天，只有人生地不熟的母亲在身边照顾。于是我们这些同学自告奋勇，主动申请帮她们采购生活用品，张罗起一日三餐。

我还记得有一段时间，动完手术的她有伤口感染的迹象，医生告诫我们说，由感染引起的咳嗽非常不利于康复，于是我们想起了流传了很久的古老偏方：川贝炖梨。

"心动立刻行动"——从小到大，十指不沾阳春水的我们，"分不清豆角和扁豆"的我们，对着那些原材料，好一阵郁闷。于是一场名为"川贝炖梨是怎么炼成的？"辩论赛热热闹闹地在宿舍里开始了。

"我奶奶说……"

"不对，我见我妈炖过，不是这样……"

激烈争论声此起彼伏。最终，我们心惊胆战地煮了好几个小时，不时地掀开锅盖，看看"战绩如何"，一会儿怕煮干了拼命加水，一会儿觉得把水熬干了才有效果，好容易一锅貌似川贝炖梨的汤汤水水出炉了。看着病房的小妹妹红着眼睛把我们第一次的下厨杰作消灭得干干净净，真的有一种油然而生的高兴。

她哭着感谢每一个曾经帮助过她的同学，谢谢我们在她最困难的时候伸出了援助之手；然而，我想我们大家更加感谢这个小妹妹，因为她班级里的每个人的心贴得更近了，亲情在不知不觉中慢慢渗入我们的灵魂之中。

我最后想要提到的大概就是德育答辩了。在毕业前的德育答辩会上，你能看到许多人，都在试图控制自己，努力地面带微笑，用真诚的感谢开始，却不得不用情不自禁的热泪结束。尤其是我们那个平日里坚强到被称为"郭哥"的女支书，读起自己的德育论文时，更是激动得语带哽咽，只是反反复复地念叨那一句："我真的舍不得你们……"当某位男生站在台上深情地唱起"祝你一路顺风"的时候，大家不由自主地开始默默附和，渐渐地，变成了全班同学的大合唱。唱到那一句"我只能让眼泪留在心底，面带着微笑用力地挥挥手，祝你一路顺风"，许许多多的人都跟着哭了出来……

此时此刻，除了歌声，还有什么可以更好地表达我们内心的感受呢？在即将曲终人散的这一刻，在强悍的离别面前，在不得不说再见的时候，我们记不清曾经发生过的激烈争吵，记不清曾经有过的许多不愉快，也记不清为了什么而彼此冷战互不理睬，却不由自主地回忆起每次生病时收到的朋友的悉心照顾，回忆起每次面对困难时朋友的真诚鼓励，回忆起每次悲伤难过时朋友的温暖拥抱……

还有那一份份珍贵的毕业礼物：一段关于4年生活点点滴滴的DV录像，一面签满全班同学名字的班级旗帜，一张标注着每个人毕业去向的世界地图，一次让人毕生难忘的毕业旅行，一本精心策划的记录着每个人的联系方式、德育答辩论文和同学寄语的毕业纪念册……

一路走来，那些感动陪伴着我们的成长旅程，让我们明白班集体不是巴比伦的空中花园，也不是传说中的香格里拉。生活告诉了我们，集体就真实存在于我们的身边，需要我们不断呵护、经营、珍惜。我们找到了我们的班集体、我们的大家庭、我们的06210301，所以我相信，聪明、自信的你们一定也可以找到属于你们的最珍贵的情谊。

讲完这些故事，我的心情依然激动万分。它们承载着我对散落各方的老朋友的最美好祝福，承载着我对那些年少轻狂的青春的眷恋，也承载着我们作为06210301班一分子的自豪。蓦然回首，仿若昨日重现，一切历历在目。曾经我们来自五湖四海，而今，我们去向天南地北。我们将曾经的辉煌留在这里，而后，我们将在四方创造新的辉煌。

飞翔之梦

（2008 届本科毕业生德育论文）

宇航科学技术学院　高峰

我是宇航科学技术学院的 2004 级毕业生高峰，目前在本校攻读飞行器设计专业博士学位。"飞翔之梦"，是我们大学班级 QQ 群的名字。飞翔之梦，表征了我们的专业，也寄托着我们的希望。02110402，2004 级飞行器设计与工程二班，一直努力着，梦想着展翅飞翔，梦想着突破自己的极限。

每次看到书桌上摆放着的照片，我都会想起那段青春飞扬的岁月，都会回忆起那群肝胆相照的好兄弟。

2004 年 9 月，来自全国各地的 31 个青春飞扬的少年聚到了一起，与 02110402 这串数字结下了不解之缘。

我将分四个部分来为大家讲述 02110402 班的青春岁月。第一部分"风雨过后见彩虹"是我们由陌生走向团结的历程；第二部分"知耻而后勇"将为你们揭开一个班级由大部分人第一次考试不及格到成为校优良学风班的蜕变之谜；第三部分"多彩的青春"会为大家展现一个充满活力、斗志高昂的团队；第四部分"保重，睡在我上铺的兄弟"则是我最不想回忆却又难以忘怀的依依惜别的场景。

风雨过后见彩虹

可能很多人说，大学班级不就是一个形式嘛，大学的哥们儿哪有高中的兄弟"铁"啊！

这也是我刚来到北理工时的感觉。作为班级的团支书，两次集体活动下来，我的心就凉了一大截，大家还真是各扫门前雪，不闻窗外事。就拿入学体检来说，提前一天说好了早上 9 点集合，可是 9：15 了还有人姗姗来迟，气得我忍不住冲着迟到的同学怒道："这是你们自己的体检，耽误了可是你们自己的损失！"可是迟到的那几个同学一扭头，给我来了一个"冷处理"。

这事儿让我郁闷了好长一段时间，可是又不甘心放弃努力。我的宿舍在三楼，而我们班大部分男生的宿舍在四楼，是不是交流不便让我和同学们之间产生了距离呢？于是我开始每天一有空就往楼上跑，到各个宿舍去坐坐，把大家拉到一起聊天，慢慢地拘束和陌生感不见了，甚至后来我一上楼他们就大声开玩笑："高峰又来啦，各宿舍赶快锁门啊！"

就这样，大家一起吃饭，一起打球，一起在宿舍天南海北地乱侃，大家开始慢慢地融入这个班级。然而正当同学们充满信心准备开始奋斗的时候，一件意外的事情发生了。

班上的一位同学因为动了一个大手术，需要住院治疗两个月。对于刚入学不久的我们来说，缺席一节数学课就可能跟不上老师的进度了，这两个月的时间足以让他丧失对大学生活的信心。

为了能让他早日回到我们中间，期中考试成绩最高的几位同学主动去给他补课，医院旁边的超市里开始经常出现我们班的男生，转来转去为买一些合适的滋补品而发愁，甚至平时懒得记笔记的老王也认认真真地做起了课堂笔记。以至于后来我们总结这次手术带给我们的影响是："早上开始起早了，无聊的课不再翘了，超市能一下从入口转到出口了，嘿，你看连老王也开始做笔记了！"

我们开始并肩作战，在遇到困难时互相鼓励、相互扶持，在参加活动时时而辩论、时而协作，在获得成功时举杯相庆、彼此拥抱。我们开始以兄弟姐妹相称，在最需要的时候走到彼此身边似乎成了理所当然。

知耻而后勇

学习似乎是大学里永恒不变的主题。记得入学第一次班会上，班主任就提醒我们："大学生，仍要以学习为本。"我们都点头称是，不过开完班会大家就把这话抛在脑后，晚上熄灯不睡，早晨赖床不起，实在睡不够了课堂上再补补，有的干脆就开始实行"选修课必翘，必修课选翘"的"逃课制度"。

在"惬意"的生活中，我们迎来了大学的第一次考试——高等数学期中考试。考试成绩一揭晓，大家都傻眼了，全班多半同学红灯高挂，班级平均分才五十多分。

在期中考试的总结班会上，班主任半开玩笑似的鼓励我们："都已经这么差了，咱02110402还有啥可怕的？"班主任说，失败一次不算什么，不能从失败中吸取教训才是最可怕的，期中考试的目的就是让我们端正自己的态度，检验自己的学习方法。

听了班主任的话，全班同学都若有所思，检讨自己之前的懈怠，思索自己以前的学习方法是否适合大学，暗暗下定决心一定要努力把成绩提上去。从此全班同学高举"不逃课、少逃课"的旗帜，呐喊"自己写作业"的口号，立志考试不再挂科，争先恐后地投身到了学习的汪洋大海之中。

我们在一起互相帮助、互相鼓励，不断地摸索着、前进着，自习室成了我们共同成长的土壤，课堂上前几排的座位一般都成了02110402的阵地，我们在学习中开辟着大学的路，寻找着大家在高中时的自信。

班里有位预科生同学，底子比较薄弱，第一年不及格学分就接近20学分。这样下去她很有可能拿不到学位证，甚至毕业证。所有的同学都很着急，我们不能看着任何一个同学掉队！

于是我们专门把怎么帮她提高成绩作为一次班会的议题。有人提出让学习好的同学安排时间给她进行各科的辅导，不过很快就被大家否决了：

"这个方法太老土了，都什么年代了！"

"能不能有点儿创意啊，这不是忽视人的主观能动性吗……"

最后大家决定，不能局限于某一个人或某几个人给她补课，而是要把全班同学的优势都体现出来。她如果有什么不明白的可以向全班任何同学请教，被请教的同学有义务帮助她解决问题。从此，经常有同学把课堂笔记借给她参考，也会经常看到她虚心地向大家请教问题。

在大家的帮助和她的努力下，剩下的几个学期，她顺利地通过了全部课程的考试，甚至有一学期还得到了三等奖学金。在温馨如家庭一般的氛围中，我们互相帮助，最终都顺利地完成了大学的学习，拿到了学位证，成了学院中唯一全部顺利拿到学位证的班级，同时全班同学的上研率66%，在学院同届各班中遥遥领先。

正是在这种互携互助、永不言败的精神鼓舞下，我们享受着我们的学习生活，形成了让其他班级羡慕不已、学院中有口皆碑的学习氛围。

多彩的青春

值得我们自豪的并不是只有我们的学习成绩，还有我们飞扬的青春活力。不管是在学院的新生辩论赛上、春季运动会上，还是在篮球赛上，我们班的热情和团队精神都给人留下了深刻的印象。

在班级中形成的团结向上的精神不仅造就了一个有激情、有力量的班集体，这种精神还被我们带到了学院、学校的各项社团活动中。班级中仅仅担任过院校各大社团主席、团职务的同学就达到了十几位，把我们02110402的精神和热情洒遍了整个校园。

2008年"5·12"汶川大地震之后，学校组织同学们为都江堰中学捐款。忙于毕业设计的我们在积极参加捐款活动的同时也想着还能为灾区做点什么。于是某天晚上休息的时候，大家就在楼道里商量了起来。

有的同学倡议也组织一次捐款，可是很快就被大家否决了，因为与学校的活动重复。有的同学倡议把用过的课本在书市上卖掉，所得收入捐给灾区，马上也遭到了同学的反驳：

"大四书市还要好长时间才举办呢，到时候黄花菜都凉了！"

经过一番激烈的讨论，最后实物募捐的倡议得到了大部分人的认可。

于是以几个社团活动经验丰富的同学为中心，我们班级以学院2004级毕业生的名义发起了"心系祖国，支持赈灾"实物募捐活动。没有活动资金，大家买来马克笔用背面空白的废海报自己画海报；没有场地，几位从各社团退下来的同学又重操旧业到学院、学校联系场地。由于时间紧迫，大家在自己的毕业设计进入最关键阶段时，从实验室挤出时间四处联系能够接收物资的慈善机构。

活动当天，全班同学几乎倾巢而出，在几个捐助点进行宣传，接收捐赠。

最辛苦的是整理衣物，小山一样的衣服堆足有上万件，但是要求必须要仔细挑选、整理和分类。虽然工作很烦琐，很辛苦，但是大家都没有怨言，互相开着玩笑：

"胖子，你叠衣服还真不错，以前没少干吧？"

"那是，这算什么，我可是新好男人！嘿，冬装你放夏装的包干什么！"

在捐赠结束快要装车的时候，突然下起了小雨。大家拿出雨伞，不顾自己身上被淋湿却把捐赠的衣物盖了个密不透风，当满满两卡车的衣物被送往海淀红十字救助站的时候，我们都松了一口气。不知道谁喊了一声：

"糟糕，今天老师要查我毕设进度！"

一语惊醒梦中人，大家一哄而散，匆匆赶回各自的实验室去继续自己的毕业设计，有的人连晚饭也忘吃了。

在毕业前夕，在灾情的考验下，我们用我们的热情让02110402班的精神达到了一个新的高度。

保重，睡在我上铺的兄弟

亲情浓郁，却阻挡不住时间流逝带来的离别。第一个离开的是来自重庆的班长，他在大三的时候应征入伍。我们相约好了去送他，结果在中午下课回到宿舍的时候，却只在他空荡荡的书桌上看到了一张纸条："保重，我亲爱的兄弟们。"

大家静静地围站在他的书桌前，不知是谁唱起了那首熟悉的歌："睡在我上铺的兄弟，无声无息的你……"我们一起用歌声送别亲爱的兄弟。

在毕业前的德育答辩中，我们努力微笑着向大家致谢，却忍不住黯然泪下。回忆这四年，快乐、青春、梦想，一幕幕场景好像昨天才刚刚发生，今天，我们就要彼此说再见了。

回忆着自己四年的足迹，舍不得结束，舍不得离开，倔强地想表现出自己坚强的一面，却忍不住相拥而泣；在即将各奔前程的这一刻，在不得不说再见的时候，我们忘记了曾经有过的不快，忘记了四年来的辛苦与汗水，浮现在眼前的是困境中大家的鼓励与帮助，篮球场上动情的击掌，游玩时兴奋的呐喊……

这就是02110402班，一个被她的所有成员呵护着、珍惜着、留恋着的温馨大家庭。

最后，请允许我用班级毕业视频上的一段话作为结束语。

经历了/大一的信心百倍，激情勃发/大二的迷茫沉思，彷徨不前/大三的艰辛探索，心路维艰/大四的柳暗花明，朝花夕拾/大学的四年，是我们一生中最宝贵的四年/学习，彷徨，痛苦，沉思/我们在思想的困境中涅槃/这里有绚烂的青春/这里有纯洁的友谊/这里有我们快乐的时光/这里留下的回忆，将是我们一生的财富！

点滴积累成就精彩大学

（2009届本科毕业生德育论文）

化工与环境学院　甘凤妍

在良乡的时候，不少学弟学妹们惊讶我这么年轻已经是老师了，也有人问为什么我能做到这样优秀，其实大学4年我没做过什么备受瞩目的大事，也没有获过多么优异的奖项，我所做的是每个人通过努力都能做到的。我所有成绩源于大学充实的经历，得益于4年中一点一滴的积累。在此我将我的大学生活概括为3句话，与大家分享。

第一句话：脚踏实地，珍惜成长的机会

我来自一个小县城，普普通通的家庭，马马虎虎的教育环境。回顾我的成长历程，能在学生工作方面做出突出成绩，最根本的经验就是"脚踏实地，珍惜成长的机会"。

或许类似的话大家听过很多，属于大道理人人都懂的那种，不过，温故而知新，也许大家听完会有一些新的收获。

还记得我上党课的情景，上课认真听讲，认真做笔记，课后阅读党章，写结业论文更是把手头的资料翻了一遍又一遍。那年党课论文评选，据说9个评委中有6个给了我最高分，我也因此结识了学生处的老师，开始参与学生处的工作。

也许有人会质疑，仅仅凭认真就能取得这样的成绩吗？客观地分析一下，应该是具备一定的能力基础再认真踏实地去做，当然也不排除运气的成分。那这样的能力又是怎样获得的？我想在这里跟大家分享我的一段经历。

2008年4月和8月我分别参与了"好运北京"女篮邀请赛和北京奥运会的志愿服务工作，主要负责场馆快报《志愿先锋》的编辑。从新闻采写到排版付印，所有的工作只有两个人负责，"战友"还总被拉去做"男人该做的

事儿"，实际上只有我坚守岗位。编快报对工科专业、没有相关经验，甚至不喜欢读报的我来说是一项艰巨的任务。首先是写新闻，不熟悉新闻用语又没有进入赛场的通行证；其次是版式设计，经验的缺乏导致问题层出不穷。从此我开始了每天至少工作14个小时的生活，甚至超过18个小时。志愿服务45天，每天的工作是相似的，工作时间却慢慢缩短，直到最后能够按时下班，快报质量也大大提高。掌握了写作方式，提高了新闻意识，积累了排版经验……总能有预见性地展开工作。期间的苦与累不想多说，因为没人要求我们把一份内部快报做得跟正式出版物一样，但我是抱着学习和成长的愿望去做的，发现了问题就不让它在第二天继续出现。那段日子着实令我难忘，无关成绩、荣誉或经历，只为自己看得见的成长。

在我看来，能力即是脚踏实地的积累。我们面临的问题、遇到的困难，都可以看作对我们的历练，是生活赐予我们的成长机会。希望大家能够怀着成长的美好愿望好好珍惜，脚踏实地做好我们该做的事，就能一步步提升自己。

第二句话：爱无巨细，享受奉献的快乐

也许大家会说，我们想要的不仅仅是自身能力的提高，毕竟我们生活在一个大的群体中，希望得到他人的认同，希望生活得精彩而快乐。在此我跟大家分享第二句话，"爱无巨细，享受奉献的快乐"。

进入大学，大家几乎站到了同一起跑线上，高中时的种种优越全归于零。新环境、新起点，大家有点失落很正常，但不要忘了我们每个人都是爱的源泉，爱是我们丰厚的资本。付出爱心能为我们带来他人的关爱和认同，自己也能从中体会到快乐。

爱心不是在为灾区人民献血、为绝症同学捐款这些事儿上才能体现，爱无巨细，是能时时心存关爱，保持为他人着想的初衷。说到这儿，想跟大家聊聊我刚入学的时候。

我们刚入学的时候，相当一部分同学没接触过计算机，最简单的Word都玩不转，电子版的作业自然难以完成。我在这方面也是零起点，不过因为参加了学院科协，有更多的机会用到电脑，便承担起了宿舍里技术顾问的角色，主动为大家提供帮助。后来，很多同学开始承担社团活动任务，也有同学早早配了笔记本。音频处理、海报制作，还有各种电脑故障也随之出现，虽然大大超出了我的能力范围，但大概是惯性作用，同学遇到问题还是会来

找我。想想自己也曾一样茫然无助过，我开始在课余时间了解各种多媒体软件的使用，开始学习计算机故障的排除，虽然不够专业，解决菜鸟级的问题却是绰绰有余。只要有人上门求助，不管认识与否，我都会尽自己最大努力，看到问题解决后同学如释重负的表情，即使收不到一句"谢谢"，也是开心的。这种奉献的快乐，只有真正去做的时候才能体会。宿舍姐妹至今还会叫我"牛妞"，源于当时她们觉得我像牛一样勤劳、诚恳。

大二上学期推优入党，支部老党员们极力为我争取到1个名额。当时一起被考察的还有我们班另一名同学，她成绩比我好，又多做了1年班干部，入党谈话时我自觉条件不如她成熟。老党员告诉我，她确实很优秀，但你帮大家做了这么多，不光咱们班，学院同学都知道，得到这个名额是应该的。那是我第一次体会到什么叫群众基础，也为自己被认同而感到欣慰。我想，初入大学，这种认同感是谁都需要的。

跟中学以学习成绩为中心的生活不同，大学里标兵式的好孩子未必会受欢迎。当我们进入大学产生了心理落差，从优越变得普通，从备受瞩目变得平凡无奇时，不要忘了我们还有爱的资本，及早播种意味着提前收获。多关注一下自己身边，点滴爱心不一定会被铭记，却一定能被感知。一件件小事就能让我们体会到奉献的快乐，也能让我们慢慢走入大家的心里。

第三句话：肩负责任，实现自我的价值

做到上面两点，我们的大学生活已经有一个良好的开端了。但好的开端也仅仅是成功的一半，在此我跟大家分享第三句话，"肩负责任，实现自我的价值"。

大学当中我们可以有很多选择，也有很多自由。但无论日常生活还是社团工作，都是"不如意事常八九"，比如团日活动选了你毫不感兴趣的主题，比如报名参加了比赛而当天却有朋友来访，比如社团任务超出了自己的能力范围……诸如此类的情况，我们该如何取舍？这就不得不说说责任感。

关于责任感，相信大家听过很多，我不想多说责任感是多么优良的品质，或者社会多么需要有责任感的人，大家刚进大学很难对此有很深刻的认识，但这并不意味着我们可以率性而为。从进入大学开始，我们就应该意识到，4年中我们要完成从孩子到成人的转变，要努力成为自己该成为的那个人，要敢于担当，实现自我的价值。而责任感就源自我们内心主动担当、自我实现的愿望。说到责任感的重要性，跟大家分享一段我不堪回首的经历。

每年6月前后,是校园里的毕业季,毕业生一方面忙着毕业设计,一方面各种聚会也开始排满日程。此时学校的老师们更是忙得脚不沾地,满室堆积的资料很好地体现了繁重的工作量。具体到我现在的工作部门,大事儿不说,单是打印颁发给毕业生的各种证书,想想学校这么大的人口基数,做起来绝不轻松。当时的我作为一名大四的学生,毕业设计答辩在即,论文尚未完稿,对实验结果的解释也还有许多漏洞,但强烈的责任感顽强地战胜了惰性和压力,我还是承担起了这项光荣而艰巨的任务。"光荣在于平淡,艰巨在于漫长",为此,我和其他两名同学风风火火、"牛"不停蹄地熬了两个通宵,再加上毕业设计,三天两夜睡了不到5个小时。最终圆满完成了任务,毕业设计也取得了不错的成绩。说不堪回首,是因为确实很累、很枯燥,但时间倒回到6月,我仍然会做出同样的选择。一个人的价值在于他的不可替代性,我做不到也要努力成为那个人。大家感觉到责任感的强大力量了吧,它可以让一个人变得"疯狂",变得超出正常人。

大学4年我做了很多学生工作,像上面的例子有很多,正是因为心中强烈的责任感,支撑着我一步步走到现在,也因此能从北京理工大学众多的学生干部中脱颖而出,得到同学的认可和师长的信任。

责任感的重要性在于它能提供给我们直面困难的勇气和动力,赋予我们积极的态度,支撑着我们实现自己的价值。面对困难时要敢于担当,能逃避时不逃避,想放弃时不放弃,对自己负责,对集体负责,对他人负责。我们能够主动肩负起责任的时候,就是体现我们人生价值的时候。

我的大学心得

3句话,3个故事,大家听完会不会觉得我是一个不管不顾的"工作狂"?我想,大多数人都不认为这是一个好的评价。在此,跟大家分享我大学4年的几点心得。

1. 关于学习:做有心人

我没有成为"第三类人"的魄力,没有优异的成绩,不敢妄谈学习经验。但我每学期能拿到奖学金,能申报3项发明专利,一点心得就是"做一个有心人"。这不是一种具体的方法。给大家举个例子:我是个典型的"路痴",从小分不清东西南北,之所以没把自己弄丢,是因为我走路时会留意各个路标,会观察建筑的相对位置,会通过太阳判断方向。这也是我能抓住复习的重点,知道考试的题型,甚至了解行业动态的原因。其实老师平时上课时都说过，只是被大多数人屏蔽了。

2. 关于工作：学会平衡

社团招新时，在座的同学当中肯定有人纠结过，既想尝试又怕影响学习，也肯定有人因此忍痛割爱。在此，我以我和很多优秀学长的经验，负责任地告诉大家，真正投入工作当中，工作是会促进学习的。因为当我们花大量时间在工作上时，会不自觉地抓紧空闲时间去学习，也会因为学习时间被侵占而提高效率。因此我鼓励大家积极尝试适合自己的社团工作。当然工作和学习的平衡需要一个调整和适应的过程；如果实在无法适应，还是要保证学习是第一位的。

3. 关于生活：及时行乐

大学4年我们将度过青春中最美好的一段时光，我们不该把自己关在象牙塔里，学习与工作之外，我们该拥有更丰富多彩的生活……享受一下学生证买来的半价票大饱眼福，利用北京丰厚的历史文化资源给自己充充电，凑一帮知己好友挥洒一下年轻人的激情，寻一份纯洁而真挚的感情并好好珍惜……大学4年，尽管很忙很忙，我仍没有忘记享受生活，友情、爱情、兴趣、眼界，一样都没落下，调节紧张情绪的同时也充实着青春岁月。只要不违背原则、不沉溺其中，适当地娱乐或放纵没有什么不好，毕竟有哭有笑的生活才真实。

大学4年，点滴积累成就精彩！

如何让天上掉馅饼

（2010届本科毕业生德育论文）

人文与社会科学学院　于满

我是人文与社会科学学院政治经济学2010级研究生，来自黑龙江省，典型的东北人的形象——高大威猛，东北人的性格——开朗豪爽。18岁的时候，同每一名同学一样，提着行囊、前呼后拥、浩浩荡荡地来到北京理工大学。离开父母时也会哭，一个人躺在单人床上时也会害怕，在狭窄的宿舍空间施展不开拳脚也会撞腿撞头，看到其他同学刚入学就被老师青睐时也会嫉妒羡慕。其实，我说这些只是想让大家意识到，我们每个人在开始的时候都很普通，从迈入校门的那一刻起，我们的起点都是一样的，不同的是这四年你如何走，如何选择。

人们常说：天上不会掉馅饼，掉下来的都是陷阱。那么今天，我跟大家交流的主要内容就是：如何让天上掉馅饼，而且正好掉进你的嘴里。

下面我来跟大家探讨一下这个有关"馅饼"的论题。

"馅饼"会眷顾合理规划的你

高中的时候，我想大家听到的最多的话就是你要专心读书，才能考上好大学，才能有出息。而今，我们如愿走进了大学的校门，迈出了走入社会的第一步。在大学这个小社会里，学习确实是作为学生的我们的第一要务，但绝对不是唯一要务。"两耳不闻窗外事，一心只读圣贤书"已经不再适应当今社会。站在台上可以滔滔不绝、拿起策划懂得如何执行的你才会在未来的舞台上大放异彩。如果你认为培养这些方面的能力会耽误学习的话，那么我要告诉大家，合理规划时间，鱼和熊掌可以兼得。

拿我自己来说，进入大学以后我一直积极地参加学校、学院的各项活动，身兼数职。开始也是忙得不可开交，经常为了一个活动方案、策划彻夜不眠，第二天还要黑着眼圈去自习室看书复习。往往也会被一些排版、校对，制作海报、条幅等琐碎的小事困扰得心神不宁，总觉得时间不够、工作太多、精力有限。但人的潜力是很大的，努力挖掘、分析过后，就会突然发现，其实一切都是可以融会贯通的，而那些不起眼的小事也会给学习生活带来收获。

在这里不妨给大家晒一下我某个周末的时间安排。

6：30 起床；

7：00 早饭（食堂的早饭还是挺好吃的）；

7：30 图书馆坐稳开始看书（早上的时间记忆力是最好的，不妨背背英语单词，整理课本上的知识点、公式等）；

10：00 写某项活动的策划，具体落实安排；

11：00 午饭；

11：30 午睡；

13：00 继续图书馆学习（下午的时间比较完整，做题是很好的选择）；

16：00 找某些同学商讨班级工作；

17：00 晚饭；

18：00 看看课外书，这里的课外书可不是言情小说或武侠小说，而是可以让你自己增长知识的书籍，比如《大国崛起》《货币战争》等；

22：00 打开电脑整理材料、发邮件、发通知；

23：30 洗漱睡觉。

该做的事情都做了，并且给学习安排了充足的时间，有条不紊，与此同时把小事穿插在一天紧张忙碌的生活中，让它们成为缓解压力的一个别样的音符。文字的排版会让你更加熟练地使用办公软件，制作海报和喷绘会让你接触到 Photoshop，即便是搬搬桌椅整理办公室也会让你在不知不觉中学会如何与其他同学分工协作。这些看似无关痛痒的琐事，会为你的大学乐章增添更加唯美的音色。在取得优异成绩的同时做好本职工作，圆满完成各项任务，这就是合理规划时间的好处。

"馅饼"往往会眷顾那些懂得如何安排时间、合理规划、全面发展的你。

"馅饼"喜欢不惧怕失败的你

大一入学初，学校举办了首届主持人大赛，没有任何主持经验的我竟然过关斩将，闯入了"十强"。"十强"对决的比赛中，没日没夜准备了一个月的我，信心十足地站在舞台上，结果却以全场最低分首轮被淘汰出局。后台响起所有选秀节目有选手淘汰时都会放的音乐，台下亲友团响亮地喊着我的名字。眼眶里眼泪在打转，但最终也没有让它流下来，我只是挥了挥手，离开了给予我很大希望的舞台。每每回想起那段时光，我都会无奈地一笑，对于一个刚刚入学，对大学充满幻想，期冀能大展宏图的人来说，这无疑是一次重创。然而，正是这次的失败让我找到了自身在主持工作中存在的缺点和不足，我主动请缨学院小型活动的主持，向有主持经验的学姐请教，参与各种大型活动，牢记台上主持人的一颦一笑、一举一动。从开始零星的主持工作到后来频频登上舞台，我从来都没有放弃过任何一次可以锻炼自己的机会，慢慢地我换下了僵硬的表情，学会了如何与观众互动沟通，从站在台上眼神迷茫、不知所云到自信十足、滔滔不绝，这些都得益于最初的那次惨败。失败给了我发展自我的空间，让我懂得了如何靠自己来挖掘潜力。

失败是成功之母，大家不要害怕失败，只有失败了我们才能知道自己的问题所在，自己和别人之间的差距在哪儿。学校有很多比赛是面向全校学生的，像时事论坛、模拟招聘大赛、主持人大赛、深秋歌会等，尝试自己从来没有尝试过的事情，即使失败了，也会有所收获。我们享受的不是结果，而是过程。

"馅饼"喜欢勇敢直视失败并从失败中吸取经验，慢慢走向成功的你。

"馅饼"看重在逆境中寻求突破的你

作为人文学科的学生，我当初刚进入北理工时，在去往图书馆的路上、在人声鼎沸的大小食堂，充斥的都是实验、数据、仪器等让我晕头转向的词汇，总觉得在这样一个全是理工科人的环境里自己是另类，不受重视，学校的环境天生就是为他们准备的，继而产生后悔、厌学的情绪。

这种想法困扰了我很久，我慢慢开始抵触和理工科沾边的事物，整整一个学期的计算机基础课程就让我在睡眠中度过了，老师激情洋溢的授课内容成了我最好的催眠曲，而期末拿到的一张写有70分的成绩单把我从睡梦中惊醒，浑浑噩噩的生活到此结束。

于是我从战胜心魔开始，在学校的超市里，我买了厚厚的几叠实验报告拿来做草稿纸，没过多久，原本应该写满数据的实验报告单上写满了英语单词、供求关系、乘数效应，微积分、线性代数，这类的书也因为我反复地翻阅变得面目全非。在专业课上，我认真听老师的每一句话，尤其是关于现今社会的热点与理论界的各种争论话题，迅速记录下每一次脑海中的灵光一闪，奔走于学校图书馆与国家图书馆之间查阅文献书籍。当你找到理论与灵光的完美契合点的时候，一篇属于你自己的学术论文的思维框架就基本上搭建完成了，剩下的工作就是利用大块的时间来组织语言。小学期对于理工科的同学来说是多学一门功课，而对于我们文科的同学来说，就是给自己上一门扩展课。我们可以用这整合起来的一个月时间阅读文献，实现知识的扩展；撰写论文，实现能力的扩展。

从四年前的不满、自卑到现在的充实、自信，四年里我荣获市级奖项4项、校级奖项14项，在核心期刊发表学术论文2篇。这些荣誉的取得丝毫没有因为我是一名文科生、学的不是我校的名牌专业而受到阻碍。我的文科同胞们，不要因为专业问题处处感觉自己哪里都不如人，在士气上给自己降了一个等级，应该勇敢而充满信心地找到自身的优点与长处，应该看到，学文的人文笔好、口才好、擅长交际，在理工科院校里就是一朵奇葩。

"馅饼"会看重勇于走出逆境、战胜自我的你。

"馅饼"会青睐勤勤恳恳、厚积薄发的你

大一刚刚报名加入社团的时候，我也曾平凡地被淹没在众多骄子之中，我能做的只有兢兢业业地做好学姐学长布置的每一项工作，即使彻夜不眠，第二天也会按时将任务完成。就这样，机遇第一次降临到我的身边，我成了组织的领头羊。经学校推荐，我成为"首都大学生新世纪英才学校"的一名学员，在这个汇集了北京50所高校的精英的学校中，他们有的出口成章，有的学术精深，有的德才兼备，与之相比，我发现自己有那么多的地方需要提高、需要学习。

在这里，我参加了北京市团组织基层骨干、青年志愿者学习营，每天清晨天刚蒙蒙亮的时候便要在昌平的山脚下跑步，我从来没有迟到过，看着熟睡在温暖的被窝里面的同伴，我能做的也只有默默地坚持。在团市委承办的国庆背景志愿服务中，我作为餐饮志愿者的一员，曾经和一名战友坚守场地，做着简单的工作：清点餐饮数目、签收单据、与接车人联络等。在为期一年的培训接近尾声时，我们每个学员都递交了一份个人简历，凭借这份充实的简历，我再次成为少数的幸运儿，被推荐到西城区团区委实习担任为期三个月的行政助理。

泰戈尔曾经说过这样一句话："只有经历地狱般的磨炼，才能拥有创造

天堂的力量；只有流过血的手指，才能弹出世间的绝唱。"学校给了我们很大的发展空间，给我们足够的机会让自己实现从平凡到优秀的转变。发现每一个从你身边悄悄走过的机会，把握住每一个你得到的机遇，去努力争取，用心创造，积累下属于你自己的宝贵财富。只要坚持，任何人都可以优秀。

天上的"馅饼"更青睐于勤勤恳恳、厚积薄发的你。

就这样，我等到了属于我的"馅饼"，在今年我校70周年校庆之际，我作为学生代表赴延安参加自然科学院遗址纪念碑揭碑仪式并发言、在校庆70周年庆祝大会上代表全体在校生发言。可以说，这些都是天上掉下来的"馅饼"，只不过我做好了准备，提前张开了嘴来迎接它们。

我今天想用我的经历与大家分享：大一的我们会迷茫、会困惑，会对周边的一切新鲜事物觉得不知所措。这些想法都很正常，但我们不能被这样的想法束缚在一个茧里，而是要勇敢地面对，正确地认识自己，抓住机遇、脚踏实地，四年以后必定能收获成功。待在宿舍上网、睡觉就想天上掉馅饼是不可能的。当你有足够的能力可以承接它们时，馅饼才会直接掉进你的嘴里。各位同学，请抬起头看看你上方的那块馅饼，告诉它："即使我有过失败，即使我曾经平凡，但终有一天，我会自信地张开嘴，等待你直接掉进我的嘴里。"

最后，将一首我珍藏了四年的诗送给大家，与各位共勉。

> 即使命运从不发芽，我不惋惜千百次播种，
> 即使花朵结不成果实，我不遗憾千百次凋零，
> 信念告诉我的人生，
> 没有比脚更长的路，没有比人更高的山峰。
> 即使永远找不到大海，我不停止寻觅的歌声，
> 即使脚印被风雪掩埋，我也珍惜走过的路程，
> 无愧无悔才是人才，
> 朝着地平线匆匆走去，让世界去评说我的背影。

——张良平《我的人生》

我的大学自强必修课

（2010届本科毕业生德育论文）

设计与艺术学院　欧阳哲

大学是一堂人生课程。

同样的时间——四年。有人从中学会了人生的技能，优秀毕业；有人却错过了求学的黄金时期，任时光溜走，积压了远比四年更久的遗憾。

同样的地点——北京理工大学。有人在这里找到了自己的舞台，上演精彩的青春剧目；有人看着身边人演出的剧目，做着无关痛痒的评论，直到剧已散场，自己也终究没登上舞台。

对于我而言，这是忙碌的本科四年，规划中我没有给自己停下的余地，在各种课程中学习，努力地汲取，我的所得见证我的成长，我的成长满载我的所得。没有愧对，我的毕业证上因此而刻上了"合格"两个字，而我的心里也从此刻上了"自强"的铭篆。

"强"是练出来的，大学四年我所追寻的、所实践的就是一条"自强"之路。

处事风格

史书所载，欧阳氏为春秋时代著名的越王勾践的后裔。越王无疆的次子，被封于乌程欧余山的南边，后代中有欧阳氏，距今已是五千年了。历史中欧阳氏之业今不说，如今我所悟得、解读"欧阳哲"之姓名正可喻我处事之风，大学四年是寻得我名与我性格相切合的一个过程。

"欧"与"哦"音同，便是大学流行语中"哦了"的引义。我将其解读为处事作风中我的"办事牢靠"。大学中，老师同学对我的信任便源于我的"办事牢靠"。遇到一项工作，我能做好它，我就会说上一句："哦了"。这代表着我完成这件事的信心，也是我的承诺。大学四年我从不轻易承诺，但承诺了就要遵守。

提起"阳",人们会自然地与阳光、温暖等相联系,当它作为一个形容词时,我将它解释为"心态良好"。接到一个任务,我更多的不是找借口推脱,而是找方法解决它,因为我知道这样既是助人也是助己。"阳"还代表了我对生活的态度:看到更多的是阳光,而非乌云;相信更多的是希望,而非失望;表现更多的是乐观,而非愁闷。积极的心态让我大学的每一天都有收获。快乐地开始每一天,快乐地度过四年的大学生活,毕业之时就是满满快乐的回忆。

单名一个"哲"字,那是"用心思考"的意思。"哲"总让人想到"哲学""哲思",事实上,开始做每件事的时候,都不应该蛮干,讲究的是技巧和方法。大学我学会了多思,"吾日三省吾身"让我将每一天看成是一个阶段,一个历练成长的过程。不管是学习,抑或是工作与生活,我都会总结反思。在思的过程中,我得到了比单纯地完成这件事更多的收获。

办事牢靠、心态良好、用心思考,"欧阳哲"帮助我找到了属于我的处事风格。

自立超越

我来自山西运城一个普通的工薪家庭,父母教给我的艰苦朴素、自立自强的观念早已在心中扎根。大学四年,我没有花父母的一分钱,赚到了大学四年的学费和生活费。5 000 + 16 000 + 4 000 + 3 300 + 2 400 + 500 = 31 200,这不是一道简单的数学加法算术题,其中每一个数字都代表着我大学四年间所获得的奖学金,代表着我全力的打拼;累加出的这个数字已经不是一个简单的数字,而是我践行"自立自强"的证明。

大学四年,我获得过国家奖学金、国家励志奖学金、一等人民奖学金、二等人民奖学金、奥润顺达奖学金等。大学中,每一分努力都是有回报的,只是这种回报以奖学金的形式呈现。大学的学习不应该是一种时间的浪费,而应该是可以为我们的人生创造收益的,当然,这种收益不限于奖学金的多少,还有这些数字背后所学到的点滴、感悟到的"天道酬勤"。

大学的我们拥有了独自规划自己生活的机会,试着独立经营自己的人生、青春。

发展成才

大学四年，是我在北理工的社团组织里摸爬滚打的四年，也是我在学生工作中历练学习的四年。起初也许只是出于好奇与兴趣加入的社团组织，现如今已变成我的一种责任与情感。

大一时，我只是一棵成长中的小树苗，不论是班级宣传委员、院学生会干事，还是校学生电视中心干事、"延河之星"志愿者总队干事，做的都是最基层的工作。大二大三时，我没有离开我的组织，在班级、在学院、在学校，我依然保持干劲，乐此不疲。它们将我的业余时间填满，我因此而充实，渐渐地变成一种习惯，变成一种寄托，变成一种乐趣，也变成一种责任。大四之际，我已经成为枝繁叶茂的大树，班级团支书、院学生会副主席和兼职辅导员、校团委宣传部学生副部长和校学生电视中心台长，多重身份在身，多重责任在身。我是一个传承者，因为我承载着一代代过来人的希望。

社团组织往往赋予你一定身份，干事或是主席，不管身份如何，都是组织一员，努力干好本职工作，在成就组织的同时成长自我。

实践探索

大学的独特之处在于它为想学习的人提供了更为广阔的实践空间与更加丰富的实践机会。

"读万卷书不如行万里路"，躬行才能出真知。离开校园到更加广阔的天地里汲取养分，2008年延安实践团、京郊"红色活动"，2009年昆山社会实践团、华东实习……我乐在其中。毕竟未来的那个校园外的世界才是将要去投身的世界，因此我们要抓住每一次的机会去历练。

说到实践，就不得不提一提我的志愿经历。2007年，我加入了"延河之星"志愿者总队，在一个以志愿精神为主旋律的组织中，与大家一起为公益事业出力。2008年，我作为餐饮志愿者连续参加了北京理工大学场馆奥运会、残奥会志愿服务工作。"志愿者的微笑是北京最好的名片"。当我用自己的微笑践行身为一名志愿者的誓言的时候，我的付出便有了最大的意义。2009年，我光荣地成为北京理工大学16名国庆骨干志愿者中的一员，在天安门前，我接受国家和人民的检阅，那一刻国家、集体、个人融入我心。

大学从不会亏待每一个努力前行的人。大学四年，我获得了优秀党员、优秀团员、优秀团干、"先锋杯"北京市优秀基层团干、北京市三好学生、优秀学生标兵、优秀学生等多项荣誉。它们是一种肯定，也是一种鞭策。

创意无限

设计是创意的呈现，设计是灵感的表达。我将设计看作是一种体验，它所表达的是我对于世界的一种认知。它来源于生活，又高于生活。设计教会我用欣赏的视角去发现生活中的美，去创作表达生活中的美。北理工是给我灵感的地方，一花一木都是情感的表达与寄托。

七号楼门前的展板是我创作的园地，校学生电视中心制作的片子是我灵感的迸发。与大家分享我所发现的细节、我所挖掘的美丽，让我有一种神奇的感觉。

创意改变着我的设计理念，改变着我的大学，改变着我。

感恩大学

在大学，我经历了一场又一场的蜕变。

感恩我的大学！感谢在这四年里，所有给我爱与关注的亲人、朋友、同学、老师，感谢这个"春雨润物芳菲路，夏花绚烂林荫径"的北理校园，感谢这片"秋叶桃李天下满，冬雪银装又一春"的大学乐土。

有的人将大学凝练成一首诗，有的人将大学定格成一幅画，而我将大学概括为一堂课，因为在大学，我拥有了立身之本，我学到了处世之道，我做好了迎接未来挑战的准备。

今天我即将毕业，我将一路践行"厚德载物、自强不息"！

岁时散记

（2010 届本科毕业生德育论文）

管理与经济学院　曹雪

今天是个难得有雨的夏日。我以为每个城市的晴天都有它不一样的姿态，而雨天，却是相似的。一样翠绿闪烁的树叶，一样潮湿的铺满花瓣的泥土，一样簌簌而过的风声和鸟鸣声，还有雨后初晴时人们的心情。就像我所经历过的每一个被雨困住的城市，雨伞和门窗把每一个人分成一个个孤单的岛屿，在冰凉的空气里，都可以获得安静的心情，然后对这漫长的四年时光进行梳理和回忆。

秋捕梦

在校园里，一年之计并不是春，而是秋。

2006 年的秋天，我入学了，跟所有新生一样充满了期待。校园里到处是稚嫩又好奇的眼神，阶梯教室里的连堂大课、生活感十足的集体宿舍、十多个食堂带来的餍足感、让大家挑花了眼的社团……所有人都迫不及待地将自己托付给这个校园，即使抱怨它的拥挤，抱怨它的不近人情，抱怨它发旧的宿舍群落，但每一次从校外那个偌大又陌生的城市返回时，仍会觉得有小家院落那种温暖又贴心的幸福感涌上心间。

似乎就是一夜之间，我们不会再迷失于七号楼的夹层之间，不再站在一排食堂前犹豫不决，也不再像过去凑热闹那样加入一时冲动选择的社团。当我们上学放学都有了熟悉的路线时，我们变成了合格的北理人，开始有了各自不同的方向和明天。

三年之后的秋天，我们面临比高考更严肃、更敏感的选择。班级里只有一小部分同学目标明确地准备进入职场，其他人都过着"背着双肩包、手拎小水壶"这样三点一线的日子。这样的日子我经历了半年，在 9 月的"保资"考后，我彻底退出了大队伍。虽然之前并没有想过会选择这样的途径完结大学生活，但是在经历了一场场面试之后，最终的好结果还是让我心甘情愿以另一种身份去贴近这个学校。被校办录用后，我开始进入实习期，仓促地完成了从校园到工作岗位的过渡。

不同于班级生活，不同于社团活动，也不同于奥运时的志愿者群体，这一个我从未设想过的环境，一丝不苟却也张弛有度。我以从未有过的紧张心情开始了一个崭新的人生阶段。

时间流转于无声深处。渐渐地，我接到呈文工作时不会再忐忑不安，也不再举着小纸条敲开那一扇扇曾让我以为一辈子都记不住的门；渐渐地，我养的花儿都开了，办公桌的抽屉里也有了我自己的小小世界；渐渐地，我在岗位中找到了自己的归属感，体会到了因种出果实而被人尊重的快乐。

在新的秋天来临前，我不必如恋家的孩子那样依依不舍地离开这里，这是我四年大学生活中收获的最大幸福。这是一个崭新的开始，以后种种，譬如今日生。

给自己的临别赠言，是沃尔科特的诗歌《爱复爱》：

有朝一日／你会心情振奋／欢迎自己来到／自己门前，进入自己的镜子／彼此报以微笑／说，坐在这儿，吃吧／你将再度爱上那曾是你自己的陌生人／爱，饱餐你的生命吧。

冬半欢

北京的冬天有着难以解释的肃穆之感。寒风凛冽，树木高直，灰白色的天空又高又远。而我因生在冬天，总是在这季节里有着温情的期盼。在北理工度过的四个生日中，一直陪伴着我的是我的室友。她们的存在，在每一个冬天都给予我长久不散的温暖。

第一个入校的夜晚，四个人聊到凌晨三点，我们都惊异于彼此之间的亲近感，虽然认识不到10个小时，却已有了能在这陌生校园里相依为伴的安慰。在之后的漫长岁月里，每一天都像是在印证这个直觉。我们就像一个家庭那样，过着拥有小小幸福的日子。

还记得第一次一起站在讲台上，向全班报出我们的外号吗？大毛、二毛、三毛、四毛，这四个名字已经变成我们身上刻下的"盘符"。

还记得我们那件无数次令路人侧目的大白熊室服吗？健美操考试时，我们统一着装站在老师面前,老师笑了;而当我们脱下"大白熊",身着一模一样的黄色单衣准备跳操时,老师懵了。

还记得我们挑灯夜战的考试周吗?一起列出考试提纲,一起坐在凌晨两点的走廊里背题,互相提醒需要注意的每一个重点,然后在最后一科结束之后奔出校园吃顿大餐。

还记得我们一起度过的每一个生日吗?总是有小小的惊喜:藏在枕下的金色包裹、贴了满屋的寻宝箭头、一开门的蛋糕清香和温暖烛光、写满依恋与祝福的小卡片……

还记得我带你们回到贵州的那个假期吗?我们被荔波的大雨浇得浑身透湿,我们用火柴的辉光为过生日的三毛摆出 19 的字样,在幽深的森林公园里,我们拍下了木栈上刻着的四个字:地久天长。

还记得二毛出国之前我们为她做的相册吗?挑选每一张照片,写下每一句感言,将相伴的日日夜夜又一次回味。我们都提前体会了毕业的离愁别绪,并不是害怕失去,只是想纪念一段不能被复刻的过往。

还记得每一次见到其中一人的眼泪时我们会做什么吗?一个无声无息的拥抱,一张柔软的纸巾,一种不用说出口也能体会到的支持。我们就这样挽着扶着,走完了这段青春年华。

我们之间的爱,如细水长流绵绵不尽。我把我们四个定义成"伙伴",这是一种无字又无声的契约,只是当需要鼓励、需要分享、需要安慰或者需要陪伴的时候,总有三双温柔的臂膀,圈住我,就像我生命里葱翠繁盛的夏树。

离别在即,最大的安慰是我们都有了好的去向。二毛与男友拿到了同一个学校的 offer,在地球的另一端将要开始新的生活;三毛和四毛最终都留在了本校继续研究生生活;而我将以另外的方式与她们并行在未来的一段长路上。

给你们的临别赠言,是一首新年诗中的呢喃:

山河并肩坐着,各自聆听幸福的声音。我是疯狂的,而你慈悲;我是绽放的,你是玫瑰。

春别远

蒋勋说:"在这个时代里,每个人都急着讲话,每个人都没把话讲完。"快速而进步的通信科技,仍然无法照顾到我们内心那巨大而荒凉的孤独感。

我们这一代从小就被孤独感包围，就像生活在一个个容器中，接受父母从瓶口传来的充满距离感的浇灌，隔着玻璃看世界。对抗孤独的唯一办法，就是把这容器放空。

这四年，为我所庆幸的，不过就是一次又一次地遇见。这是最简单而最不易得的幸福。

我遇见了最好的室友，最好的班级，最好的社团。我们打开了自己的瓶盖，分享彼此芬芳如沐春风的气息。

与另外37个会计专业的同学们共同度过的四年，有过无数的笑声与感动：在自习室的走廊上不期而遇时的微笑相视，在暖黄的灯光下亲手放飞写着所有人真心祝福的孔明灯，身穿如同蓝天白云的班服走在赛场上呼喊"无敌会计，永争第一"……这一个个画面也需要静静回忆才能看得到，并不是因为不曾努力去铭记，而是因这点点滴滴的幸福散落在过去的每一天、每一夜里，猛然转身，看到的不是某一天的阳光，而是一片青葱的大学岁月。

想对会计班的同学们唱一首歌：时光的河入海流，终于我们分头走，没有哪个港口是永远的停留。脑海之中，有一个凤凰花开的路口，有我最珍惜的朋友。

很庆幸在大学的一开始就加入了广播台。在那里遇到了一个个有着同样志趣与爱好的兄弟姐妹。我们曾在午夜三点的北京街头畅谈理想，我们曾在每一个圣诞夜的晚会上大笑大闹，我们曾在京郊的蓝天白云下拥抱奔跑，而最深刻的记忆则是每年春天为了一个共同的目标熬夜奋斗的时光。

在北理工的每一个春天，最常去的地方是三号楼东北角的小白楼，最感动的时刻是剪辑出一段细腻完好的视频，最常用的小物是鼠标和话筒，最重要的事情就是呈现出一台"音乐视听会"。我经历了两届音乐视听会，之所以每一年视听会都有人坐在中教报告厅的过道上，之所以每一年所有人都又笑又流泪，是因为我们这个创作团体投入的并不只是时间和精力，更多的还是对这学校深深的感触和爱恋。毕竟，这视听会永远不变的主题是"我在北理的幸福生活"。因此，经历的每一场视听会，对我来说都是一次完满的德育答辩。

感谢这些陪我走过四年的兄弟姐妹。他们让我懂得：要去开一道门，即使幸福从来都只路过，也为注定的敲门人等待；要去开一口天窗，白天黑夜，让阳光和星光照亮不会发光的事物。

想对广播台的同志们唱一首歌：

你若担心你不能飞，你有我的蝴蝶；我若担心我不能飞，我有你的草原。你形容我是这个世界上无与伦比的美丽，我知道你才是这世界上无与伦比的美丽。

夏伤年

每一个夏天都是非同寻常的。她开放鲜艳的花朵，她铺开绿荫成海的天空，她容纳了一届又一届北理工人饱满的情绪。这是北理工最美的季节。作为最后一批在中关村本部度过四年的本科生，我们对这个校园的情怀再无后人可以匹敌。

我爱看夏日傍晚中心花园长椅上紧紧靠着的肩膀，在幸福的时候总是喜欢倾斜，在幸福的时候不习惯摇摆。

我爱看女生大院门口等待的男孩儿们，当院落里走出那熟悉的身影，他们的眼神被瞬间点亮的模样是那样暖心。

我爱看篮球场上的少年，在落日余晖里，带着淡金色汗水的专注表情去挥臂、转身，叫嚣着充满力量的青春。

我爱看女孩飘扬的裙角，比夏花还要灿烂新鲜，手挽手穿过巷口，笑声点亮了一片天。

我爱看街角草丛上形单影只的流浪猫，它们脚步轻快身形自由的样子，是因接纳了北理工人对它们的宽容。

我爱看神采奕奕的老太太牵着她白色的狗，它肥胖的身躯因炎热而变得异常迟缓，主人轻轻唤它："乖，你别挡路。"

我爱图书馆的寂静气息，我爱"信教"橙黄色的桌面；我爱五号楼后面的苜蓿地，我爱小东门那条路的泡桐树；我爱新食堂三层的瓦罐汤，我爱西饼屋的现酿酸奶；我爱周日上午长长的睡眠，我爱午休一小时短暂而令人珍惜的慵懒……

这些平淡细小的情结，一点点集结，最后变成了我对北理工难以割舍的爱恋。

要毕业了，要毕业了。曾经觉得遥远的一个词，在匆匆忙忙的日子间，就这样来到了我们面前。我们不得不拾起它来，回望时间的河流，看着这四年校园的变化，也看见了这四年自己的成长。我不再如从前那样热爱幻想，不再抱着一些不切实际的执着，不再那样热衷淘碟和走街串巷，想想看确实失去了很多年轻的姿态。然而我不是更真切地触摸到这世界了吗？我不是脚踏实地开始真正的人生路了吗？当我懂得这一切，并开始从新的生活态度中找到一点一滴的满足感时，才不负这学校给予我的四年无声的人生课。

最后，给学校的临别赠言，来自导演侯孝贤：

生命中有许多吉光片羽，无从名之，难以归类。我称它们是最好的时光。最好，不是因为最好所以我们眷恋不已，而是倒过来，我们只能用怀念召唤它们，因永恒失落，才致美好无匹。

立足自身　设计成长之路

（2011届本科毕业生德育论文）

机械与车辆学院　段斌

我是2007级本科毕业生段斌，曾就读于机械与车辆学院交通工程专业和双学位的法学专业，现在被保送到了北京航空航天大学车辆工程专业攻读硕士研究生学位。

四年前的今天我在聆听学长学姐们"大学　青春　人生"的报告，在听的时候我逐渐产生了一个想法：我希望四年后也能回来做报告，希望自己能像他们那样优秀。而那个时候，我还是一个靠着"国家助学贷款"才刚刚开始大学生活的贫困生，迷茫与无助时刻伴随着我。但经历了大学四年，我真的站在了报告台上，也的确有很多话想要说，也有很多经验想要分享。我最想要分享的是：我如何为自己的大学生活设立目标以及实现这些目标的经验。

确立我的目标

《礼记·中庸》中有一句话："凡事预则立，不预则废。言前定则不跲，事前定则不困，行前定则不疚，道前定则不穷。"简单的解释就是，做任何事情，事先谋虑准备就会成功，否则就要失败。大学生活也一样，可以有多种多样，学习、科研、竞赛、学生工作、社会实践、志愿服务，等等，可哪一种才是适合自己的，这可能是我们更需要考虑的。当然，每个人做的设计都需要根据自己的实际情况。我为自己的大学生活设立了三个目标。

第一个目标："脱贫致富"

我来自陕西省咸阳市的一个农村，家里有6口人，爷爷、奶奶、爸爸、妈妈，还有一个弟弟。我和弟弟从小学习都很优秀，村里的人都说我们弟兄俩的奖状可以给家里糊墙了，因为我们小时候住的是土坯房，而大红大红的奖状成片成片地贴在墙上确实好看，可以说我们弟兄俩是家里的骄傲，也是全村人注视的焦点。我知道，上大学是家人和全村人的期盼。然而，由于家庭经济原因，导致家中无钱支持我的学业，这也是压在父亲身上的一块巨石。所以我决定通过自己的努力为父亲分担压力。于是就产生了我大学生活的第一个目标——"脱贫致富"！最终我成功实现了这个目标，不仅没有花家里的钱，而且平时还给弟弟些生活费，过年回家的时候还可以为身体不好的母亲买上几个月的药。

在大四快毕业的时候，我算了一下，大学四年期间，我获得的奖助学金总共有4万多元。可能大家有些好奇，那我就来为大家计算下我的"收入"：1次国家奖学金8 000元，2次国家励志奖学金10 000元，4次国家助学金9 000元（第四次助学金是3 000元），1次漫步者奖学金5 000元（这个主要是奖励给学生干部的，每年全校只有10个名额），4次一等人民奖学金、3次二等人民奖学金一共是6 800元，还有参加"全国大学生交通科技大赛"获奖学校奖励了1 000元，以上大额的奖助学金我获得了39 800元，还有其他一些荣誉学校也会有奖励，比如"十佳团员"500元、"优秀学生标兵"300元、"优秀学生"100元等，还有我在学校的勤工补助，另外我暑期做家教兼职、大四上学期的企业实习也一共有近4 000元的收入……由于大额奖学金是每年评一次，每学年初我都会成为"万元户"，这让来自农村家庭的我感到非常欣喜，也非常感谢国家、社会和学校给我的帮助。

第二个目标：保证优秀的学习成绩

要想得到奖学金，就一定要保证优秀的学习成绩，而且本科期间的很多课程都是基础课程，学好这些基础课对以后读研也是非常重要的。我在大一德育开题时就计划努力通过保研进一步继续学业，于是我为自己的大学生活设计了第二个目标——保证优秀的学习成绩。并且，为了扩展自己的知识视野，提高自己的人文素养，我选修了我校的法学双学位。从此之后，大三和大四的两年时间里我就没有了周末。大四毕业的时候，我以优秀的学习成绩获得了两个学位：工学学士学位和法学学士学位。

第三个目标：锻炼综合能力

"脱贫致富"解决了我的温饱问题，而保证学习也是学生的本分，但除了这些，我还需要在大学里经历更多的成长，收获更丰富的经验。刚来大学的时候，我对大学生活完全是陌生的。在之前，我从来没有走出过我们的小县城，我不敢在大场合讲话，不会表达自己的观点，不会组织集体活动，我知道这些都是我需要锻炼的。于是我为自己设立了第三个目标——参加学生工作，锻炼自己各方面的能力，包括如何与人交往、如何在组织活动时不仅有宏观的考虑还要注意细节、如何与团队合作等。在大学四年的学生工作中，我做过学生会的小干事，也当过班长、党支部书记，还有学校"领航北理"团队的负责人，这些不仅提高了我各方面的能力，而且使我对学生工作产生了无比的热爱，自信心也有了，对建设团队也有了自己的经验，并且收获了深厚的友情。

实现目标的经验

上面介绍了我的三个目标，下面我就和同学们分享一下实现这些目标的经验吧。虽然每个人的大学经历都不同，但是有些彷徨和挣扎，可能大家或多或少都会遇到。

首先是关于如何"脱贫致富"。我刚才给同学们列举了我获得的那些奖学金，这不是为了炫耀，而是想实实在在地告诉来自贫困家庭的同学们，我们通过自己的努力是能够"脱贫致富"的！大一的时候，我一个老乡经常出去做兼职家教，赚了点钱，生活很有滋味，我也很羡慕，跃跃欲试，但是后来经过思考，我还是觉得通过学习获得奖学金比单纯的兼职赚钱更为划算，一方面学好了课程，另一方面还有资金的收入，真是两全其美！而且，不用我周末出去在外面做兼职，那样不仅赚钱很辛苦，而且学不到东西，浪费了美好的大学时光。课余时间多学一些跨专业的知识、多参加一些活动，收获远比兼职来得全面。我有一个老乡大一就开始做兼职，赚了些钱，不料后来荒废了学业，也没有拿到学位证，工作也非常难找。所以，同学们，如果你想赚钱又不落下学业，那就好好学习、天天向上吧！因为我们北京理工大学的奖学金体系是特别完善的，有奖励学习成绩优秀的，如人民奖学金、国家奖学金、国家励志奖学金、徐特立奖学金等；有奖励科研成果突出的，如中国科学院奖学金；也有侧重奖励学生工作表现的，如漫步者奖学金；还有鼓励积极进取的学习进步奖学金。所以，努力了，就会有相应的回报。

其次，关于如何学习、如何取得好的成绩有很多的方法。同学们都经历了高考，能来到北京理工大学想必都有丰富的学习经验。但大学又是不同于高中的，我们班有一个同学，学习是我们班最刻苦的，但是挂科不少。为何如此？我想可能与学习方法有很大关系。那么关于大学学习的经验，我主要总结了两点，与同学们分享。

第一，上课尽量坐第一排。我们班的同学都知道，无论是必修课还是选修课，我都特别喜欢坐在第一排。一方面，这样距离老师最近，不仅能够听得清楚，而且不容易受到干扰，教室外面的杂音或者后排同学小声交谈都不会影响我听课；另一方面，在老师眼皮子底下我就不敢打盹或者睡觉，困了也必须要认真听，我觉得这是强迫自己保证听课质量的方法。有同学说，做笔记可以防止上课走神或者打瞌睡，但我做不到，我是那种做笔记也会打瞌睡的人，结果做的笔记连我自己都不认识，但是我坐在老师眼皮子底下是没有胆量打瞌睡的。可以想象一下，在教室里后面很多同学都趴在那里变成"特困生"的时候，坐第一排的是不是就比他们跑在前面了呢？还有，当距离老师近的时候，听不懂时就可以及时向老师反馈，老师在课堂上就会为你讲解明白。对于绝大多数同学来说，听课的效率绝对是比自学效率高的。我发现有很多同学无论是上课或者开会都喜欢坐中间位置，甚至是专门坐在最后，我们的辅导员在一次年级大会上曾经讲过一句话："往第一排坐，坐第一排的人更容易成功。"我想，这或许是因为心态吧，而心态往往决定成败。

第二，主动帮同学答疑。每当班上有同学问我问题时，我都不会推辞。一方面出于同学对我的信任，我得给他一个交代；另一方面我觉得这是个好机会，帮别人答疑我也能查漏补缺，完善对课程的理解，因为在别人看来是有问题的地方或许正是自己没有意识到的。我们班有两个来自新疆的维吾尔族女生，刚入学的时候，她们的汉语都说不流利，学习基础相对薄弱，大一她们就担心以后会拿不到学位证。在大学四年期间我就一直帮助她们学习，由于她们基础差，我总是需要有更多的耐心来讲很多遍很基础的知识，而且我要把基本概念理解得很透彻，才能用简单的语言给她们讲解出来，我要在知识上不留死角才能帮她们理清知识点的脉络，这也很考验我的基本功和耐心。大学四年期间我们收获了非常深厚的友谊。

最后，关于如何做学生工作，我想从做班干部和社团干部来分享我的经验。

班级工作里我有一个"创新"，就是组织期末考试串讲，这和老师划重点是不同的。这个原创的"串讲"是把重点知识结合往年考题给同学们花上几个小时讲出来。我会找各门课学习优秀的同学组成"串讲团"，一般一门课由2~3个同学组成，而我一般是参加所有的"串讲团"，这些"串讲团"的同学首先经过一周的时间把课本里所有的重点知识掌握透彻，做完所有往年的期末考试真题，然后梳理出串讲的主线，我们申请一个教室，向全班同学讲解。有疑问的同学现场提问，"串讲"同学现场答疑。如果有同学有新的更好的见解，也可以上台来讲！"串讲"的那个气氛真的是超乎了我之前的想象，全班同学热情高涨，学习气氛浓烈。当我为同学们解答问题时，虽然嗓子都冒烟了，但是很开心。后来，仅仅过了半学期，我们班同学在线性代数的考试中就100%通过，期末还拿到了学院的班级奖学金！这次经历，对我做班干部有了非常大的鼓励，我也坚持一直把"串讲"做下来，组织了近10门的课程。令人欣喜的是，毕业时我们班所有人都拿到了学位证，没有一个人掉队。我觉得，作为一名党员，作为一名班长，我有义务让班级每一位同学都优秀起来。

班级的工作说完了，下面再说说我在学校"聆听智慧"团队的工作，这是我大学四年唯一一直陪伴的团队，是由学生工作处设立的一个特殊的团队。当你走在校园里，看到某个国内外知名"大牛人"来学校做讲座时，可能就是"聆听智慧"了。这样的人有可能是你喜欢的作家、学者，可能是演艺界的大师，可能是企业精英，可能是政府官员、驻外大使，也可能是讲国内外环境风云变幻的少将……在这个团队，我觉得，我的收获是最大的。我在团队待了整整四年，参与了从第23期商业巨子李开复到第57期国学大师张岂之的大部分讲座的组织，从大一开始贴海报、挂喷绘的菜鸟开始，到邀请嘉宾、组织活动、主持讲座，建设我们的团队。我感受到了"大学之大在于文化"，也为此贡献了自己的力量，发挥了自己的价值。我接触了许多名家大师，甚至有的就是我亲自邀请来的，与他们的对话对我以后的成长是非常有帮助的。我积累了丰富的组织大型活动的经验，小到海报的位置、桌椅的摆放，大到场面的控制和团队分工，都了然于心，也逐渐形成了系统而全面的思维习惯。

我觉得这样的团队是一个平台，是锻炼自己、服务同学的一个平台。这样的团队在学校里有很多，比如班级、学院、党支部、学生会还有其他各种社团等，每个人根据自己的兴趣和需要选择，只要坚持下来就会硕果累累。

结 语

同学们，时间有限，我的故事就分享到这里，作为一个贫困大学生，我知道我曾经经历过的那些坎坷，我立足于自身情况为自己设立了目标并为之付出了努力，我已经不再迷茫，今天我充满了自信朝着更高的目标去奋斗。或许每个人在自己的大学生活里都有不同的收获，但每个人都在成长，都在向着自己的目标奋斗。

心之所向　百折不挠

(2012 届本科毕业生德育论文)

机械与车辆学院　倪俊

我是来自机械与车辆学院 2009 级的倪俊。我很珍惜大学的日子，因为只有在这样的一个安静、祥和的环境里才能够培养一个人淡泊明志、宁静致远的心态。下面我把我大学的成长分享给大家。

迷而刻骨、苦而定志、独而静心

大一时，一次很偶然的机会让我接触到了学校的方程式赛车队，那时包括清华大学、同济大学、北理工等许多工科院校都在从事赛车的设计和研究工作。有一件事给我留下了很深的印象，就是我们在设计赛车的时候觉得很迷茫。我们知道学宇航的要学宇航动力学，学电路的要学电路动力学，那么对于赛车来说，也是这样。赛车的理论在国外很发达，但在中国还处于起步阶段，因此我们设计起来感觉很迷茫，就好像老师让你做作业但没有告诉你公式一样。于是我那个时候许下了一个心愿：我不希望我的后来者再像当年的我那样迷茫。这样简单的一个心愿便成为我大学这几年为之奔波、为之辛苦的唯一的一件事。

我在良乡的时候，大概用了一年多的时间自学了本硕博的所有课程，不光是机械学科的，因为我想完成一套理论体系的建立。除了学完这些课程外，我还几乎读遍了所有从汽车诞生以来国内外经典的文献。现在车队里有许多大二、大三的学生，他们很多人说："我发现高中老师跟我们说的'上了大学你就解放了'是骗人的，其实上了大学更辛苦，每当我背着书包从自习室走到宿舍的时候，我就觉得自己特别孤单。"在这里，我想告诉大家我当时在良乡的日子是怎样过的。在那段学习的时间里，我不分节假日，不分寒暑假，几乎每一天都是晚上一两点睡觉，早上五六点就爬起来，坐在桌子前一动不动地读书。甚至那年除夕，尽管春节联欢晚会在外面演着，我的父母在客厅里包着饺子，一遍一遍来叫我，我也坐在书桌前舍不得离开书桌。后来这几年，中间有很多挣扎、很多波折，但是几年过去之后，我成为现在的我。

大一下学期时，我投出了我的第一篇学术论文，投的是浙江大学主办的学报。如果向一般的学术期刊投一篇学术论文，大都会过半年甚至一年才返给你审稿的结果，告诉你能不能发表这篇论文。但我很"幸运"，那个学报编辑对我特别好，不到三天就回我了，回得特别简单，他说："我们的期刊不接受本科生为第一作者的论文。"于是那个时候我便向我的学长和老师请教，我对他们说："赛车进入中国一年多了，清华在做、同济在做、我们北理也在做，敢于担当是我们北理人的国防特色，我们希望，让后人捧着的文献是出自我们北理人之手的，这叫我们有所担当。"我问那些老师、那些学长："这样好不好？"他们说："好，但不适合你来做。"这可以理解，因为那时的我在他们眼里是好高骛远、不务正道的。但是，经过了这些波折的我，最后成为一个发表过20多篇学术论文的人，成为一个受到六七个国际学术会议邀请的人，成为一个马上要出版自己50万字学术著作的人，甚至在中国成为中国汽车工程年会最年轻的受邀论文作者。我说这些不是想告诉大家我多了不起，我没什么了不起的，我是大家的同龄人、是1992年出生的，因为我觉得这番话从我的口中说出来，从同龄人口中说出来，应该不会让人觉得是说教。因为我就是这样走过来的，因此我认为每个人都可以做到。疏桐D112号房间，那是我在良乡住的房间。在那个房间里三床下边的桌子右边的角落里有一道特别长的汗水留下的印迹，那是我当年在良乡趴在桌子上每天读书留下来的。我想对大家说，珍惜你现在所面对的迷茫，珍惜你人生当中的痛苦，珍惜你的寂寞，那才是能够让你的人生所向披靡的东西。

幼时，我的父亲对我说过这样一番话：每一个勇敢的人，每一个优秀的人，都会经历别人不能经历的辛苦，或忍受别人不能忍受的寂寞，也会因为看到别人看不到的东西而向往。未来能走多长远，人生能有多宽广，我觉得一定不是因为我们曾经有多优秀，曾经拿过多少荣誉，一定是因为我们曾经有多挣扎、多困惑、多迷茫，它们才是我们未来最了不起的东西。每当我们迷茫、困惑的时候，我们总是问自己：我们以什么为目标？我们的人生需要走到哪里？我们向往些什么？我给大家讲一个故事，中国汽车工程年会是中国的汽车领域最高级别的会议，来自中国各个汽车企业的领导、工程师，还有各大科研高校的老师、学者都会在会议上汇报自己这一年的研究成果和工作进展。前几年因为一篇论文的发表，我有幸参加了那一年的中国汽车工程学会的年会。那天的会议在国家会议中心举行，会议早上8点开，我7点半就坐在了自己的位置上，屋子里坐着5 000多个各个企业、院校的领导和老师，媒体记者都在侧面的一个长条的过道里，举着照相机、摄像机。会议马上就要开始了，门突然打开，走进来三个人，我一眼就认出走在中间的那个人，他是我们国家一所非常著名的"985"高校的院长，也是中国汽车动力学的发展人之一。那一刻我脑袋里的血噌一下就上来了，因为在那些年我学习和研究的过程中，那位老师的文献一直陪伴着我成长，教给我的不仅是知识，更多的是胸怀、是眼界。那些年我有多辛苦，看见那位老师进来的那一刻我就有多激动，我从兜里一把掏出相机来，开始我没敢上去，因为屋子里有5 000多位嘉宾。最后我还是说服了自己，拿着相机冲上去了，台下的所有人都傻了，这孩子干吗？还有5分钟就要开会了，所有人都在那等着，那位老师坐在第一排，我弯下腰对那位老师说："老师，我很敬仰您，能跟您合张照吗？"老师同意了。后来我才知道，我麻烦那两位退开我镜头视线之外的，分别是中国两个非常有名的汽车企业的董事长和总工程师。然后那位老师给了我一张他的名片，我拿着名片高高兴兴地回到了宿舍，思想斗争了半天拿出手机，给他发了一条短信，内容我到今天都记得："管老师您好，我是上午找您照相的那个学生，我为我的鲁莽向您道歉。我是北京理工大学的本科生，我想您一定知道，我们学校的赛车队是这两年的中国冠军，但它令我焦急，一直以来，我致力于进行赛车动力学的研究，让我们的后人在设计赛车时不再迷茫，让这项赛事真正地培养学者和设计师，而不是工匠。您和您的导师郭院士令我敬仰，您见证了中国汽车动力学的发展与复兴，现在，我在编纂《赛车动力学》，我知道，它的学术水平一定有限，但是它代表了我们年轻一代人敢于承担的理想和志向，我想它也许能有幸得到您的亲自护航。我向您斗胆提出请求，请您为全书进行审阅。"我是不指望管老师会回的，但是几分钟后，我收到了一条短信"小倪，很高兴看到你这样勇于承担责任、有志向的学生，没问题，我会帮你审阅，但我很认真，只要你肯听我的意见反复修改就行。"看到这条短信那一刻，我哭了。我给妈妈打电话，泪水狂奔，十几分钟没有说出一句话，妈妈也不吭声，听着我哭。这些年来，多少笑话与白眼、冷漠与失落，多少苦痛与寂寞，多少疼痛和辛酸，我眉头都不皱一下，可那一刻，我泪水狂奔。

我觉得人世间总应该有一种力量，可以让我们刹那之间就泪如雨下，总应该有一种精神让我们一辈子都为之虔诚。在我的世界观里，这个世界上最打动人心的永远是那些最真诚、最善良、最有责任感，甚至是最天真的东西，这是千古不变的。有的人可能说时代不同了，人会变得越来越浮躁、越来越聒噪了；但我想告诉这些人，不是这样的，时代没有什么不同，只要每个人的人性不变，我们的生老病死、喜怒哀乐不变，那时代对于人的意义就没有什么改变，也就改变不了我们每个人生来就带着的对善良、对正义、对勇敢的追求和向往，那永远是最打动人心的。

慷慨正义、勇敢执着、热血热肠

现在我的车队有百十来号人，很多大二、大三的同学问我：我们该以什么作为目标？我们该做什么样的事情？以后要走向哪里？我总对他们说八个字：但行好事，不问前程。我们需要做好我们应该做的事情，那么有一天你有多大能力、有多大胸怀、有多大的气度，你周围的人、你的社会甚至有一天你的时代就会把你推向哪里。那就是你这一生的去处，不取决于你自己，取决于你身边的人，取决于你的时代。最后想对大家说的一番话是我在给我的学生讲课的时候说的一番话。为什么是我的学生呢？我们良乡这边有一个方程式赛车俱乐部的分支，为了给我们的车队培养后备队员，我就给他们讲我自己的书，我自己构建的理论体系。最后一堂课讲完，他们问我："学长，你的梦想是什么？"我回答说："不知道。"他们很诧异，说："你把赛车研究得这么透彻，写过一本书，发表过这么多论文，你不打算一辈子干这个？"我说："不是，其实我一点都不热爱赛车，甚至都不热爱汽车，但这不代表我不热爱我的专业。我不热爱赛车，但是我热爱我的人生，年轻让我们足够坚强、足够勇敢、足够执着，赛车可以只是我们的一个寄托。"我还对他们说："我的这本书大概明年这个时候出版，机械工业出版社欠我大概10万元的稿费，还有10%的版费的提成。"而我又对机械工业出版社说："我不要这份钱，我想把它换成书，送给更多需要这些的人，需要书中的这些意志、品德、力量的那些人，所有像我那样曾经迷茫的人们，我想这是我能为他们做的事情。"这也是我当初许下的那个心愿，不要让我的后来者迷茫。同样的道理，不管以后从事什么工作，或在社会当中扮演什么角色，我希望大家从我的经历中学到的不是什么所谓的理论体系、所谓的公式，而是无论在哪里，无论做什么，

大学 青春 人生
—— 第二篇 大学道

你都可以是一个慷慨正义、勇敢执着、热血热肠的人。它是我走到今天所凭的利器，我希望把它送给大家。希望我的人生经历，带给大家更多的是一种态度，我把它称为推己及人的人生态度。古人说，不经磨炼，不知其中苦乐。不求自学，就不能推己及人。我希望有一天，当你经历了自己的苦乐，站在舞台对你的后来者侃侃而谈的时候，能够记着这种精神——推己及人。

从大学的细枝末节探究成长的蜕变

（2013届本科毕业生德育论文）

设计与艺术学院　武婷宇

我是武婷宇，现在是我校设计与艺术学院2013级工业设计系的研究生。四年前，我同大家一样，对大学生活满怀憧憬。时间一晃而过，我由曾经的学妹变为现在的学姐。很开心能与大家一起展开记忆的画轴，回顾大学生活中的细枝末节。

审视学习：从36分到保研的转身

首先要与大家分享的是我的学习路程，与在座的大多数同学不一样，我是名美术特长生，所以入学初的成绩应该没有在座的你们好，但是曾经的我也没有觉得成绩不好是件多么重要的事儿，特别是经常有人羡慕我会画画时，我感觉很骄傲，也很满足。可是入学后的一些细节深深地触动了我，并改变了我一直以来的观点。

入学初，班主任得知我数学比较差，高考数学只考了36分，他特别担忧，为了让我重视学习，反复地告诉我在大学不及格的后果很严重，会取消一系列的评优以及保研资格。为了我有充裕时间来学习，班主任建议我不要竞选任何班干部。我原本认为数学三四十分是很正常的，但出于对"挂科"的恐惧，不得不走上了认真学习的道路……想逆转的决心是下了，可想不"挂科"的过程是惨不忍睹的。我基础太差，只好从零学起，找学长、找学姐、找老师、找同学……我不停地问身边每一个人各种问题，做各种习题。逐渐我发现了一个小的转变，就是有不少同学开始来找我问他们不会的题。学期末我得到了比预期更高的分数：89分。除了数学，迫于"挂科"的威胁，我对其他的课程也不敢懈怠，第一个学期末获得了三等奖学金。对于这样的收获我很开心，但是通过和身边同学的对比，又让我看到了差距。我发现身边的同学所追求的是尽力做到最好，争做专业第一。我问自己，既然原本一窍不通的数学都能学明白，那其他的课程又会有什么问题？就这样，第二个学期末我获得了一等奖学金。三年之后，我不仅没有一门"挂科"，还获得了保送研究生的机会。

从学习的小细节中，我改变了自己对学习的态度，从36分到89分再到保研，我以自己的经历负责任地向大家建议：一定要好好学习！只有你具备拿得出手的成绩，才能在做任何事的时候都游刃有余，才会在有好的选择时具备争取的条件。比如我在保证学习的情况下选择了双学位、选择了保研、选择了学生工作，等等。

学生工作：从向往到责任的担当

第二部分与大家分享我的学生工作。相信大家还记得，由于成绩的原因班主任不希望我参加这类活动，所以参加学生工作是我自己偷偷做的一个决定。偶然的机会，我被找去为迎新晚会帮忙，我的任务很简单，是操控电脑，但是从此自己办晚会的想法便萦绕在脑海里。之后我悄悄申报了学院的文体部，在部里一年不断地学习：学习怎么买物资、写策划、选节目、搭舞台……虽然有时候熄灯后才有时间来写策划，有时候办活动跟上课冲突，有时候放假还需要留在学校，但让我欣慰的是努力没有白费，在大一学期末我们部就主办了良乡最大的文艺晚会，成功实现了我的愿望。然而真正的学生工作才正式开始。大一结束了，我该考虑留在学生会除了办晚会之外的其他意义。最后我选择参加竞选，因为我热爱学生工作，这里可以把想法变成现实，这里有很多朋友。

虽然竞选部长更稳一些，但是我选择了竞选主席团。可我有一个硬伤，就是表达能力太差，人多的时候不敢说话，特别紧张。所以摆在面前的问题就是，如何参加竞选？我踌躇不已，尝试了各种方法都没有效果，于是决定把稿子背会，可上台的时候我还是紧张了。虽然我以微弱的优势入围，但我是入围名单里的最后一名。类似的事情还有很多，例如漫步者奖学金的评选，在自己认为符合参评标准的情况下通过了层层选拔，但在最终答辩的时候因为紧张不记得准备的内容，最终失败了……我很沮丧。几次的挫败让我正视自己的缺点，我一改之前的风格，只要有机会我就会站起来。此后我代表学生干部发过言，代表毕业生发过言，代表学校在北京市的会议上发过言……当我信心满满地再次申请漫步者奖学金，再次站在漫步者奖学金演讲台上的时候……没有像大家想得顺利演讲，而是PPT坏了……但是出现的问题没有让我紧张，我即兴演讲了三分钟，以高票获得了肯定。

学生工作的不断历练，使我不得不正视自己的许多缺点，在不断的失败后一点点完善自己。两年的时间稍纵即逝，又到换届的时刻。喜欢学生工作的我决定还是留在这里，并有了新的目标：北京理工大学的学生会主席。当然这个决定有很多反对的声音，但我没有因反对而胆怯，凭借三年的学生工作经历，明显改善的沟通能力，我成功当选。这一年里，在部长承担不了课业压力决定退出的时候，我无助过；在活动经费超出预算却报不了的时候，我着急过。但我也经常开心着：迎新期间跟志愿者接待了包括家长共计4 800人次的时候，在推行地铁摆渡车方案被学校采纳时，在深秋歌会的声音响彻校园的时候，在听到同学们赞赏阳光服务队给力的时候，等等。这一年的酸甜苦辣，让我学会面对责任时有种力量叫担当。这里的故事，我想与大家分享的是，进入大学，除了学习，可以走进一些学生组织，试着锻炼自己，收获友谊，收获学习中没有的经历。

人际交往：从自我的满足到他人的关注

虽然我的学生工作风生水起，但我在大学的人际交往，并不是一帆风顺。我是独生子女，很少有机会体验集体生活，大学宿舍是我人际交往最初的熔炉。阴差阳错担任了宿舍的舍长，宿舍有一位女孩儿经常早出晚归，不喜欢打扫卫生，喜欢煲电话粥。不好的生活习惯使得宿舍里其他两个女孩儿总是跟我抱怨，身为舍长的我决定"打抱不平"。在她回来晚时，我会批评她；在看到她脏乱的书桌时，我会批评她。突然有一天在我批评她的时候她暴怒："怎么就你这么多事儿！别人怎么就没话呢？"我摆出维护正义的态度与她大吵一架。这之后我一直愤愤不平，觉得捍卫"正义"却遭到不理解。此后我去吃饭、洗澡也不叫她，想通过孤立她让她知道错了，但反而愈演愈烈，最后的结果并不是我期望的改变而是她去找辅导员换了宿舍。得知她离开的消息，我很是愧疚……我一个人闷在被子里，想到她经常分特产给我们，想到做题时她耐心地讲解，想到我们午休时她主动去活动室看书等我们醒来……她搬走的时候，我才感觉自己的做法也许是不对的。新的舍友来之后，我改变了舍长"维护正义"的方式：当我再看到脏乱的地方会主动去打扫干净，记住舍友们的生日，并时不时地一起出去小聚。随着宿舍关系的改善，我们彼此也理解了：生活习惯的不同只能相互适应、相互包容。

大学生活的碰壁使我学会了反思，从而在集体生活中学会了尊重别人。我把满足自我的视角逐渐转变到关注他人的需求。通过人际交往的历练，我完成了心灵的蜕变，收获了更好的自己。

社会大学：从校园大学到社会大学的体验

有机会走出校园，让我感知到：大学之大，可能就在于它给你带来的学习面很大，可以跳出课堂、校园的限制，在不同的环境中感受差异，积累经验。上大学前，我去过的地方很少，一方面没有时间，一方面也"不自由"。上大学后，去了不同城市与国家，它们的特点与差异，让我在对比中寻找提升的空间。

大二暑假去德国参观，给我印象最深的是为我们开车的一位司机。当我们第一次与这位司机见面时，就被他的帅气、活力震撼。我之前，总是把司机当作很多工作种类中"低级"的职业，但这段旅程改变了我的认识。短暂的相处后，我发现这位司机很幽默、很健谈，而且他对这份工作充满热爱。在驾驶过程中，是没有德国人在车上的，所以他所做的一切都没有人来约束监督。但他很认真，每行驶一小时，一定会将车停下休息10分钟，在行驶过程中不攀谈一句。在德国，大车司机一天只允许行驶8小时的时间，每当超出8小时，无论我们怎么要求，并提出加钱，他都不同意。他对于遵守制度严谨的态度，对职业的尊敬与认真，教会我把慎独与认真变成自己的习惯。

大四的上半学期，赴韩国参加交流。在首尔，韩方志愿者来接机，但是接下来发生的事情让我和伙伴们惊呆了：志愿者见到我们，就能轻易地叫出名字，有的竟然激动地流下眼泪……这很让我费解，他们为什么激动得还流眼泪？我猜或许是韩国礼仪。在我们都纳闷儿时，欢迎晚宴给了答案。播放的视频里记录了他们在我们到来前的三个月里准备工作的点滴：因为是在校生，为了交流活动，都向学校请了假；考虑到我们是中国人，怕交流困难，特意学习汉语；为了让我们在韩国短暂的时间里过得难忘，他们提前走过每一个地点，试吃每一家餐馆，体验每一个宾馆；为了能更快地与我们相处，提前了解我们的喜好，准备小惊喜给我们……这个不到20分钟的视频里，到处是韩国志愿者感人的画面，睡地板、写策划、背汉语……用三个月的时间把我们一周要进行的活动详细筹备。我想是因为他们的付出，才让我们的到来更显珍贵，才会使他们在我们到来时激动得热泪盈眶。从他们身上我学到了用心感动身边的人。

大四下学期实习，一个周四的下午，主任安排我写一篇文章，要求下周二上交。我觉得时间还早便打算周末开工。到了周末临时需要处理毕业设计，就把开工的计划顺延到周一。当周一我开工的时候，发现文章涉及的内容，有很多我不懂，但又时间紧迫，没时间再去学习，只好硬着头皮写。主任看我工作时皱着的眉头，笑笑走了。周二上午，主任看我还在费力地改稿，也没说什么走了，但过了中午，主任拿着一篇他写好的文章对我说："小武，这是我写的，你看看有什么要改的地方吗？"这段经历没有批评，没有斥责，却让我不再拖延。领导的幽默和智慧，让我感到了校园外沟通、教育方式的不同。从这里的小细节，我感知到，跨出校园，再也不会有老师的催促与批评，自觉才是鞭策你前进的动力。

最后用一个有趣的故事结束这部分：大家都见过世界地图，是不是觉得所有国家的世界地图都应该是一样的？我的一位老师，他每去一个国家都要购买一幅地图，惊奇地发现不同国家的地图是不同的。我很好奇，出国时特意买了当地世界地图，发现真的如此，各国地图都是以当地的坐标为世界的中心的。这个故事告诉我们：角度决定了视野的范围，而视野也可以改变认知。这也是我想与各位同学分享的。校园与社会并不矛盾，它们相辅相成，所以建议同学们能够把握机会，经历视野的蜕变，不做井底之蛙。

总 结

同学们，我的大学故事到这里就结束了，不知道你们听后对大学有没有新的认识。同学们，有人说大学的成长，是一个厚积薄发的过程，是蜕变也是逆袭。即使我们处在同一所学校，住在同一个屋檐下，也很少有相同的故事。希望你们珍惜宝贵的时间，为自己定好合理的目标，期待每个人收获理想的大学！

生命不息　奋斗不止

（2014 届本科毕业生德育论文）

管理与经济学院　白佳

四年前，我聆听着学长学姐大学生活分享，对大学生活充满了迷茫，不知道路在何方。而今回顾自己大学四年的生活，感慨颇多，总结成一句话就是"路在脚下"。古语有云：千里之行，始于足下。今天我想从以下方面分享我大学四年的经历，讲讲我是如何"始于足下"的。

面对现实，积极行动

从高中的象牙塔进入色彩斑斓的大学校园，面对来自五湖四海的同学们，我有着强烈的落差感。因为家庭经济状况的原因，我一直承受着经济上和思想上的负担。举一个最简单的例子来说，在我计算大学英语四六级考试、托福、雅思等考试报名需要多少钱、资料需要多少钱，以及我是否能够负担得起的时候，周围有同学已经出国参加过好几次夏令营了，也有同学在上着新东方顶级的英语培训班；在我计算学习所用书籍需要花费多少钱的时候，周围很多同学早已购买了全套崭新的课本。这些都是现实存在的差距，我做的第一步就是正视这些差距，接受这些差距，不把时间浪费在无谓的抱怨和自卑上。第二步，就是行动起来，寻求最适合自己的解决途径。没有足够的钱去上新东方培训班，我学会了用网络搜索自己想要的英文资料，并在学校图书馆中找到了学校购买的新东方在线课程；没有足够的钱购买书籍，我通过咨询学长学姐，了解了绿盟"学长的火炬"活动，在这个活动中我领取了所有需要的书籍，接着向师兄师姐借用了一些专业书籍并在网上购买二手书籍。二手书籍往往会有他人学习时留下的笔记，在翻阅时也能在其中吸收一些老师未曾讲到的知识。

在大一的时候，我就认真考虑过自己大学四年的经济来源和未来的出路。

不仅仅是因为家庭经济状况的原因，一直以来我就希望自己进入大学后可以完全地实现独立。我的专业是应用经济，所以在思考生活中大多数决策性问题时，我都会从成本和投资回报的角度来考虑。因此，在询问学长相关情况和在对学校相关资助奖励政策进行了充分的了解后，经过自己粗略的计算，我发现大学四年依靠在校外打工兼职解决生活费、学费是一种非常不合算的选择。首先，良乡所处的地理位置意味着没有太多合适的工作岗位供大家选择。其次，在本科阶段，大家在外兼职更多的是做一些重复性的工作，并没有什么职业的价值和帮助，浪费了大量的时间和体力，却没有预期的高回报和高收益。最后，努力学习获得奖助学金并申请一些勤工助学岗位足以满足一个一般家庭条件学生的日常开支和学费开支。

很多时候，我们总是会盯着能最快给我们反馈的地方却忘记抬头看远方，总是盯着最肤浅的地方却看不到真正的差距。可是还有一些时候，我们明明看到了差距的存在，却不愿意、不敢去改变。很多时候，面对现实的困难，虚伪的谦卑和不自信是最大的障碍。同时，我希望像我一样家庭经济困难的同学明白一件事，目前的情况不是你的错，也不是父母的错，不要去埋怨任何一个人，也不要去埋怨社会。乐观、自信地去面对生活，面对差距，通过自身的努力去改变这种差距，纵向比较自己的得失，你就能获得内心的满足和快乐。

经济独立，实现自我

首先，我想给大家算一笔账：

励志奖学金：$6\,000 \times 3 = 18\,000$（元）

助学金：$3\,000 \times 3 = 9\,000$（元）

本科生一等奖学金：$1\,100 \times 2 = 2\,200$（元）

本科生二等奖学金：$800 \times 3 = 2\,400$（元）

本科生三等奖学金：$500 \times 3 = 1\,500$（元）

本科生补助：$60 \times 10 \times 4 = 2\,400$（元）

图书馆勤工助学：$250 \times 10 = 2\,500$（元）

办公室学生秘书：$200 \times 5 = 1\,000$（元）

学生秘书：$300 \times 4 + 500 \times 8 = 5\,200$（元）

科研奖励：$300 \times 2 = 600$（元）

小计：44 800 元

助学贷款：24 000 元

共计：68 800 元

学费：5 000×4＝20 000（元）

宿舍费：900×3＋750＝3 450（元）

良乡三年生活费：600×10×3＝18 000（元）

本部一年生活费900×9＝8 100（元）

共计：49 550 元

  对于家庭经济困难的学生来说，处理好学习和家庭经济压力之间的矛盾是至关重要的。从上面的计算中，我们可以看到，通过奖助学金和学校勤工助学基本可以满足大学四年学费和生活费的开支。如果申请助学贷款的话，还会有大约两万元的剩余资金。在我们学校，我所获得的奖助学金总额只能算中等水平。学校还提供了徐特立奖学金以及各类社会捐助类奖学金，勤工助学的工作我也只在大一和大四申请过。简单来说，更优秀的同学还能有获得更多的奖助学金的机会来支撑学业和生活。

  也许你想说，我的成绩并没有那么好，拿不到各类奖学金。我想说，只要踏踏实实地努力，你一定可以。拿我自己来说，高中的时候我的数学永远徘徊在及格边缘，满分 150 分我常常只能考 90 多分。但是在大学期间，我的微积分考到了 90 分以上。我所做的就是上课认真听老师讲题，下课认真地写完老师布置的作业而不是抄答案。大学期间，对我更为重要的学习方式就是团队学习。和班级同学一起自习、讨论带来的收获远远大于个人的单打独斗，因此，大家要学会合作与优势互补。直到大四，我们这种小组合作学习的模式也一直继续着，大家会一起整理复习资料，一起讨论课堂学习中的难点，一起讨论就业形势、分享就业机会。也许你想说，我们不一定会有这种交流的氛围。氛围是大家共同营造的，你为什么不能去做那个牵头人呢？

  大学四年，我最大的收获就是要不断地投资自己、充实自己，无论是金钱上的投资还是时间上的投资。我会花费很多时间完成一个在线课程的作业和考试，我也会购买各种书籍充实自己，购买各种课程学习新的知识。在大学阶段，大家最好树立一个学习的标杆，我学习的标杆是我的一位亲戚，作为一名在职人员他每年的学习经费都不少于两万元，特别是对于家庭经济困难的学生而言，不要因为节约省去投资自己的开支，比如，你一定会需要一台性价比高的笔记本电脑，而不仅仅是一台廉价的电脑，来完成各项作业。

心存感恩，回馈社会

大二时，学校要求获得奖助学金的同学加入学生服务大队并规定了服务时长。刚开始的时候，我确实不很理解这种硬性的要求，当时的想法就是，前几届的学长学姐没有做，而为什么我们要做。在完成服务时长的过程中，我参与了很多志愿活动，认识了很多和我一样家庭困难的同学。在参加一次衣物捐赠的整理工作时，我突然觉得这一切都是有意义的。在寒风凛凛中，大家一起去收旧衣服，然后一趟一趟地送入办公室，整理、清洗、打包，然后扛到邮局。大家很累但是很开心，因为送去的这批衣物可以帮助偏远地区的小朋友抵御寒冷，我们通过自己的努力做了一件特别有意义的事。在这个过程中，我体会到了付出和爱心的传递，而且心中充满了满足感。特别是在与大家一起做志愿活动的时候，我强烈地感受到自己不是一个人，也能感受到除了一直把自己当作弱势群体坦然地接受资助外，我们更应该去付出和回报。大三时，我担任了管理与经济学院学生服务大队队长，接触了更多的家庭经济困难的同学，这种"我不是一个人"的感受愈加明显。在任职期间，我主要带领大家在图书馆进行志愿服务，擦书架或者整理书籍。因为我觉得"感恩社会，回馈校园"并不意味着我们需要做多么伟大的事情，也不需要我们高调说出感恩之情。首先，我觉得感恩和回馈需要我们做一些事情。其次，这些事情可以是简简单单的小事，小到擦一次书架、摆一次书籍。我更希望的是学生服务大队的成员之间彼此熟识、彼此鼓励，在做这些简单小事的时候有一种自己被需要的感觉，能感觉到自己切切实实地在回馈学校和社会。曾经在网上看到过一个帖子，楼主向国家贷了助学贷款后并没有归还，在购买住房要贷款时才发现已被记入征信系统黑名单。而楼主的反应只是抱怨银行和抱怨学校，丝毫没有意识到自己的责任。所以，从接受资助的那一刻开始，我们就应该明白我们需要抱着一颗感恩之心，切切实实做一些回馈社会的小事，不要做一个只知道索取的人。

"生命不止，奋斗不息"，大学只有四年，人生只有短短数十年，勇猛精进总好过浑浑噩噩。最后，祝愿家庭经济困难的同学找到理想的发展途径，祝愿大家大学生活丰富、精彩！

合理规划　不断攀登

（2015届本科毕业生德育论文）

外国语学院　倪志远

再次走过美丽的校园，这里的每一寸土地都有我的足迹，唤醒了许多曾经的点点滴滴，让我有机会回想和反思大学生活的收获与成长。

认清目标，合理分配时间

四年前的我和大家一样，对大学生活充满了无限的憧憬，大学一定是绚丽而又多彩的。也正是带着这种期待，我给自己规划了一个很不切合实际的方案，类比王大锤的说法就是"不久之后，我就会升职加薪，当上总经理，出任行政总裁，迎娶白富美，走上人生巅峰，想想还有点小激动呢"，然而现实总是会给人泼冷水的。慢慢地，我发现一个人是无法学习、学生工作、课余爱好等都兼顾的，时间是有限的。大学生活中的时间分配就像是一道不定项选择题，少选有可能无法得满分，但是多选一定是全扣分。所以在考虑了自身喜好、个人能力、未来目标等情况下，我把学生工作作为我学好专业课之外的选择。

选好了目标，那么剩下的就是如何处理好学习和工作的关系，借鉴小平同志的观点就是：两手抓，两手都要硬。想做好一件事没什么诀窍，一方面就是努力，另一方面就是投入，换算成公式就是成果＝效率×时间。学生服务中心406的校学生会办公室，左侧最靠窗的工位曾经是我的第二个家，也就是说，我除了回寝室睡觉和在教室上课，其余时间都在那里度过。下面简单说一下我大三某一天的时间表。由于早上第一节没课，我在7：40起床，然后洗漱之后8：00出门，在超市买一个肉夹馍和一袋牛奶之后来到办公室看书、写作业，趁着没人的时候朗读一下课文；第二大节课之前10分钟，出门去上课，中午吃完饭回去睡30分钟，然后再回到办公室继续看书；下午满课，吃完晚饭回办公室做作业、改策划。晚上9：30，开部长团例会；10：00多，我整理东西回宿舍；偶尔的娱乐和放松就是11：00—11：30，看看美剧；12：00左右，上床睡觉。我基本不存在周末和放假的概念，这样算来，每天除了上课大概有4小时在学习、2个半小时在工作。

我想对各位有志于学生工作的同学说：学习是基础，学习是基础，学习是基础，重要的话需要说三遍。即便你学生工作做得再好，一旦挂科你就没有可能继续工作下去了，所以请各位务必牢记。

现在很火的一句话叫作"陪伴，是最长情的告白"，也正因为对学生工作和学习长久的陪伴，我才能在做出成绩的同时也成功保研。

不断尝试，不断攀登

作为分享的第二部分，我想跟大家聊一聊我是如何在学生工作中一步步尝试和攀登的。还记得大一报到当天的新生见面会上，看到辅导员发放材料时，我就主动上前帮忙，给辅导员留下了深刻的印象。之后主动竞选班长，担任辅导员助理，参加校级和学部学生会的面试等，每一次的尝试对于我这个初入校园的"小鲜肉"都是一次挑战，但是当挑战次数多了，就会习以为常。上大二之后，恰逢我校第一届"德学骨干培养计划"招生，当时全校只招收17个人，且候选人人才济济，但是作为一名普通的班干部的我，仍然选择了尝试，并最终凭借自己的出色表现成功入选。而后的一步步攀登其实也都源于不断地对自己能力的探索和对新的领域的尝试。跳出之前的部门、组织形成的束缚去尝试更多的事情，才能有所成长。

学生工作的难处和益处其实是统一的，它需要跳出学生的身份，从职场的角度去学习和锻炼做人做事。在这个过程中，我们会不断地犯各种各样的错误，会被批评，会面对不好的后果。但是从另一个角度来看，我们能够成功地在学生时代把一生要犯的错误全都犯完，我们就会以一个相对完美的状态去面对未来真正的工作。形象一点来说，漫漫人生路上有许多的坑，我庆幸自己在学生时代开开心心地掉到了一个又一个坑里，又开开心心地爬了出来，然后默默地告诉自己下次要小心。我身上的尘土和伤痕都会随风而去，但是经验和教训都会被我带到之后的工作和生活中，这就是学生工作的意义——低成本试错，或者用理工科学生更好理解的说法，就是Debug。

而谈到如何做好学生工作，我认为最重要的就是责任心，也就是所谓的"干一行爱一行"。既然选择了这条路，或者选择了一个组织，就要为它的发展和未来负责,就要把这些工作当作自己生活中的重要部分。在本科的四年当中,不论是寒假还是暑假,我回家的时间都从未超过两周,其余时间或者在实习,或者继续完成学生工作。关于责任心,我想给大家举一个简单的例子,恐怕各位大一的学弟学妹们在面试各类学生组织的时候都被问过这样一个问题——如何处理好学习和工作的关系,甚至是如何在期末考试周完成必须要做的工作任务。这些问题并非空穴来风,因为在实际工作中经常会遇到这种两难的困境。两年前的元旦前后,考试周临近,所有大型活动告一段落,校园内外弥漫着复习考试的紧张气氛。作为一名大三的学生,距离保研排名只有一个学期,可谓是决定能否保研的关键阶段;而与此同时,我还是校学生会的副主席、外国语学院的团委学生副书记,需要完成本年度的所有活动资料总结和上报工作。面对类似于我这样的困境,有的人选择了辞去学生会工作专心学习;这种选择很正确,因为事关人生、事关未来。然而当我们站在一个组织的角度去考虑这个问题时,这样的选择却是组织的巨大损失。我选择了留下来承担这些责任和义务。整整一周的时间,我每天的睡眠不足5小时,晚上11:30断电之后我的电脑可以坚持两个小时让我整理文件材料,我的两个充电台灯可以让我再看看专业复习资料,实在不行还可以裹着羽绒服在活动室完成给自己定下的当天的复习进度。用我自己的话说,就是学生干部有"三宝"——笔记本、充电灯、大棉袄。最终,工作完成了,考试通过了,我也在大睡了两天之后"满血复活"。保研没耽误,我也践行了竞选时说的那句"不辜负组织的信任"。因为靠谱,我赢得了信赖和更多宝贵的机会。很多选择无关对错,关乎责任,需要我们思考,需要我们取舍。

在服务首都中不断学习、不断成长

很多同学都跟我一样,从全国各地不同的省市千辛万苦考来北京。首先我要恭喜大家成功进入北京理工大学,我们选对了学校、选对了城市。北京理工大学的声誉意味着我们在许多场合自带 BUFF 加成,也意味着我们有庞大而优质的校友资源,而北京作为首都更是汇聚了中国的各类大型活动和顶尖平台,各位的未来和前途是光明的和充满希望的。既然有这么大的优势,应该如何去利用呢?答案就像"世界那么大,我要去看看"这句话一样。多走出校园,在参与各类志愿服务和社会活动中学习一些在校园中学不到的知识,从而在服务首都中不断学习、不断成长。

在这里我简单分享一下我在 APEC(Asia-Pacific Economic Cooperation,

亚太经济合作组织）领导人非正式会议周中服务的体会。我主要是在志愿者之家，服务广大的志愿者。当北京的所有市民享受突如其来的假期和"APEC蓝"的时候，我的生活则是每天早上6：30到达国家会议中心，晚上11：00多离开，辛苦是不言而喻的。说到那十几天的收获，绝对不仅仅是听到了习近平总书记、普京、奥巴马等的演讲，而是通过切身感受了解了外事交往的常识和相关礼仪。比如悬挂双方国旗时，应该是以右为上，左为下；而在汽车上时，驾驶员左手为主方，右手为客方。这些看似简单的细节实际上反映着国家的尊严，甚至是一种外交博弈。所以在双边会议室召开会议之前，就经常能看到两个国家的外交人员在就一些诸如悬挂旗帜、入场顺序、落座位置等问题磋商的场面。此外，我也认识到了外语口语的重要性，在服务中我就遭遇过这种尴尬：我听懂了对方说的每一个单词，但是我还是不明白他要说的是什么意思。因此我建议大家务必要学好英语，特别是英语口语，不然你会因为语言不达标而与北京许多优质的平台和资源失之交臂。最后我要提醒的一点是，参与意味着责任与付出。也许很多同学报名志愿活动是出于简单的好奇与兴趣，甚至是满怀着能够看比赛、见明星的一腔热情。但真正参与其中时，一定要明确自己的服务精神。8月份的田径世锦赛和10月的中国网球公开赛我都全程参与，作为核心志愿者，我的通行权限包含了所有运动员区域。尽管有着博尔特、加特林、德约科维奇、纳达尔等明星大腕，我们作为志愿者没有一个人会离开工作岗位要签名、要合影，这是一份责任和对服务的承诺。

四年前的今天，我曾坐在台下聆听着学长学姐们的报告，憧憬着自己的大学生活，四年后的今天，我用我的努力和拼搏换来了许多的机遇和经历，也成功地站在了台上，将这份分享延续下去。有句话说，"你必须十分努力，才能看起来毫不费力"，这可以说是大学生活的真谛。没有人的成长是一帆风顺的，也没有人的成长能够脱离自身的拼搏，所以当花花世界摆在面前，当各种选择充斥生活时，能否做出正确的选择，能否把握住改变人生的重要机遇，需要用四年的大学经历去回答。我相信，我们都能够给自己一个满意的答案。

激昂青春　不悔人生

（2016届本科毕业生德育论文）

宇航学院　贺璇敏

十年寒窗苦读的努力让我们相聚北理，让我有缘与大家分享我的大学生活。我是来自宇航学院工程力学专业2013级的本科生贺璇敏，刚刚步入大四，是一个不折不扣的"工科女生"。

奔跑　逆袭

在开始我的分享前，我有几个小问题。大家知道咱北京理工大学中关村校区距离中国顶尖学府北大、清华有多远吗？4千米。那么和咱们的兄弟院校北京航空航天大学的距离呢？6千米。碧波荡漾、秀色如黛的什刹海也就在咱东南向9千米的范围之内，我们的宿舍距离中国的政治中心中南海、天安门广场也只有12千米！

这组数据，并不是我用百度、高德、Google地图查出来的，而是我用脚步丈量的。一年以来，手机记录我一共跑了1 400千米，几乎每个周末，我都会沿着学院路，一路跑过北交大、央财、北邮、北师大，去欣赏什刹海壮丽唯美的夕阳，听垂钓老人的闲唠。每天学习工作之余，也会绕着操场跑上十圈，放松一天的紧张疲惫。

奔跑是我今天分享的第一个关键词，它促成了我的蜕变。

我热爱运动，但坚持跑步事出有因。大二下学期，我有幸竞选上宇航学院学生会主席，面临的第一个重大任务就是筹办我们学院最大的文艺晚会之一——校深秋歌会宇航学院选拔赛。写策划、出方案，一切都在井然有序地进行，然而问题出现了。大家知道，工科学院女生少，有主持经验的女生更少，选女主持成了当时晚会筹办中最大的难题。作为学院为数不多的女生之一，又是学生会主席，辅导员十分信任地把这个任务交给了我。当时我的脑海中出现了一幅很多女孩梦里曾闪现过的画面：在灯光璀璨的舞台上，一个美丽的女孩穿着华丽的礼服、优雅的高跟鞋，用一支话筒妙语连珠把控全场。就连当年打着垒球、唱过摇滚、分管过学生会体育部、从没留过长发、因为爱吃而微胖略壮的不折不扣的女汉子的我，也毫不例外。面临着"梦想是要有的，万一实现了呢"这句话的即将验证，我的内心是十分激动的，但我的头脑是万分清醒的：我要努力改变自己的目前状态，呈现一个美丽的舞台形象。于是我开始一边筹备晚会一边跑步减肥。坚持几个月后，我十分自信地穿上了晚礼服，完成了舞台上主持人、导演、演员多重角色的转换。我们团队共同努力圆满地完成了晚会的任务。

坚持跑步的事情虽小，但坚持赋予我的是对生活始终饱含激情且勇于尝试的期待，对生命坚韧不拔且百折不挠的自信。

尝试　沉淀

人们常说，坚持就是胜利，但说起来简单做起来难，它的成立需要一些条件。我的大学生活，一直在探索和验证这句话和它所需要的条件。什么值得我们去坚持？怎样决定一件事情是否值得我们坚持？

经历了高中千篇一律的两点一线，我无数次幻想自己的大学生活多姿多彩、百般不同。那时的我站在巨人的肩头眺望，北理工这个优质的平台为我提供了最广泛的选择空间，我期待着她可以帮助我完成梦想中的角色体验。那时满眼新奇的我参加了军训文艺汇演、深秋歌会，报名了绿风志愿者协会、机械学部学生会体育部、前沿传播社团、羽毛球社、乡琴协会，加入了垒球队。还和朋友一起组建了一个实力不强的乐队。我想要尝试的，就会大着胆子去做。第一次写活动策划，第一次打网球，第一次打垒球，第一次办篮球赛，第一次独立演出，第一次乐队演出，第一次参加演讲比赛，第一次参加歌唱比赛……大一那一年，我还活跃在综教演艺厅、报告厅、理学楼报告厅、"学服楼"上的舞台上，穿着当时自己觉着特帅气的杀马特行头，尽情摇摆着自己的爆炸头。忙忙碌碌、节奏太快的学习和生活没有留下时间给我好好总结反思，甚至一度沉浸在小有成就的喜悦中。

大一时桀骜不驯的我从不承想每一次参与活动背后需要多少的付出。直到大一结束的那个暑期，我参加了北戴河干训，从那些有能力、有思想的学长学姐身上，看到了自己的很多不足。我默默地对自己说："要寻求一丝沉淀和升华。"于是，大二时，我果断放弃了那些浮躁的想法，不再盲目地为了体验而体验，而是选择自己真正热爱的事情，深入参与进去，给自己思考和成长的机会。我高中时对于大学的千百种期待里有一个是当学生会体育部部长，于是我把学生会体育部的工作坚持了下来，这份坚持也给我带来了沉甸甸的收获。从大一时在篮球场边的计分工作做起，协调比赛事宜，化解球场矛盾，到分管体育部、女生部的机械学部学生会副主席，再到宇航学院学生会主席，我一路走来。我们组织了学部、学院的美妆时尚讲座、新生竞技争霸赛、校运会学院物资补给站、方阵排舞训练、篮球赛、足球赛、越野赛、学院运动会、北理邮政日、各类晚会……时至今日，我仍然记得阳光下球场边那些激情的矫健身影和认真计分的兴奋神情。坚持做好自己喜欢的事情，连做梦都会笑出声音。

无论你选择学生工作，还是科研创新、志愿服务，做好它们，无一不需要满怀激情、认真思考、坚持不懈。这个过程，收获了巨大的转变和成长。从台前退到幕后的过程，让我的学习生活变得多姿多彩，也让我学会了应对压力与挑战。

平衡　收获

对于每天奔波于自习室和各个活动现场的我，最大的难题当属平衡学习与工作的关系。学习是学生的主业，工科专业的课程任务很重，更让我丝毫不敢松懈；学生工作是我选择的业余生活，组织和参与很多学生活动给了我无穷乐趣。时间，对于我们每个人都是最宝贵的财富，因此，时间管理是我们要学会的第一堂课。我的时间管理秘诀只有一个：把每一分每一秒投入到有意义的事情中。进入大学开始，我每天6：00起床，吃饭、学习、工作、运动、睡觉。那些追剧、游戏、购物等很耗时间的爱好，对于我丝毫没有吸引力。我会抓紧一切零碎的时间学习，有时甚至在晚会现场也会偷偷捧起一本书来看。就连寒暑假，我也会把自己的日程排满，学习、健身，写好下学期的工作计划和活动策划，和一起工作的小伙伴们召开语音会议，讨论活动流程，为新学期的学习和工作做好准备。

大三的课程量大，活动很多，为了完成任务，我每天不得不早上4：00起床晚上12：00睡。但因为对专业知识的兴趣，我依然和几个同班同学组队参加了北京市大学生建筑结构设计比赛，经过一个多月在航模队的起早贪黑，我们最终获得了一等奖。团队成员的精诚合作、精益求精、百折不挠，也深植我心。

大学三年，我的成绩不算优异，徘徊在班里第 5~10 名，于我而言还算满意。我把大部分课余时间投入学生工作，它为我带来了各院系、各行业的朋友，以及综合能力的大幅提升，更重要的是我的每一天都不曾虚度，每一秒都值得怀念！

明年 7 月我就要从这里毕业，去追求我下一段的精彩生活。我从大二时就确立了出国读研的目标，大四这一年我要准备出国申请材料，在保证优异成绩的前提下，参加一些实习活动，增加自己的社会经验，同时学习一些工程软件，为进一步的学习打好基础。对于即将面临的异域生活，我充满了憧憬与期待，并且有信心能够再次用我的激情点亮前行的路。

我很平凡，凭着当初自己一腔勇敢无畏的激情，从不质疑自己能不能行，用一股先尝试了再说的蛮劲儿和不断的摸索学习，获得了思想蜕变。在此，祝愿每一个年轻的北理工人写下属于自己的精彩故事，不留遗憾。这是只有在大学里才有的自由体验，不需要很多成本，也无须惧怕经历失败。因为我们永远年轻，永远热泪盈眶！

无悔理工路　归来仍少年

(2017 届本科毕业生德育论文)

机电学院　任禹名

很高兴也很荣幸能和大家聊聊我的大学时光。今年是良乡校区建校 10 周年。10 年风雨，这里从当初的一砖一瓦变成了生活环境优美、基础设施完善的现代化校园；10 年寒窗，新生也从曾经的书山题海中背上行囊踏上新的人生旅程。看到初入校园的新面孔，让我想起了当年，比如说第一天到这里的时候我曾怀疑过我是不是来错学校了，也曾天真地以为北理工还有医学类专业——制药工程，后来慢慢明白我们制的是炸药。今年有一句特别火的话叫做"愿你出走半生，归来仍是少年"。我在这里走过四年，今天归来重新站到这里，今天的报告是"无悔理工路，归来仍少年"，以此提醒自己感激北理工给我的经历和磨炼，也想勉励我们所有人不忘此时的赤诚和初心。

无悔选择——矢志军工，家国情怀

首先我想谈谈我的专业——弹药工程与爆炸技术，相信听到这个专业名称，80% 的同学第一反应是"哇，好酷"。但是在高考填志愿的时候，我对北理工一无所知，甚至并不知道军工专业是北理工的强项。在我填到第五个专业志愿发愁时，还是当时的同桌建议我报一下理工特色。于是阴差阳错选择并且被选择，我成为实行大类招生制度第一年的武器专业的学生。来到学校之后，才开始对自己的专业慢慢了解，知道了北理工是中国共产党建立的第一所理工科大学，兵器专业在全国排名第一，但是其中也夹杂着"冷门""专业前景不好"等评价，我不禁有些迷茫。但是那个时候谈喜欢或者不喜欢还为时过早，因为一直是从外界接收信息，并没有自己潜下心来真正了解专业。于是大一、大二在学好基础课的同时，我参加学院组织的相关讲座和实践，阅读专业书籍，与老师们交流，去挖掘专业背后的故事。一方面穿甲弹、破甲弹、子母弹、灵巧弹药等词汇让我热血沸腾，另一方面徐更光院士、朵英贤院士对国防科技的热爱和数十年如一日的坚守也让我深受鼓舞，我开始慢慢喜欢自己的专业。大二小学期专业实践，我开始跟随学院的老师做冲击反应材料反应阈值相关实验和研究工作。与传统材料相比，它可以大大提高武器毁伤威力，具有十分强的科学意义和军事应用价值。那是第一次亲手触碰我的专业，从了解课题查阅文献开始，到每天超过 6 个小时的计算、仿真，从并不那么酷而是有点苦的实验，到最后论文的写作和一遍一遍修改。这其中有遇到瓶颈时的山穷水尽，有每天深夜往返实验室和寝室的孤独和单调，但也有得到一个关键数据时的柳暗花明，看到我们的研究成果发表了一篇 SCI 论文的激动和喜悦。这次经历让我对自己的专业有了更深层次的认识和思考。大四保研时，热爱和责任让我选择继续在兵器科学领域不断攀登。

关于专业，第一，要潜下心来去了解它，不要过早地就把自己的专业打入"冷宫"。第二，要敬畏自己的专业，无论军工还是民用、工程还是理论，每一个专业背后都是无数人追求真理的科学精神，更是社会发展和国家进步的动力。第三，如果你找到了自己的"真爱"，那么可以尝试转专业，不要将就，随心而动。

无悔奉献——大气谦和，服务校园

在这四年当中，除了弹药专业，我还辅修了另一个"专业"，也是专业选择之外做得最正确、最无悔的选择——学生工作。相信很多人被大学的学生组织和兴趣社团所吸引。从大一时的二连二排二班班长到 02021301 班班长，从学生会一名普通的干事到主席，可以说我大学的大部分时间和精力都和学生工作有关。

大一时，我自告奋勇竞选班长，想把当时军训中的那份战友情延续，为大家做点什么。开始阶段并不顺利，没有固定的班级，没有固定的座位，没有固定的时间，这些都无形中影响了班级凝聚力。而且不少同学认为，大学里的班长更多的作用就是"小喇叭"，把各项通知传达给同学们就好了。但是我总想多做一点事情，帮助大家订购作业纸，组织集体自习，考前串讲，晚上大家都回到宿舍的时候挨个宿舍走走，和大家谈天说地——我们班的女生很少的优势体现在这里了。那个年代，微信还没有像现在这样普及，重要的通知我会给每一个同学发短信，而且一定要确认每一个人都收到。现在看来这种方式挺笨的，但是当回头看时，短信里面不光是通知，还有节日、生日的祝福，和支书一起讨论团日活动，为了班级野外烧烤和伊犁餐厅的老板娘讨价还价，这些都成为如今美好的回忆。这一件件小事，让班级变得越来越团结、越来越有凝聚力了，更重要的是我在这个过程中也收获了服务同学的快乐。那么，何乐而不为？

由于喜欢和人交流，大一时，我加入了学生会外联部，这让我充满了新奇和向往。记得学长们提到最多的两个字是"服务"，我对这两个字的理解也逐渐深入。大一的时候，我们要举办一场四六级讲座，为了让同学们知道，我和伙伴们连续几天去每一间宿舍和大家面对面地沟通，从最基本的问候聊到微积分作业，从"英雄联盟"聊到四六级改革，一个晚上只能"刷"完两层半楼，嗓子哑了，但是和同学们聊得很开心。直到活动开始之前，其实我们的心里还是很忐忑的，担心没有同学来参加，也担心同学们不感兴趣中途离场。然而当天100多人的教室去了将近200人，而且每一个同学都聚精会神地听讲。那是我第一次感受到服务带来的成就感，觉得服务就是用最真诚最认真的态度办同学们喜欢参加并且能真正受益的活动。

大三我竞选成为校学生会副主席，两年的学生会经历让我思考学生会的本质是什么，同学们真正需要什么。于是我主动接下了最基本也是大家觉得最难以开展的权益工作。做的第一件事是关注同学们对中关村浴室的吐槽。当时只有几个宿舍楼内有独立浴室，其他宿舍楼的同学需要到公共浴室洗澡。浴室问题一直备受关注。我想，如果每个楼内都能有浴室或者大浴室里安装隔板那该有多好。带着这样的小目标，我们在校内及北京其他高校进行调研，通过问卷和面对面采访了解同学们的想法，利用北京高校学生会间的平台了解其他高校的情况，学习其他高校的经验。打电话、发问卷、做图表、写报告，一切都准备就绪，我们联系到后勤集团的陈洋经理，进行了面对面的沟通，他对这个问题和提案非常重视。之后的几个月里我们与分管相关工作的李主任和邓老师多次交换意见，一起商讨方案，向学校提出建议。经过大半个学期，浴室问题终于得到了合理的解决：后勤集团决定两年之内在中关村所有宿舍楼内安装浴室，同时加大对公共浴室的改造力度和服务保障。现在，中关村每一栋宿舍楼内都有了浴室。也许当大家感受崭新浴室的温暖时不会想到背后的故事，但是于我而言，"服务"在我的字典里又多了这样一条解释：为同学发声，维护同学权益，我们的努力可以让这个校园更好，让我们自己更好。

学生工作的广阔平台也给我提供了走出去的机会。大四那年对我来说不仅仅是服务同学和校园，更是去服务国家、贡献力量。去年的9月30

日，我作为志愿者参与了向人民英雄纪念碑敬献花圈活动，当天的任务是接待部分参加活动的部委领导。提前一周，每天晚上都要去模拟彩排，在地上定几百个点位，结束时再一点点拆掉，短短几天收获的不仅仅是和国家领导人的近距离接触，聆听习近平总书记的讲话，更学到了国家层面上大型政治活动的注意事项和外交礼仪，切身感受到责任和细节的重要性。

大四我担任校学生会主席，为学生工作站最后一班岗。很多人觉得"主席"这两个字自带光环、风光无限，但是主席也是学生会的普通一分子，会早上5：00起床迎接新生，会与大家讨论活动策划，会在深秋歌会当天的凌晨反复和设备商对接，会为各种头条赶工加班，也会为批评烦恼，为夸赞喜悦。在我看来，"主席"这个词不代表职位的高低，而是意味着责任的大小。

这里我想给大家讲三个跟学生工作无关的小故事。一天晚上，我乘坐地铁从中关村回良乡，有两人吵得面红耳赤，甚至有大打出手的可能，周围的人都保持沉默，我上去把两人拉开，陪着其中一位大哥聊了一路。去年春天，我在海淀公园看到一位坐着轮椅的奶奶被卡在路边，便上去询问情况，老人年纪太大说不出话，过了一会儿老人的女儿出现说刚才自己去上厕所，母亲有老年痴呆腿脚也不好，就把母亲的轮椅卡在路边。老人紧紧抓着我的手，我知道她想让我多陪她一会儿，就蹲在地上和她聊天，我在她眼里看到了笑容。出于情谊，出于责任，大学四年期间我每个假期都会组织高中的班级聚会，这个传统一直没变，42人的班级每次都会去30多人，这是我大学期间很自豪的一件事。所以四年学生工作给我的不仅是经历和故事，更让我学到了一些书本上学不到的能力和潜移默化的处事方法，让我在这个喧闹又寂静的时代敢于发声、敢于担当。

无悔奋斗——广阔天地，大有作为

最后再回到专业，给大家讲一个弹药专业的基本概念。常规的弹药主要由两部分组成：战斗部和引信。战斗部是用来毁伤打击目标的，而引信则是控制战斗部的关键部件，它告诉战斗部什么时候应该起爆，什么时候不能起爆。可见引信是弹药真正发挥威力必不可少的部分。大学生活中的引信是什么呢？是时间管理。大学是我们人生中最后一个时间十分充裕且可以自由支配的阶段，根据自己的目标，学会管理自己的时间很重要。我很少追剧，也不玩游戏，业余大部分时间都划归学习、科研和学生工作，这也让我在学生工作做出成绩的同时，获得了保研资格。大学是唯一一个也是最后一个我们可以低成本试错、高利润收获的阶段，希望大家利用有限的时间不断挑战、勇敢尝试。

今天的我站在这里侃侃而谈，但曾经的我站在公共场合说话也会紧张脸红、手足无措。我曾经报名参加演讲比赛、"青马"课程设计大赛、时事论坛等活动锻炼自己。大一我参加过深秋歌会；假期做主持人赚到第一桶金；去过井冈山，在十几所学校的实践团前发言；成长就是在一次次经历中积累沉淀。也许少了一些休闲娱乐的时间，但换来的是视野的开阔、格局的提升、阅历的丰富、无悔的青春。

习近平总书记说，人类的美好理想，都不可能唾手可得，都离不开筚路蓝缕、手胼足胝的艰苦奋斗。青春是用来奋斗的，奋斗的精神永不过时。北理工给我们提供了无限的可能和机遇，广阔天地、大有作为，希望大家带着少年的初心梦想、青年的远大志向、理工人的奋斗品格，书写一段无悔的青春之歌。

越过一座座山丘

（2018届本科毕业生德育论文）

人文与社会科学学院　　肖剑桥

当我开始写下这段文字的时候，我的心情很复杂，依恋和不舍在拉扯着我的衣袖，让我不要纵身跃入回忆的旋涡。还记得四年前那个盘坐在操场上的"飞虎队"队员，津津有味地读着《大学　青春　人生》，畅想着自己的大学生活，像投入了棉花糖般的云朵，柔软、幸福，却又有一丝看不清前方的不知所措。现在，我从阅读者变成了执笔人，回首大学本科生涯那一个个劫、一道道坎，确乎有一种过眼云烟、笑泯恩仇之感。

大学四年，我有幸与一首歌结下了不解之缘。"想说却还没说的，还很多……"当李宗盛略显沙哑的声音响起，我的思绪又回到了那一个个悲伤的、喜悦的、挣扎的、奋斗的不眠夜。回首大二上学期的深秋歌会，我作为校学生会的工作人员第一次听到这首《山丘》就深深地爱上了它，从此，它不仅仅是深秋歌会的主题曲，更是我大学生活的主旋律。我可以骄傲地说，我的大学是成长的四年，是奋斗的四年，是"千磨万击还坚劲"的四年，是越过一座座山丘的四年。

大一：不知疲倦地翻越每一座山丘

最令我怀念的时光是大一，最想怀念的是单纯。

单纯是一种一厢情愿，因为你对别人敞开心扉、毫无保留，所以你期待别人也对你真心实意、没有隐瞒；单纯是一种不知所畏，面对一切困难都能够迎难而上，欲与天公试比高；单纯又是一种有所敬畏，一切规定和要求都是一种权威，逼迫自己自律，鞭策自己不可松懈。也许这种单纯很傻、很天真，但我很感谢当时的我怀揣着这样的单纯，在大一时期为我的大学生活打下了一个好的基础，它让我在大一不断尝试的过程中从不放弃，总是能善始善终地做好每一件事，让我的尝试变得有意义，从而做出在当时看来的最优选择；它也让我在人际交往的过程中碰壁，给了我一个又一个教训，让我从中醒悟，像一片砂纸不断地打磨着我的棱角。

在一次次尝试和碰壁的循环反复中，我结识了大学四年最知心的朋友，没有之一。我结识了指引我走过大学道路的两位学姐，虽然她们并没有在我翻山越岭的过程中一路相伴。我更倾向于单枪匹马独自作战，但在我最孤独无助、想要缩成一个球从山腰上滚下去的时候，是她们向我伸出援手。我真的是一个幸运儿，不在于我有很多陪我走平路的朋友，而在于我有几个助我涉险的贵人。现在想来，这种幸运固然带有一丝丝上天的眷顾，但更多的是我以心换心、无畏奋斗的结果。

当然了，大一生活不仅只有奋斗，也充斥着新鲜与快活。第一次室友夜谈、第一次写下积分符号、第一次递上校学生会办公室报名表、第一次获得大学奖学金、第一次在深秋舞台上唱歌、第一次送她回宿舍……我永远忘不掉大一时在校学生会办公室的日子，有主任庇护的踏实，有共事好友的陪伴，大家总是不约而同地在例会前早早来到学生服务中心的406，只为多一些"谈笑风生"的时光。

我的大一时光是单纯的，因单纯而不知疲倦，因单纯而不断尝试、无所畏惧。

大二：向命运的左右，不自量力地还手，至死方休

大一期末，我做了一个影响我整个大学轨迹的决定——留任校学生会。

与众多参加面试却没有留任的小伙伴相比，我十分庆幸，但是我的起点并不高，只是副部长。对于从小到大都争强好胜、很有主见和想法的我来说，这是一个挑战——如何在这个岗位上实现我自己的价值和志向的同时，又能够听从同年级正部长的安排，把握好正副职之间的度。最开始的冲突是不可避免的，我也曾一度想过要退出和放弃，但我对学生会的热爱（当然还有挚友和学姐的开导）指引我继续坚持了下去。我之所以留在学生会，是为了服务同学、为了实现我的理想和抱负、为了传承我热爱和信仰的理念。渐渐地，我重新找回了在校学生会工作的感觉，并且比其他人还要积极、努力、谨慎，日常工作我力求完美、大胆创新，大型活动我尽职尽责、苛求自己突破极限。在一年时间的检验中，我为自己攒足了经验、赢下了口碑，在与命运一次次还手搏击的过程中我悟到了：当我还能分散精力去体会自己"累了""不行

了"的时候，那一定是自己还没有竭尽全力。我认为我最大的成就不在于赢得了多少机会和荣誉，而是在于我的部员们像我信任我的主任一样信任我，我教给他们的工作、学习技巧被他们接受、运用，我传授的一些经验对他们有所帮助。那一刻，我觉得我的所有付出都是值得的。

我的大二生活的确是以学生工作为主，但学习也并没有落下，从大一排名的 37.5%、27.1% 到大二的 14.6%、11.5%，我在学习上始终没有放松对自己的要求，也从来不把学生工作的忙碌作为自己可以不去努力学习的借口。除此之外，学校的"世纪杯"、学院的暑期社会实践、本科生学术论坛，我都参与其中、得心应手，忙得不亦乐乎，这不仅得益于我大一时期不知疲倦的各种尝试，也有赖于大二期间不断突破自己的"不自量力"。学生工作也好，科研学术也罢，都是在考验我的抗压能力。如果说大一是在小土坡上浅尝辄止，大二就是在盘山路上负重前行。加尔文的先定论只能成为懒惰者的借口，束缚不了不甘命运的人前进的脚步。如果想实现自己的抱负，就在命运面前不自量力地亮剑吧！

更值得一提的是，2015 年 12 月 29 日，我光荣地加入了中国共产党，成为一名预备党员。

我的大二时光是不甘的，因不甘而不懈，因不甘而终不悔。

大三：越过山丘，虽然已白了头

这一年我在校学生会还是副职，只不过由副主任变成了副主席。

刚就任时，这种感觉有点儿不适应，我的工作内容从办公室档案组这一小部分变成了分管校学生会内联部、学习部以及良乡学生会的整体运作，工作任务也由具体事务变成了顶层设计、统筹规划、人事调度等各个方面，很多事情由别人做主变成了自己做主。职责的飞跃让我在校学生会的工作上投入了大量的精力，我也很快由那个整理各部门会议记录的"小文秘"变成了出访人大、北航等高校的"带头人"。但对我来说，副主席的工作可绝不是指点江山，它意味着更多的责任和担当、更多的热爱和坚持。活动临时取消时，我和我的部长们坐在一起，有泪一起流，有苦一起扛；赛程中出现纠纷，场面一度出现冲突时，我沉着冷静，成功化解矛盾；我更忘不了深秋歌会前夕，我们几个主席团成员在体育馆地下室二层拆开将近 3 000 个手指灯的包装，按照颜色分门归类，有的主席手指拆破皮也从未停手。现在想来，所有的付出都是为了问心无愧，所有的奉献都是为了兑现"大气谦和，服务校园"的承诺。

这一年最难忘的还是学代会。

2017年3月底,"2017.03学代会"这个文件夹诞生了。已经四年没有召开过学代会,让我们这届主席团的筹备工作步履维艰,没有任何往年的文件电子版存档,没有任何一个在校本科生开过学代会,在从无到有的过程中,近千个文件都倾注了我的心血。我作为组织组的组长,不仅要把推选流程、选举办法的内在逻辑这一最关键的部分吃透,还要负责起草编排各类会议文件、联系各学院组织选举,以及协调学代会筹备委员会内部的工作。我愿意把每一本我能拿到的材料、每一个高校的文件当作"教材",将近三个月的时间里,我的"教材"越积越厚,也越吃越透。大大小小的十几个会议、无数的会议材料,每一次修改都是牵一发而动全身,修改材料到凌晨两三点是家常便饭。每次在我接近崩溃边缘的时候,我都会想起我的主席——他是我信任和崇拜的榜样,是我的精神支柱,他要承担的责任和任务比我更加繁重,他都没有崩溃,我又有什么理由崩溃?学代会两天日程间,我一夜没有合眼,仍在为了第二天常代会第一次全体会议撰写发言稿,三个月的不舍昼夜,这真的是最后一次为它披星戴月了,在渐渐模糊的意识中,拿破仑的金句"最困难之时,就是离成功不远之日"激励着我再一次地突破自己,越过了最后一道山丘。

三个月的筹备,我从不畏缩、从不后悔,我知道这是我人生中的挑战,是我大学期间的"最高山丘",这更是我服务同学的最好机会和平台。学代会召开的意义是什么?就是让同学们参与学校事务建设,进行自我管理、自我服务、自我教育和自我监督,这是为同学自己谋权益的最好渠道。作为一名学生干部、一名学生党员,我一定要把这个机会和权利交给每一位同学。近几年来,社会上抨击高校学生会的声音不绝于耳,但我要用我自己的行动告诉他们:北京理工大学学生会从不养高高在上的"学生官",只出服务同学的"孺子牛"。

如果说大二生活是以学生工作为主,那么大三,学生工作是我的全部,我的成绩在这一年确实不可避免地有所下滑,但对学术实践等方面我依旧要求自己保持惯性。我很珍惜参加学院第十届天桥暑期社会实践团和黄冈实习实践团队的机会,在这两个月的实践生活中,我体会到了组成这个社会无数个细胞的温度。"民族复兴、国家富强"不是一句空话,而是需要我们当代大学生不停奋斗的理想信念。

2016年12月30日,我如期转正,成为一名正式党员,重看党章党规,重温入党誓词，不忘入党初心，继续奋勇前进。

大学生活中最充实的就是大三，现在回想起那夜半时的煎熬、寒风中的轻播、那光影里的呼啸、落幕后的祈祷，嘴上浮现的只是淡淡一笑。越过山丘，虽已白头，皆成过往。

大四：嬉皮笑脸面对人生之难

每个人上了大四都要面对自己的未来，我也不例外。

得知自己的综合排名差一名就可以保研时，我正在为下午的研究生支教团面试做最后的演练，我的朋友给我发来微信说："剑桥，最后一个保研的同学就排在你前面一名！"

这个结果令我有些意外，我的成绩算不上第一梯队，但未承想离保研只有一步之遥，情绪不禁有些低落。我突然想到了三年前和辅导员李志鹏老师的一次交流，从他那里得知了研究生支教团的项目，当时的我就暗下决心，为之而努力，今天的我马上就要达成这个为之奋斗三年的目标了，何必被一个"意外之喜"所烦忧。

"哈哈，幸好这个'幸运儿'是我，要是那些立志保研的同学，可太难受了！"

"你怎么这么看得开？"

"因为我知道自己的定位，我知道我想要的是什么。"

明确自己的定位，知道自己想要什么，是我的父母一直以来教给我的理念。

临近毕业，很多同学找到了高大上的实习，拿到了名企名校的录取通知书，让我的心也十分躁动。对于几年后是留京发展还是回家工作，我也陷入了迷茫。2018年寒假回家，我和父亲深夜长谈，他还是坚持对我一直以来的教育方法，让我自己决定、做自己想做的事，但我在这件事上犯了难：留在北京，先不说何时能够出人头地，现实的问题和困难就可能让人承担不起；回到家乡固然较为安逸，但不在北京拼搏是不是一种懒惰和逃避？其实在这个问题上，我到现在也没有定论，现在思考可能为时过早，顺其自然、从容应对，答案可能水到渠成。

大四的我也没有离开学生工作，继续担任校学生会常代会主任的职务，也许是为了老主席的期待和嘱托，也许是为了不负自己三年的努力，也许是为了继续发挥余热，给自己一个服务同学的平台，总之，我选择继续坚守在我爱得最深沉的学生工作岗位上，做一个默默的守望者。除此之外，担任了人文学院2014级本科生第一党支部的宣传委员，在这个年轻的支部里，我协助支部书记开展各项支部工作，始终不忘自己的党员身份，为支部里的党员和入党积极分子们树立了良好的榜样。

大四更像是我大学时光的沉淀期，越过一座座山丘，重看过往，挥手淡然一笑，遥望前路，乐对人生之难。

大学四年，我有很多的遗憾和后悔。遗憾课堂上的漫不经心，遗憾没在图书馆借阅过几本书籍，遗憾没有谈一场像模像样的恋爱，遗憾没有给她一个坚定的拥抱，后悔我粗鲁的言行对几位同学的冒犯，后悔我的有恃无恐让我失去了一段珍贵的友谊，对于这些我将抱憾终生。

大学四年，我也有很多的人要感谢。

感谢我的父母一直无条件地支持我、关心我、鼓励我，他们始终是我的内心最柔软的部分，也是让我变得坚强、不断超越自我的动力。

感谢我的母校，为我提供了学习、生活和成长的平台，感谢一直以来帮助我成长的领导和老师，是你们为我的大学生活指明了方向，给我提供了一个个难能可贵的机会，成就了我的今天。

感谢我的挚友和两位学姐，在我最困难的时候拉了我一把，我想，真正的朋友就是从来不用一份承诺，却也依然真心为我。

感谢我的三位室友，我们的相识、相聚、相融是一种缘分，四年来，你们一直是我的倾听者，是我学生工作道路上的坚定支持者，包容我、体谅我，纵然毕业后天各一方，我也相信我们的友谊地久天长。

感谢四年来和我一同在校学生会共事的兄弟姐妹，也许我们现在已不常联系，但想起那段为了同一个目标而忘我奋斗的日子，真的会感觉：有你，真好。

同样，我也要感谢那些痛苦和折磨的日子，感谢那些掩于岁月的怨恨和秘密，有了你们我才变得如此坚韧不屈、百折不挠。

或许，我还要感谢一下过去的自己：是你在初冬刺骨的寒风中坚守体育馆二楼，是你在漫漫长夜中背完了经济法的全部内容，是你在搬那箱车站迎新的物资时坚决没有松手，是你在即将说出那句最伤人的话时忍住没有出口，是你在面对无数困难的时候"咬定青山不放松"，练就了一个"千磨万击还坚劲"的我，达到了"任尔东西南北风"的境界。

本科四年的故事到此进入了尾声，新的奋斗篇章仍要继续唱响，在完成一年的支教任务后，我还要回到熟悉的母校、熟悉的良乡、熟悉的学院、熟悉的丹枫。人生就是这样一个不断翻越山丘的过程，每次都要挑战新高度，攀上新境界，最终登临绝顶、一览山小。

其实我最爱的《山丘》是深秋歌会版的《山丘》，它对青春有着不一样的演绎，就用它为我的大学之路画上句号吧。

风将叶萧萧散落/又再次回到深秋/即使它飞向那个远方/也在记忆回响/我们轻轻唱着/每逢想起觉得/也值了

也许我们早已成熟/也永远年轻/也期待从今/因为我们不愿只做黄粱一梦/谈起热爱而无欲所求/恳切的眼眸/相视后相拥/不论成败地唱过

每一次深秋/又见深秋/才发现青春不朽/年年等候/时将我待的轮轴/花开一次落也不朽/适逢秋雨对我说

难舍深秋/怕有天白了头/真情长留/不想散场的哀愁/别说记不得这一次是谁给的拥抱/在什么时候

北理工的四个夜晚

(2019届本科毕业生德育论文)

光电学院　李中石

我是李中石,是光电学院2015级本科生,也是一名研一新生,本科期间曾担任校学生会副主席,现在是一名学生党支部书记,很荣幸能和各位聊聊我的大学时光,将自己成长的点滴和大家分享。如果从2015年9月8日算起,我已在北理工度过了1 507个夜晚,四年的故事太多太长。那么不妨找四个难忘的夜晚吧,希望用这四晚勾勒出我四年的北理工情怀。

2016年11月12日21:30,在综教演艺厅里,由我主持的第41届深秋歌会正在火热进行。一年来,除了主持,我还尝试了很多新鲜的活动。是的,和大多数同学一样,初入大学的我也是迷茫的。面对从未有过的"放养式"管理和大把的自由时间,很少有人能做到目标明确,冷静且清醒地朝着一个固定目标去努力。但这并不可怕。在新的生活节奏下,我给自己定下了"多尝试、广发展、深探究"的思路,积极参加比赛、体验活动、锻炼本领,感受快乐。努力做到每个方面都懂一点,并争取在某个方面懂得多一点。事实证明,这样的思路为我的发展打下了一个比较广泛的基础,也让我的大一充实而丰富多彩。

大家从高中迈入大学,正如一只羽翼未丰的雏鸟离开了温暖的巢穴,突然面对着无限的蓝天白云,向往着自由,但一时又手足无措。手足无措又怎样?那就上下求索。当时的我也许不能清醒地知道自己未来将要做什么,但至少不愿浑浑噩噩地度过大学生活,更不愿让人生中珍贵的四年重复在宿舍、食堂、教室的回放里,将来难免令人叹息。摸索带来的便是忙碌,大一的我是校学生会办公室的小干事,也是京工演讲团的一名业余主持人;是递交了入党申请书的积极分子,也是为班级出谋划策的宣传员。许多早出晚归的日子中,我都会告诉自己,忙碌换种说法也是充实。不要害怕忙碌,事实上,我的组织、合作、表达等能力都得到了初步训练，在课业任务、学生组织和兴趣爱好之间的协调也让我更加抗压，更加善于面对多线程任务的处理。当然，我也没有忘记身为一名学生的主要任务。初入大学，课业的难度、深度和自主学习的要求都让我一时难以适从，在这种情况下，我努力保持着良好的听课和笔记习惯，课下充分利用时间勤加练习。

第二个夜晚是2017年8月20日4：30。那时的我正在中关村校区北门把迎新物资装车准备出发，迎接新一批北理工人的到来。人的精力是有限的，我们总要慢慢从四处尝试转向一个渐渐明确的目标，这也就是成长。就这样，我决定留在校学生会，大三、大四又继续连任了校学生会主席团成员，也光荣地加入了中国共产党。你们是不是觉得，"共产党员""学生干部"也许听上去是认可、是机会，但是我更觉得是责任、是要求。如何真的做到"一个党员一面旗帜"，如何能让学生会"大气谦和、服务校园"，其实是对我的更高要求和更大挑战。

学生会这个地方是我本科四年的重要组成部分。我大一加入的是学生会的办公室。这个部门并不直接面向同学们举办活动，我们的任务是保证学生会这个组织的高效运转。那时，我和伙伴们审批了数不清的批条，整理了数不清的物资，在每一个服务校园的活动背后默默奉献着。我们还首创了办公技能小课堂，从写作技巧、Word应用和PPT制作等方面对同学们进行入门培训，广受好评。大三以后，我的思维层次也逐渐提升，我开始思考学生会到底是什么，同学们真正需要的是什么。于是，我们为学生骨干强化章程意识，编写了工作手册，让行动有章可循；我们不断完善品牌活动，用深秋歌会、荧光夜跑等文体盛宴点亮校园；我们推行"开门办校会"的理念，打通信息渠道……如此种种。所谓服务校园，便是用最真诚的态度办同学们喜欢参加并且能受益的活动。看着自己的微薄之力让周围变得更加美好是一件快乐的事。

学校广阔的平台给我提供了走出去的机会。2018年，我经过重重考核入选"首都大学生英才学校"和团中央全国"青马工程"，在更高的平台去服务国家，贡献力量。在"一二·九运动"纪念亭、中韩青年论坛、中非论坛、国庆庆典等活动中，我践行着初心使命……这些难能可贵的经历都让我进一步认识了祖国社会之辽阔、基层天地之广阔、理论信仰之壮阔，让我的心智更上一层楼。这样的历练不仅让我增长了见识、提升了自我、收获了幸福，更拓展了我的视野和胸怀。我想，我们都应有一些课本和校园之外的"心事"。我们生逢其时，就不能也难以把自己和他人、国家、社会割裂开。

在这个喧闹又寂静的时代，我得担当，得有作为。而想必每一位同学踏入大学校园都会对即将到来的大学生活摩拳擦掌，那么就不要顾虑，不管你有什么样的梦想，都请勇敢去尝试、去追逐，一定会有收获。

第三个夜晚是2018年12月21日23：00，考研前夜，我抱着厚厚的一摞资料走回宿舍。我不禁回想起100天前，看着身边早已复习了小半年的同学们，我才刚刚上网查考试大纲。因为原本信心满满能够保研的我跌了个大跟头，意料之外地与保研资格失之交臂。那段时间是迷茫的，我查询过弱势学校的弱势专业，我去过招聘会，我报过选调生，我甚至提前开始做来年备考。但迷茫之后，我选择了勇敢面对。在那100天里，我度过了大学四年最紧张不安也是最紧锣密鼓的一段学习时光。即将熄灯的校园是我的战场，堆成小山的草稿纸和用光的一把把笔芯都成了我的武器。中关村南大街每天早上泛红的朝霞、夜晚渐渐升起又落下的星空都被我尽收眼底。

我是学光电的。记得在做光学工艺实习时，我们曾亲手体验了一块光学玻璃从毛坯变成透镜的蜕变过程，那便是磨砺。三个月后，当我看到超出复试线113分的考研成绩时，当我取得初试复试都是专业第一名的成绩时，所有的磨砺也都成了财富。每个同学现在都是一块玻璃，将来一定会成为不同的光学元件，在不同的仪器上熠熠生辉，但磨砺的过程是痛苦而无法抗拒的。我们也许会沉闷，但绝不沉沦；也许有迷茫，但绝不迷失。还有一句话，凡所过往，皆为财富。

第四个夜晚是2019年的5月10日21：00，我被评为了第八届青春北理年度榜样人物。捧着奖杯，我深知这荣誉绝不属于我一个人，它是学校的培养和老师的鼓励，是同学的包容和朋友的并肩，更是四年间校内校外无数人的爱与被爱。站在领奖台上，我有点激动，也有点凌乱。我不禁回想这四年究竟对我意味着什么。这四年里，我积极让自己在思想上更加进步；这四年里，我坚信实践的重要性，不断拓宽视野；这四年里，我努力尝试着学生工作的新突破，为进入更大平台不断磨炼；这四年里，我不断提升学业水平，先后获得五次学业奖学金；这四年里，我广泛培养兴趣爱好，两千人毕业晚会、国家大剧院合唱舞台都有我的身影……这四年有激动，有泪水，有快乐，有拼搏，有荣誉，有挫折，有心满意足的美好，也有不尽如人意的遗憾——我感谢这一切。我始终记得，光电学院最受人爱戴的周立伟院士曾亲切地鼓励我们成为有品德、有学问、真材实料的人才，虽然不知道能不能实现，但是我也想跟周院士一样，在一步一个脚印的人生路上，留下爱国、奋斗、追梦的闪亮足迹，把小我融入大我，把青春献给祖国！

　　北理工给我们提供了无限的可能和机遇，鼓励我们去勇于尝试、勇于探索、带领我们去拥抱社会、开阔胸怀，笑对磨砺、感谢挫折，朝着未来肆意翱翔。希望未来怀揣北理人的情怀与志向，把北理工自己独有的"延安根、军工魂"铭刻在身，书写属于我们的新的精彩篇章！

共克时艰，北理工学子有担当

（2020 届本科毕业生德育论文）

机电学院　寸辉
自动化学院　黄腾

我是机电学院的寸辉，很高兴能和自动化学院 2018 级博士研究生黄腾一起向 2020 级"萌新们"分享北理工学子的抗疫故事。

2020 年伊始，那场突如其来的新冠肺炎疫情，相信每位同学都不会忘记。病毒突袭而至、来势汹汹，各省市自治区相继启动公共卫生一级响应。我们每个人都感受到了生命安全和身体健康的威胁。面对突如其来的严重疫情，中国人民风雨同舟、众志成城，构筑起疫情防控的坚固防线。北理工学生党员也把投身疫情防控一线作为践行初心使命、体现责任担当的试金石和磨刀石，齐心协力、共克时艰。我和黄腾同学，就在他们之中。

还记得 2020 年的除夕，我和父母在老家过年，大年初一早上 8：00，急促的电话铃响了起来，我妈妈在医院负责感染防控工作，她接到了县卫健局的电话，要求下午 2：00 参加国家卫健委紧急召开的电视电话会议。来不及和亲戚道别，我们一家匆匆忙忙踏上了回家的路程。

大年初二晚上，我爸爸作为扶贫驻村第一书记，因为布置开展堵卡、消杀等防疫工作，没有回家；我妈妈，因为处置医院出现的一名从武汉返回且有发热症状的高度疑似病例，没有回家。谁都没想到，这一天分别后，再和父母见面竟是近一个月之后了。就在那个晚上，我真切地感受到父亲作为基层党员冲在脱贫攻坚和疫情防控第一线的决心和母亲作为医务人员治病救人的医者仁心。我爸爸作为单位派驻勤劳村的第一书记，驻村开展脱贫攻坚工作已经两年多，为勤劳村引进奶水牛养殖技术、开展爱国卫生运动、打造展示文化墙，顺利带领勤劳村脱贫。我想，自己的父母已经在疫情防控一线奋力工作，作为北理工学子，特别还是学生党支部书记，我也要为疫情防控阻击战做出自己的努力。

2020年2月14日，在回到家满14天之后，我第一时间报名参加抗疫志愿服务。得知我要离家参加志愿服务的时候，一直连续高强度在一线工作了十多天的父母却犹豫了，他们担心我在工作中会接触到高危人员，担心任务多、工作累。我宽慰他们："你们已经那么优秀了，作为孩子我自然不能太差！"我说服了父母，毅然来到了云南省大理州鹤庆县红十字会，协助抗疫工作。

每天接收爱心人士、企业的捐款捐物，统计、整理数量巨大的捐赠物资，到医院和乡镇村委会发放抗疫物资，成为我的日常工作。受赠的物资有超市捐赠的矿泉水、牛奶、方便面，有面包店老板用停店前最后一点存货专门为医护人员烤制的美味面包，还有爱心企业费尽周折从国外带回的数十万个医用口罩。

有一笔特殊的捐款，我现在回想起来还是非常感动。2月19日下午，一个9岁的小女孩牵着爸爸的手，一蹦一跳地走进红十字会办公楼。那个小女孩在新闻上看到新冠肺炎疫情报道后，决定将自己积攒多年的1 126元压岁钱全部捐出。尽管家庭条件并不是很好，平时家里只能靠爸爸打零工维持生活，但是她也想用自己的方式、尽自己所能为疫情防控工作助力。为此，我们在红十字会办公楼前举办了一个特殊的捐赠仪式，接收这位年龄最小捐赠者的善款。一位在农村长大、家里并不富裕的小学生竟然有如此强的社会责任心和爱国之情，深深激励着我要把抗疫志愿者工作做好，在特殊时期为国家、为社会做出自己的贡献。

分发抗疫物资是我的主要工作之一。有一天，我们的车队在弯弯曲曲的山路上行驶了50分钟之后，来到了勤劳村——我爸爸驻村工作的地方。虽然距离堵卡点还有些距离，但我还是一眼就找到了脊背已经略微弯曲的爸爸。见面时，他急忙把撒石灰用的手套脱了，在自己衣服上使劲擦了擦手，然后抱住了我这个已经大半月没见到的孩子。来不及和爸爸有更多的交流，我又得出发继续工作，临走时，爸爸拉着我的手说："工作别太累了，一定要戴好口罩保护好自己，等疫情控制下来我就能回家看你们母子俩了。"短短几句话，让我泪崩了。父亲作为一名共产党员，冲在人民最需要的地方，为脱贫工作殚精竭虑，为疫情防控起早贪黑。千万医务人员、部队官兵、社区工作者、下沉干部、志愿者一直奋战在抗疫一线，我一定要学习中国人民伟大的抗疫精神，发挥党员模范带头作用。

大学 青春 人生——第二篇 大学道

我是自动化学院的黄腾，接下来，我想和大家分享一下我自己和身边党员同志们抗击疫情的故事。

我是一名博士生，大年初二我就返回实验室完成科研。完成任务之后，疫情也到了最为严峻的时候，为了不给社会添麻烦，我放弃和家人团聚，留守学校。

疫情刚开始的时候，家人朋友都很担心我，觉得我一个人在学校，连个说话的人都没有，万一出了事情都没有人帮衬，纷纷劝我找机会马上回家。本来经历过"非典"的我是一点都不担心的，但是被问得多了，再加上媒体上有关疫情的报道，我渐渐地感到不安。我悄悄囤了两箱泡面，20多桶矿泉水。而事实上，学校在抗击疫情中的种种举措，证明我的担心是多余的。在校门外，保安24小时坚守，严格检查出入人员的身份信息与健康状况；食堂管理也很严格，不仅要求进出的师生佩戴口罩，相互保持距离，将食物打包带走，还在出入口设置关卡，测量体温，配备专门的医护人员，应对突发情况；校园内，有许多辛勤劳动的后勤人员，定期对校园环境进行消毒，更别提每天准时为我测量体温的宿舍楼管，以及每周准时发放口罩的学工部老师；学校各部门人员都在坚守着岗位，用自己的方式默默地守卫全校师生的安全。

在留校的日子里，在疫情攻坚的关键时刻，自动化学院党委成立了留校生抗疫临时党支部，我被选举为支部书记，带领支部党员同志积极参与院校两级疫情防控的志愿服务工作。

为了保证在学校隔离点的同学每天吃上热腾腾的饭菜，我们把"小黄车"用作每日的交通工具，以"无接触外卖"的方式，让刚出锅的饭菜7分钟内到达隔离点同学们的寝室门口，并且每天记录隔离点同学们的伙食，确保营养的均衡。此外，我们还根据同学们的需求，帮助同学们采买卫生纸、矿泉水等生活物资，累计配送伙食、物资等42人次，保障了同学们在自行隔离期间的饮食和生活。

"停课不停学"，但同学们很多物品都落在了学校，影响到了学习。为了满足同学们在家对于学习资料的需求，我们克服了疫情防控期间快递公司不接单、运输慢等难题，帮助同学们寄送单片机、电脑、身份证、录取通知书、成绩单等物品80余件。此外，支部党员们平时也走进宿舍，和在校同学聊天谈心，配送防疫物资，发放慰问品；组织同学们一起进行劳动节除草、毕业生行李打包等各项活动。党支部志愿服务时长超过240小时。

作为支部书记，我结合防疫形势，开展线上主题党日活动，以"学徐老爱国精神，做时代合格党员"为题，录制了"书记在线"微党课，分享了徐特立先生在革命低潮时，冒着生命危险入党的故事，号召党员同志，越是在关键时期，越要经受住考验，鼓舞了士气，凝聚了人心。我还有幸受共青团中央的邀请，担任第24届"中国青年五四奖章"的评委，在疫情期间顺利完成了评审任务。在评审结束后，我将中国杰出青年科技工作者的先锋事迹同支部党员分享，号召支部的党员同志们在科研上锐意进取、顽强拼搏，引发了支部成员向五四奖章获得者学习的热潮！

疫情期间，同学们在家上网课，有很多同学很想念校园的生活，于是我便给大家发"福利"：以"疫情大考下的青年担当"为题，录制青年战疫微团课，一方面和同学们分享青年志愿者"大连"的故事，激励同学们，即使在家，也可以结合自己所学的专业知识，为社区防疫积极贡献自己的力量；另一方面，在校训石、孔子像等校园标志景观取景，以解同学们对校园的相思之苦。

回顾疫情期间长达8个月的留校生活，我清楚地认识到，我所做的工作只是一些小事，是防疫工作中最为微小的环节。真正保障师生安全，作为我们一切行动坚强后盾的，是科学的防疫体系、完备的防疫制度和中国特色社会主义制度的优越性。但其实也正是这些小事，让我忙碌起来，支撑我度过这段人生最为特殊的时光。在这段时光，我收获了太多的温暖，学会了如何感恩、如何团结、如何担当，如何尽己所能地去回馈社会，从而同广大青年一道获得人生真正意义上的成长。

面对突如其来的新冠肺炎疫情，北理工学生党员树立起一面面鲜红的旗帜，他们把投身防控疫情一线作为践行初心使命、体现责任担当的试金石和磨刀石，齐心协力、众志成城、共克时艰。

初心耀耀，党徽闪亮，使命昭昭，党旗飘扬！北京理工大学砥砺奋进80年，面向"双一流"建设，培养坚定可靠的青年马克思主义者，培养担当民族复兴大任的时代新人，更需要建设一支彰显新时代昂扬风貌的学生党员队伍，带领广大北理工学子为实现中华民族伟大复兴贡献磅礴的青春力量，努力成长为"胸怀壮志，明德精工，创新包容，时代担当"的领军领导人才。

祝愿北理工学子成长为"担复兴大任"的时代新人。

以青春之我　奉献青春之校园

（2021届本科毕业生德育论文）

徐特立学院　袁祥博

我是2017级徐特立学院计算机科学与技术专业的袁祥博，目前博士就读于网络空间安全学院。历史的车轮滚滚向前，随着我们最后一代"90后"本科毕业，本科的校园已经成为"00后"的天下。很高兴能够和大家一起分享我的大学故事。

实践·感悟

由于从小受到爱国情怀的熏陶，大学伊始，我便向党组织提交了入党申请书，渴望成为一名共产党员。2017年正值十九大召开之年，为了能够对十九大相关内容有更好的了解，我围绕党的十九大报告和《习近平谈治国理政》《习近平的七年知青岁月》等书籍进行研读，并积极与优秀的党员同志交流学习。大二的时候，我在深入学习十九大精神的同时，加入了学院的"十九大精神宣讲团"，将十九大精神传递给身边人。同时，我深化了对国家发展和脱贫攻坚的认识，也意识到大学生需要承担的社会责任。

我曾前往山西方山和山西襄汾支教。在支教过程中，我们将国家发展和科技成果凝练成一个个故事，讲给当地的孩子们听。一个二年级小朋友的一句话深深触动了我，她说："最喜欢哥哥姐姐们讲述的长征故事，非常有趣，我以后也想到北京去读大学，成为像哥哥姐姐一样的大学生，为祖国的发展做贡献！"我们的支教活动受到了农民日报、中国青年网、大学生杂志等媒体的关注报道。2018年12月18日，我加入中国共产党。

相信大家在入学这段时间里已经对徐特立老先生有了初步的了解。徐特立老先生是我们的老校长，毛主席曾赞扬徐特立"革命第一、工作第一、他人第一"。我曾连续两年担任"重走徐特立老院长初心路"实践团负责人，组织开展了一系列实践活动，将徐特立精神传承、发扬。

作为新时代青年的我们，应当不断参与到实践当中去，积累实践经验，厚植爱国主义情怀，听党话、感党恩、跟党走，自觉融入中国特色社会主义新时代的发展格局，融入理想信念，扣好人生的"第一粒扣子"。

尝试·坚持

我们常说"坚持就是胜利"。那么我们坚持什么？每个同学都有自己的答案。有的同学矢志军工，为国铸剑；有的同学驰骋赛场，为校争光。而我选择了奉献自己，服务校园。选择"坚持"这个关键词，是因为不管遇到多少困难和抉择，我都没有放弃。

为了能够更好地服务同学，我并未将工作局限于每次活动的完结，而是更多关注于活动之后的总结反思，为后续的活动奠定更好的基础。通过一次次的反思和总结，活动的效果越来越好，我也获得了更多的提升。还记得大二的时候我修了法学双学位，当时辅导员提醒我，在徐特立学院培养模式下，学生工作和双学位最好二选一，因为人的精力都是有限的，很难同时把这几件事情都做好。在纠结之后，我觉得知识可以自学，但是服务校园、服务同学的机会可能只有一次，所以我放弃了双学位。

大四的我已经取得了直博资格，在很多人看来都已经大四了，没必要再做学生工作。但是在我看来，服务校园和科研工作不应是冲突的，而是相辅相成的。在校学生会担任主席的一年中，我负责了2020年北京理工大学车站迎新活动，根据疫情防控要求，学生会承担接站、测温、行李发放等工作。相信大家入学的时候都感受到了迎新热烈的氛围，但大家可能没有看到这项工作背后的工作量。我们要和各车站提前沟通服务内容，并做好各项疫情防控工作，为新生提供周到的服务；我们要做好行李快递代收工作，妥善安排新生入学第一天食宿；我们要精心准备新生礼包，带给新生北理工特有的第一声问候……

2020年年底，深秋歌会在良乡校区文化体育中心举办，这是一项备受校内外关注的文艺活动。我带领学生会骨干多次进行现场踩点，不断完善舞台方案，拟定活动预案。还记得活动前一天晚上，我们和舞台商不断磋商舞台位置、声音效果，一直到了凌晨2：00舞台才基本完工，而第二天早上8：00又要开始紧张的彩排。同时，为了弥补线下座位的不足，我们利用学校官方B站、抖音平台进行直播，形成了较大的影响力。虽然准备工作非常劳累，但最后为现场千余名师生奉上了一场视听盛宴，让我觉得一切的努力和付出都是值得的。

平衡·奋斗

作为北理工的学子，我一直努力践行张军校长提出的"立志立德、领军领导、学精学深、求同求异、创新创造、国家国际"。我积极参加各项科创竞赛，参与各类社会调研。大三时，我加入密码技术与数据安全研究所，参与国家"242"信息安全专项、国家自然科学基金项目等。

其实当初的我也有过迷茫，迷茫于学生工作和学习的关系。大一的时候因为忙于工作而没有复习，我在"数学分析"月考中仅仅考出了四十几分的成绩，这给当时的我当头一棒，让我开始怀疑自己的能力，怀疑自己是否能够在保证学业的情况下兼顾学生工作。想过退出，也想过放弃！还记得当时我的一位学长告诉我："干学生工作的人只是把别人打游戏的时间用于学习。"这句话点醒了我，我也在最终的期末考试中取得了不错的成绩。

习近平总书记说"未来属于青年，希望给予青年"，希望大家能在学业有成的同时，投身党和人民需要的地方，心怀"国之大者"。时代的舞台正在向我们青年一代开启，我们生逢其时，重任在肩，必须扛起责任，做脚踏实地的行动派、奋斗者，以青春之我、奋斗之姿，为实现中华民族伟大复兴的中国梦贡献青春力量。

大学的学习生活给我们的人生谱写了一段美妙的乐章，她是生动的，更是多彩的；她是实践的，更是有价值的。成长之路，并无遗憾，南山之上种心梅，俯仰无愧花不颓。四年光阴荏苒，我们感激一路上并肩走过的伙伴，感激给予我们帮助的所有人，更要感谢的，是那个遇到困难但又不服输的自己。

第三篇 青春行

把梦想扎根进土壤　于过程沉浸去生长

机电学院　王睿茜

青春是什么颜色的？大学生活又应该是什么样子呢？这似乎是四年前那个夏天里，刚刚迈入成年的自己所困惑的问题。而四年后的今天，同样是夏天，同样还是我，但我想我已经有了答案——青春并不一定要拘泥于选择一种颜色，好好地去享受当下的青春时光，用力地汲取养分，茁壮地生长。回头看时，青春早已是五彩缤纷，成为人生旅途上一幅美好隽永的画卷。

课业学习：坚定选择　风雨兼程

2018年的8月24日，初遇大学，也是我和全英文专业相遇的时候。25日的下午，紧张地参加了全英文的面试。26日，公布全英文班入选名单，而我成功地成了2018级机械电子工程（全英文教学专业）中的一员。现在回想起来，这真的是一个很迅速又勇敢的决定，但现在的我很感谢当时那个果敢的自己。

进入全英文教学专业意味着大学摆在我面前的是全新的挑战。小到标点符号，大到专业表述，我们都需要在英文的语言环境下，从头开始学起。除了语言之外，进入全英文专业也就意味着我们从大一一开始就已经确定了专业，所以大一大二就已经有很多专业基础课程，学业压力也比较大。

但现在回想起来，就像木心在《云雀叫了一整天》中所说的那样："那种吃苦也像享乐似的岁月，便叫青春。"

我还记得在生物考试前背诵着如"Arabidopsis thaliana（拟南芥）"一个又一个长长的名词拼写，记得用英文背诵着化学元素周期表，记得学习编程时第一次运行成功自己写的"Hello World!"代码的惊喜，记得在跨文化交流课程中对多元文化差异的拓展思维，记得线性代数那富有变化性的迷人矩阵，记得工科数学分析课上被老师以"切萝卜片"形象比喻的微积分推导，记得第一次拿着圆轨直尺画工程图纸的小心翼翼，记得电路分析中"等效电压（流）源"简化的优美，记得初遇大学物理时一本1 000多页厚的教材，记得在物理实验中观察到美丽的牛顿环，记得经管类选修课上关于"囚徒困境"博弈论激烈的小组讨论，记得小心翼翼地拿着电烙铁和焊锡，完成几百个焊点后的激动，记得模电搭建电路得不到理想的输出波形时的挫败感，记得理论力学那一个个节点分析的无数个方程，记得第一次感受复变函数从时域到频域转换的意义；记得概率论从简单的概率分布到复杂的参数估计，记得材料力学一道材料分析题需要写满满几页纸，记得机械设计中手算了30多页的减速器参数设计，记得……

这些在当时看起来艰难的日子，最终都变成未来时光中可爱的回忆。也正是因为当时面对困难挑战时，自己的迎面而上，全身心地将自己投入学习之中，才能感受一点点用知识丰富大脑的过程，才能像升级打怪般一次次地提升自己的能力，才能体会每一次面对挑战到战胜困难的"山重水复疑无路，柳暗花明又一村"。享受学习中的每一分每一秒，享受那个全力拼搏的忘我状态，享受全身心沉浸在过程中不断成长的自己！

科研竞赛：勇敢尝试　积极探索

在专业课程学习之余，我并不止步于课堂学习，我希望将理论知识运用于实践之中，赋予知识以新的活力，拓展学习范围，加深知识理解。可以说是科研竞赛，让我成为更勇于尝试、积极探索的自己。从前，我可能面对机会时，总是退缩，觉得要等我准备好了再去抓住它，但机不可失，时不再来，机会并不会等你准备好了再降临。我决定要改变自己这个"面对机会再等等看"的习惯性动作。大学期间所参加的科研竞赛，其实一开始都是抱着先试试看的想法。印象最深的大概是数学建模比赛。从三轮校赛到国赛，再到美赛，时间从2019年的清明到"五一"，再到端午，再到中秋，再到春节。那一整年的假期都在参加数学建模一轮又一轮的比赛。我利用假期时间，广泛查阅论文，与组员们利用学过的微积分、概率统计知识讨论构建数学模型，修改论文模型。中途也一度想要放弃，当假期别人都在出游惬意，而我还在加足马力写论文时，当得知进入下一轮，面临的是来自全国的竞争对手时，还好有队友的加油鼓劲、团结一心、群策群力。一个个假期，从白天到黑夜，从春天到夏天，从秋天到冬天，我和小伙伴们一路齐心协力，从校赛走向国赛，攻坚克难，磨炼了意志，加深了合作，收获了硕果。

大学期间，我曾获第二届国际大学生工程力学竞赛（亚洲赛区）个人赛一等奖、团体赛二等奖，全国大学生数学建模竞赛北京市一等奖，全国部分地区物理竞赛三等奖，美国大学生数学建模竞赛一等奖。科研方面，完成了两项校级"大创"，发表一篇 EI 论文……当现在再回看这些时，这些数字如同一个个的路标，记录学习沿途走过的风景。这些数字终将属于过去，但沿途留下的一个个金黄色的脚印，是我全身心投入学习的见证；这些脚印带着我经历了沿途的美景，也支撑着我一步步地在成长的路上前行。

学生活动：何其有幸 不忘初心

一直觉得我们 2018 级入学的这一批大学生，是最幸运的一代。大学四年，我们遇上了中华人民共和国成立 70 周年，北京理工大学校庆 80 周年，中国共产党建党 100 周年，北京 2022 年第 24 届冬奥会。大学四年的活动，让我拥有了许多难忘的回忆。

2019 年的夏天，骄阳似火，我们的热情也似火。从 7 月底拿着塑料花束，磕磕绊绊地一句句地学唱伴奏歌曲，到 8 月中在暴雨的机场上合唱《我和我的祖国》，再到 9 月在王府井大街上等待着最后的几次连夜彩排，不由自主地哼唱着"总想对你表白，我的心情是多么豪迈"，最后在"十一"国庆当天，跳跃在长安街上，在蓝天白云之下，表达着对祖国母亲最赤诚的热爱和最真心的祝福。

除了参加国庆 70 周年"与时俱进"群众游行方阵，我还参演了北京理工大学 80 周年校庆晚会《军工魂》节目，连续两年加入北京理工大学"思源计划"，担任北京理工大学 2021 年毕业典礼礼仪……这些活动对我而言不仅是记忆中闪闪发光的灯塔，更是润物无声的春雨，塑造着我的品格修养。

正如我所参加的北京理工大学"思源计划"，我心怀感恩，不忘来时之路。在大学阶段的前两个寒假，我都回到高中母校开展北理工的招生宣讲，给学弟学妹们分享自己在北理工的学习生活体会；在宣讲之后，线上我也热心地为学弟学妹们答疑解惑。这是一种缘分，与我第二年回母校一同宣讲的，正是我第一年回校宣讲时坐在台下的学弟学妹，而如今也已经成为北理工的一员。这也是一种传承，将这种"饮水思源"的精神，在一代代北理工人的行动中得到不断传承。

日常生活：多姿多彩　青春洋溢

学习是大学时光的关键词，但不能是大学时光的唯一命题。这是我在迈入大学之前对自己提出的要求。

大学四年，我一直坚持着早睡早起的习惯。早起，让我听到五点多的鸟鸣，看到六点多的晨曦。早起，不仅让我有了清晨安静的读书时间，也带给我多一份的淡定从容，让我更能沉下心去做一件事。早起，让我开启新的也是"心"的美好的一天。我也同样坚持着锻炼的步伐。从一开始打卡1 500米，到后来成为5 000米，不仅我的身体变得更健康强壮，不容易感冒生病了，而且心理也得到了调节和舒缓。每次压力来临或面对挑战，或是遇到困难，我总是习惯去操场跑几圈，看看身旁奔跑的人所散发出的勃勃生命力。跑完步，再看所遇到的烦心事，就能积极而平和地去解决它了。

大学四年，我也读过很多书，走过很多路。我坚持着每周去图书馆读读不同类型的书；我选修了"吉他入门"的实践课，学会了一种新的乐器；我利用假期的时间学习德语，掌握另外一门外语；我在第二课堂也倾听过不同领域大家带来的深入浅出、获益匪浅的讲座；我去参观过老舍故居、国家博物馆、国家美术馆等；我去法海寺欣赏过栩栩如生、精美绝伦的明代壁画；我去国家大剧院听过音乐会；我去十月的香山赏过枫叶……

青春，应该闪耀着活泼的光芒；生活，应该充满着丰富的色彩。

未来展望：以梦为马　不负韶华

"以梦为马，不负韶华"，这是德育开题时我对自己许诺下的期望。大学四年我以此激励着自己，以后我也会一直努力下去。沉浸地投入人生的每个阶段，脚踏实地地追寻自己的梦想，坚持奋斗、坚持思考、坚持热忱，我还是那个迎风奔跑的少年。

回首来路漫漫 矢志初心不改

机械与车辆学院 杨嘉文

杨嘉文，机械与车辆学院 2018 级本科生，机械工程专业机械一班，保研至清华大学机械工程系直博，预备党员。前 7 学期学业成绩、综合成绩均排名专业第一；2 次获得国家奖学金，7 次获得优秀学生奖学金、法士特特等奖学金；获全国大学生机械产品数字化设计大赛特等奖，全国大学生先进成图技术与产品信息建模创新大赛团队及个人一等奖 3 项、二等奖 1 项，全国大学生智能精密装配邀请赛三等奖 2 项，北京市大学生工程设计表达竞赛团体及个人一等奖 3 项、二等奖 1 项，大学生工程训练综合能力竞赛北京市二等奖 1 项、校级一等奖 1 项；获专利授权 1 项、受理 1 项。

大一：青涩未退，成熟未满

1. 明白班长的责任担当

还记得大一的我，坚信自己的大学生活将是丰富多彩的，默默下决心一定要把高中没实现的那些向往的活动都参加个遍。现在想来，那时的我好像有些矫枉过正，从一个极端走向另一个极端。大一上学期我担任了班长、参加了学生会、报名了校话剧团，还参加了三维成图空间，想想当时去面试的路上惴惴不安的心，感觉又可爱又可笑。但是大学不是我想象中的那样。繁重的课业压力迎面而来，让我感到力不从心，于是，我在第一个学期结束时，退出了所有学生组织，只认真地干好班长的工作，还做了一个改变我整个本科生涯的决定——留在三维成图空间，不过，那将是后话了。

大一一年，班长的工作让我获得了很多的管理经验。任职班长期间，我犯过错误，也受过褒奖。说句心里话，班长，真的不好当。上传下达倒是简单，收资料、统计信息，总是有同学没看到，总是需要挨个去催促，总是有各种活动找不到参与的观众。有时我也疑惑我作为班长的价值何在？

这份工作的意义，到了大一下学期我才搞清楚。

大一下学期的德育开题，是我担任班长后得到的第一个"大活"。为这次班会，我可是绞尽了脑汁，协调各个环节、联系人员、制作视频，每天写完作业，就在剪辑视频，一剪就到深夜。我希望能帮同学们记录下这一岁，记录下青涩未退、成熟未满的日子。后来的几年，我也会经常看那份视频，看一看谁的头型发生了变化，看看谁吹的牛还没有实现，谁的计划在有序进展着。在这次班会结束后，如果你再问我班长是干什么的，那我会告诉你：班长，就是让同学生活更好一点的人。

2. 走上"三维"的培养之路

现在想来，真的万幸当时选择留在了三维，可以说这条路走得很顺，没走什么弯路就在专业技能、综合能力上得到了提升；也可以说这条路走得很坎坷，一路走来的挫折困难，多少次让我想就这样不了了之。

为了能参加杨薇老师指导的"先进成图赛"（简称），当时的我可没少下功夫，每周五参加社团开展的大型培训、周末参加社团助理的内部培训、寒假还有挑战满满的大作业。摸爬滚打，我终于从校赛中晋级校队，并作为队长，在暑期留校进行了集训。每每回想起这段和队友们一起奋斗的时光，想到那一张张笑脸、一张张图纸，我的嘴角还会流露出一丝微笑，只因那时的我深深感觉：这里，是家。

为期一个月的培训可以说是剥了我一层皮，看看在回程的高铁上队友偷拍的照片——重重的黑眼圈、消瘦的脸颊、黝黑的肤色，不知道的，还以为我干了一假期的高强度体力劳动呢。也就是这段"折磨"的经历，给了我很宝贵的竞赛经验、学习能力和领导能力。我们这一届恰巧遇上了老教师退休、新教师未到这样青黄不接的时刻，老师们在中关村和良乡往返成本太高，大都是远程指导，学长学姐也忙于学业，只留下我们一群大一的小萌新在综教A座204里自己摸索。什么时候练二维绘图呢？什么难度的三维模型比较合适测验呢？什么样的讨论形式能让大家进步最快呢？这些问题一下子摆到了我的面前。

有时一天画三张图，累得头都抬不起来，每日和队友们一起伴着北湖水面上星星的倒影回寝室。马克思曾经说过："生活就像海洋，只有意志坚强的人，才能到达彼岸。"而这也是我从这次经历中收获的最宝贵的经验。

大二：信念之始，使命之源

1. 感受强国的复兴之路

从宁波比赛回来的我，还没来得及休息，第二天就开始了国庆70周年特别活动的骨干培训。海淀机场穿着雨衣还要背对着雨打来的方向，良乡机场深切感受到日出时温度从寒战到炽热，东单的大道上一坐就是4个小时，操场看台前的地面都被手里的道具染红了，自习时都哼着"走进新时代"，下午两三点钟彼此微信上问候的第一句话是"醒了吗？"，有时候我睡觉前半梦半醒中还仿佛听到——"准备减速"，这些，都是参加这次活动的人才懂的"暗号"。

刚开始训练的时候我很惶恐，因为我第一次当副中队长，也没有带过这么大的队伍，做事不知分寸何在也不知从何下手：发放物资、领取服装、搬运道具、安排队形……

训练中，平时觉得冷漠的人都充满了激情，平时以为高高在上的管理者原来那么平易近人；特别是原来以为抽象甚至遥远的精神要义，而今有了真真切切的感受，爱党、爱国、爱人民，强国、复兴、中国梦……这一切自然而然由衷地涌上心头。

2. 认识使命与担当

2020年年初，新冠疫情来势汹汹，困在家中的我们也惶惶不安，那段日子我每天只能望着窗外那同一片场景。

很快，心中的惶恐和不安被一扫而光。一个个逆行的背影，一道道坚毅的目光，一句句铿锵的话语让我热泪盈眶。"火神山""雷神山"的援建、医护人员的千里奔赴、各省市之间守望相助，让我想到了鲁迅的一句话："无尽的远方，无数的人们，都和我有关。"面对困难，无数中国人为了中华热土将使命担当，在平凡岗位坚守。

就是这澎湃的热血，让我写下了入党志愿书。

大三：成长的乐，蜕变的苦

1. 品尝收获的累累硕果

"全国大学生机械产品数字化设计大赛"这几个字，连我的输入法都已经记住了，直到现在，我仍可以从备赛的那一年中汲取养分，指导我当下的学习生活。从"成图赛"到"数字化",三维成图空间背后的培养体系助力我前进。刚拿到赛题的我们对设计一头雾水,不知从何下手,只能硬着头皮一点点做下去。我愁眉苦脸地盯着屏幕上像玩具一样的模型,每做一下,就怀疑自己一次,感觉自己做的事情很可笑,会让老师们看笑话,会让机械专业的学生汗颜。就在这样反复的挣扎中,我终于"磨"出了一代的虚拟样机。

备赛最关键的时期正好赶上了疫情最严重的时期。我每天一睁眼就想到自己设计的产品还有多少没完成,离截止提交日期还有多少时间,烦躁得不行也不能出门,还好,我有两位可以一同分担的队友和对我关怀备至的老师。备赛遇到困难的时候,我给我的队友们打了通电话,他们知道了我的焦虑后,二话不说就把我的工作揽了下来,还安慰我说:"就算不比也没关系,我们已经很努力了。"杨薇老师也在假期里和我电话沟通,有一次我们聊了三个小时,从比赛聊到疫情,再聊到家庭、心理、未来,虽然我们离得很远,但是心很近。这是比任何特等奖更重要的东西。

返校后,就开始了备战决赛的长跑,我们三个没有接触过设计的"小白",靠着自己仅有的经验一点点摸索。没有老师的指导、督促和建议,我们不可能获得这项荣誉。PPT 是老师一页一页看着改的,文稿是老师一个字一个字审核的,每次模拟答辩一次就是三四个小时,在比赛前一天老师还和我对稿到晚上 9 点。我真心地感谢杨薇老师——我的恩师,在帮助身为学生的我的同时,也关心着作为个体的我,在学习、生活上都给我帮助。能碰上这样一位老师,我很庆幸。

黑暗的时候,真的很迷茫,"放弃"这个选择很诱人,但还是要硬着头皮做下去,内心在挣扎、在撕裂、在毁灭,也在重生。近一年的比赛,让我更加了解自己,了解自己的脆弱之处,了解自己的行为逻辑,了解到:原来,与我并肩的,有那么多人,谢谢你们!

2. 经历蜕变的痛苦淬炼

准备保研的阶段是我最黑暗的阶段,好像所有问题都在这个学期爆发出来。总是反复怀疑自己的履历会不会太简单,懊悔曾经的自己没有更努力,没写过论文,没写完专利,优良率也不是 100%,怎么能和那么多人竞争清华机械系的几个名额……就在这样反复的纠结中,错过了与导师沟通的最佳时期。

机械工程不愧是一级学科,有太多的研究方向让我眼花缭乱,有太多的信息让我瞻前顾后,当时的我就像是一台老旧的计算机,却非要强行运转 3A

的游戏大作，结果就是，每天的我都处在崩溃边缘，逐渐怀疑自己的能力、怀疑人生的意义。

还好这个时候，杨薇老师帮助了我。我不知道选什么专业，她就帮我联系毕业的学长；我不知道找哪位老师，她就帮我一起分析研究；我心情不好不吃午饭，她就叫我出门一起去食堂。她慢慢变成了我在学校的依靠，也成为我的牵挂。

大四：序章已毕，未来已来

1. 沉淀喧嚣的生活点滴

保研成功后，我的世界好像静了下来，树梢上的鸟鸣更清晰了，回寝室的步伐更缓慢了。我可以学习自己喜欢的东西，可以睡懒觉，可以悠闲地在校园里散步，只不过曾经的黑暗还时不时地跳出来试图吞没我，还好我抓住了一根救命稻草——我的挚友孙霄汉。

他去图书馆备战考研，我就和他一起学习，一起去食堂，一起回宿舍，和他在一起说傻话，笑得面部肌肉都抽搐。我在他紧张备考的时候带来了松弛的片刻，他给我孤单的生活带来了热闹的笑声。

来到中关村校区，不知是因为我变慢了，还是周围的人都变快了，大家好像都很繁忙，一走一过的都是为论文发愁的研究生、博士生，为接孩子、做晚饭发愁的老师们，生活变得有烟火气。我认识了很多人。微小型制造所的张之敬教授对我算得上是知遇之恩，张老师如此欣赏我，毫无保留地帮助我，在他身上，我看到了家国情怀，看到了国之大者。赵杰亮教授以后就是我的同门师兄了，作为我的榜样，教导我要严谨认真，对教学、科研都充满热情。

慢下来后，发现曾经纠结的烦恼都算不上烦恼了，也发现，前三年的我跑得太快了，透支了不少生活的热情，迷失了前进的方向。当生活中扬起的风沙遮住眼睛时，不如停下奔跑的脚步，尘埃落定，就能再看清前进的路。

2. 分享浮生的浅浅所思

没想到我也会像我爸一样，感慨时间白驹过隙，但四年也真的过得太快了。这四年，占了我现在为止生命的五分之一，却造就了我百分之百的人格、思想、信念。

有好多的话想告诉后来的人啊！于是在精工书院的邀请下，我写了一篇送给学弟学妹们的文章，也算是我对本科四年的提炼和总结。学习方法、学习能力固然重要,但我更想告诉他们的是,莫要蹉跎岁月,给自己一个无悔的青春;成绩耀眼、光彩夺目确实惹人羡,但我更想告诉他们,在每一个平凡的日子里小小的进步就值得庆幸和感恩;虚度时光、空徒伤悲也必然让人唏嘘,但我更想告诉他们的是,未来是属于我们自己的,广阔的天地都要先迈出眼下的这一步。

最后再引用一下自己在文章中写下的一段话:"无论是保研还是考研抑或是找工作,当你为了保研而纠结的时候、当你为了考研而焦虑的时候、当你为了自己空白的简历失落的时候,希望你能明白,这些都只是生活的浅浅波澜,只要仔细考虑了就没有坏的决定,只要努力付出了就没有失败的结果,还有一生的机会等着我们。"

我不是一定要赢　我只是不想输

信息与电子学院　周栋凯

时光荏苒，不知不觉我在北京理工大学的本科生涯就要结束了，回首过往四年的路，看着自己从大一那个成绩还在保研线上苦苦挣扎、对未来毫无方向的迷茫的"中等生"蜕变为如今也能独当一面，且对以后的目标有了比较清晰的规划的准研究生，我想我最该感谢的，应该是那个不服输的自己吧。

初来乍到的迷茫

沈腾在电影《飞驰人生》中有一句台词："我不是一定要赢，我只是不想输。"用这句台词来形容我特别合适。自打小时候起，我就是个不服输的小孩。5岁时爸爸教我下象棋，每每我发现棋盘上的局面对我不利的时候，我就会想着"耍赖"悔棋来获得棋盘上的胜利。随着我不断地成长，这种不服输的倔强性格在我的身上刻下了深深的烙印。

初入大学校园，我并没有对丰富的大学生活做好准备，学业、学生工作、竞赛，看着眼前的一条条迥然不同的路，迷茫之感充斥着我的内心。看着身边的同学们纷纷加入各种组织、社团，不甘落后的我也选择加入学生会。在学生会的两年里我得到了很多历练的机会，但这也就是我大一一学年的缩影：因为内心的不愿落后，看到任何新鲜的事情我都想参与，结果就是我并没有协调好各项活动的时间，真正留给学习的时间太少了。大一的两个学期我都是靠着比较高的综测分拿到二等奖学金，而按学业成绩排只在保研线上。看着那些拿到一等奖学金和参加各类竞赛活动获奖的学霸们，我不禁反问自己：为什么人家可以，我拼一把难道不行吗？还是说我就真的不行？带着这样的反思和些许的自我怀疑，我开始了在北京理工大学第二年的生活。

奋起直追

进入大二，我开始重新考量各种事情的关系，把更多的精力投入到了学习中，毕竟学习才是我们大学生的本职。我开始给自己定下了学期目标，细化安排每一天的时间，什么时候起床，什么时候去自习，什么时候去锻炼健身，什么时候去放松娱乐……我也开始对学习的各个科目更加上心了，我会更加细致地去整理每一学科的笔记，更多地去咨询老师和学长关于学业上的问题。起初我会感受到劳累带来的厌倦，但久而久之，我发现我已经习惯了这种生活节奏，开始享受这种充实感，并乐此不疲。

大二学年的课程无论是从课程体量还是课程难度都比大一提升很多，但是在我看来只要能不逃避难题并找准每门科目的学习方法，就可以拿下所谓的"四大金刚"。面对理论性偏强的大学物理、电磁场理论等学科，我会把课本习题做一遍又一遍，加深对知识的理解；面对应用性更强的通信电路系统、数字电路等学科，我会主动去寻找课程相关的实验，通过自己动手来体会课程内涵。

经历了充实的一年，我发现自己的提升不仅仅是在成绩上，更重要的是我经历探索后终于找到了最适合自己的生活和学习节奏，在这样的节奏下，哪怕是脱离了自己定下的条条框框，我也能在繁忙的一天中体会到充实的快乐。这正如我们在高中生物中所学过的，任何生物的生长都只有在最适合它的环境中才能获得最佳的结果，它需要适宜的环境温度、湿度、pH值。对于我们大学生来说，学习任务、学生工作、文体活动、学科竞赛这些我们每天面对的事就是我们成长的环境因素，只有这些因素达到了最适合自己的和谐关系，我们才能蜕变成更好的自己。

坦然面对未来

原先总是听到老师们说一句话："学的东西越多，研究得越深入了，才越感觉到自身知识的匮乏。"曾经我甚是不解，而如今随着我学习内容的不断增多，我也渐渐明白了这话中的道理。步入大三，虽然课程内容和难度进一步增加了，但我早已没有了曾经面对它们的恐惧和疲倦。我渴望学习更多的知识，不是为了向别人证明什么，只是为了实现自我的全面提升。于是我开始积极地学习课外知识，不断向老师和参与竞赛的同学请教，向前两年接触比较少的竞赛领域进军，参与"大创"项目，和好友一起加入老师的科研项目，希望能在这片不熟悉的领域开辟出自己的另一方天地。虽然我知道这里困难重重，但我相信所有的努力都不会白费，所有的汗水都不会白流，即使道阻且长，也终有曲径通幽、道通坦途。

努力终有回报，大二大三的奋起直追让我以综合排名第九的成绩顺利保研至本校通信技术研究所。这两年内我也获得了本科期间的绝大部分奖励和竞赛成果，连续获得学校的优秀学生一等奖学金，也分别获得了一次国家奖学金和一次华为奖学金，这无疑是对我努力的肯定。竞赛方面，从高中就开始参加数学竞赛的我终于在大三的时候拿到了全国大学生数学竞赛非数学类一等奖，算是弥补了高中只拿到省二等奖的遗憾；此外，我也连续两年参加北京市大学生集成电路创新竞赛并连续两年获得数字组一等奖。也正是因为有了这些成绩，我也连年获得校级"优秀学生""优秀团员"等荣誉称号。

步入大四后，伴随成绩和荣誉而来的是科研的压力。保研后进入实验室的我感到了本科生和研究生的巨大落差，有了一些无力感。诚然，也许是成功保研让自己少了一些紧迫感，大四的一年里，我总是觉得自己很难有大二大三那种追赶者的冲劲了。面对知识上的匮乏，起初选择逃避，但是后来我发现这样只会让自己更加焦虑，也会让堆积的科研任务量越来越大且得不到解决。好在我及时转变，积极地学习毕业设计相关的基础知识，努力地学会适合自己的查论文、看论文的方法，让自己慢慢地向一个合格的研究生过渡。

如今我的那种不服输的劲还在，只是随着年龄的增长我发现它似乎也有了些许的变化。其实我也很难说清楚这种性格对我来说究竟是好还是坏。曾经它让我患得患失，不愿直面失败，甚至有时会让我怀疑自己。但也是它才能让我看到那个在自习室里不断钻研的自己，那个在足球场上奔跑拼搏的自己，那个在学生组织里大展身手的自己，那个无论参加什么活动都会精心准备只为展现最好一面的自己。我感激它给我带来的改变，而如今随着年龄的增长和心态的磨炼，我早已学会了坦然接受失败，看淡了输赢，不再畏首畏尾、患得患失，有梦想就去追逐，哪怕失败了，努力过也终会有收获。

每个人心中都有自己奉为圭臬的信条，也都有自己不断追求的诗和远方。"我不是一定要赢，我只是不想输"这句话便是我的信条与座右铭。作为一名准研究生，未来的路还很长，但我相信我会保持这份不服输的初心，以求未来不愧我心。未来无论是学习、科研之路，抑或是社交、生活中的点点滴滴，我相信我都会保留这份青春的热忱，做最好最真实的自己，迈向更高更远的平台，去探索这未知的未来，扩展自己生活的宽度。

　　诗人张枣曾在《镜中》留墨："只要想起一生中后悔的事，梅花便落满了南山。"我想化用这句诗，对曾经、现在和过去的自己留下一句最真挚的劝勉：成长之路，并无遗憾，南山之上种心梅，俯仰无愧花不颓。四年光阴荏苒，我感激一路上并肩走过的伙伴，感激给予我帮助的所有人，更要感谢的，是那个认清现实但又不服输的自己吧。

不误光阴　不虚此行

自动化学院　张振林

2018 年秋天，德育开题，我翻开《大学　青春　人生》，我对着榜样的事迹思考：这本书上，是否会有……

2022 年夏天，德育结题，我翻开《大学　青春　人生》，我对着目录淡然一笑：果然，没有活成他们的样子。

不过，谁说没写在书上的青春就没有光彩？

满怀憧憬，拥抱青春

四年前初入大学，我知道自己会在这里收获一些东西，却不知道在这里需要做什么，只是满怀憧憬地投入到未知的大学生活中，在北理工的校园里跌跌撞撞地摸索着、前进着。

我憧憬大学生活的美好，却不知道什么样的生活才不负这份憧憬，什么样的结局才配得上美好。怎么办？那就在自己的青春年华里都试一遍吧！四年间，我加入了各式的学生社团，想在离乡千里的校园寻一个归属。四年间，我参与了多样的文体活动，说不定自己的闪光点就悄然出现了呢？四年间，我广泛地参与社会实践，想在大街小巷寻找人世间的烟火气。四年间，我硬着头皮参加科创活动，就怕离开的时候，身上还没有一点工科生的味道。四年间，我奉献在不同的工作岗位上，想找一个机会，让自己的青春也发光发热。四年间，我听很多人讲故事，也讲自己的故事，想在苦中作乐的日子里找到携手同行的伙伴……四年间，我做的尝试远不止于此，且绝大部分都不了了之。比如在加入好几个社团之后，我没在任何一个社团待下去。也正是在这样无休止的尝试中，我越来越清晰地意识到自己要做的是什么，适合做的是什么。大学生活中的轮廓被慢慢勾勒了出来。

满怀憧憬，才会对周遭的事物好奇。如果好奇，就要勇于尝试，试过了，才知道什么是多彩的青春。

心有所向，行有所依

四年的时间说长不长，说短不短。因为总会经历煎熬的日子，这些日子一分一秒都很磨人。也总会有快乐的光景，这些时光总是还不尽兴就已经结束。想要在煎熬的日子里砥砺前行，在欢乐的时光里保持斗志，一定要在前行的道路上，竖起不可撼动的标杆。

入学第一年，我是预科生，正常情况下，我会在学校待5年，其中第一年的时间用来学习较为简单的衔接知识。而恰逢学校预科生培养变革，我如果能在入学第一年就同时修完衔接课程和大一的必修课，我就能直接升入大二学习。那一年，我没有过周末，周一到周天我都在上课，我羡慕周末和朋友外出游玩的同学，羡慕周末用来完成作业，平时可以快乐玩耍的同学。这样的羡慕一直存在，在修完课程、节省一年的目标下，我只能眼红，只能忍受。这样的眼红出现在每一次需要我舍去快乐的时候，唯一给我支撑的，是心之所向。

大二，是校园生活最丰富多彩的时候，也是最容易丧失斗志的时候。这一年，我成了小有名气的学生干部，肩上担的事情多了，接触的事物更新鲜了，认识的人更广了。刚从预科一年挣扎出来的我嗅到了一丝丝舒缓的气息，我逐步放慢学习、生活的节奏，在校园里寻找幸福和快乐。这样的日子本是大学生活里难得的调味剂，能让我在枯燥的学习中稍作歇息。但慢慢我发现，玩的时间越来越长了，玩的花样越来越多了。最可怕的是，当我在学习上完全放松之后，我很难再找回那个奋斗的自己，我有些慌了。所幸，在乱花渐欲迷人眼的时候，唯一给我警醒，让我勿要沉沦的，是心之所向。

虚怀若谷，温润如玉

讲到上大学，总会说在大学里可以拓宽视野、多交朋友，让自己的格局和境界有所提升。但格局和境界并不会只因为上了个大学就有明显的提升。虚怀若谷、温润如玉，是消除偏见、提升素养的基本条件。

四年，当我抱着学习的心态和身边人相处的时候，我慢慢发现：宿舍里沉迷游戏的室友是个小提琴专家；教室角落安静学习的女孩是国家羽毛球二级运动员；平日里一言不发的同学是个大摄影师；一起在学生会打工的伙伴早已自己发表了论文……这所大学真的足够大,大到在同学的群体中就有不同领域有所建树的人;这所大学足够包容,当我们以足够包容和谦逊的姿态在这里学习、生活,它一定能为我们打开新世界的大门。虚怀若谷,要能听得进不一样的声音,才能听见不一样的声音。

灵魂和思想的碰撞总会擦出火花,而要找到能够发生碰撞的思想和灵魂,需要温润如玉的为人。大学四年,我见过的人不计其数,微信的好友从200多个增加到1 300多个。我可以自信地说,在我接触的人里,不可能没有骂我的,但绝大部分一定是念我好的。在这样的前提下,我有了与不同专业、不同年龄、不同行业的人倾心交流的机会。我能够不带偏见,洗耳恭听;他们也愿意敞开心扉,倾囊相授。听别人讲故事,也讲自己的故事。终于,我从不同专业背景的同学口中发现了理解世界的新方法,从前辈的故事里学到了做人做事的经验和方法,从保安大哥的生活里看到了人间的烟火气。

我,更包容了,更稳重了,更成熟了。

果断抉择,走好自己的路

大约是大三的两个学期,"内卷"一词在青年群体中盛行。没人能真正讲清楚"内卷"到底是什么,但好像每个人都在说自己在"卷",自己被"卷"。而大三的一年,我自身也被"卷"得很难受。尤其是在竞争激烈的群体中,"内卷"会更加激烈。

我自身理解的"内卷"是指无意义的竞争。以当时我在的自动化专业为例,上午9∶50的课,在不到8∶00时教室的前三排就已经被占满了,即使提前一个小时到教室还是只能坐到靠后的位置。如果最早的一批人会在课前半小时占座,而大家来教室的先后顺序保持不变,那么教室座位的分配不会有任何改变。而提前的时间就是这种无意义竞争给我们增加的成本。在这样的环境下,每个人都被牵制得很难受。

如何破局?最关键的就是找到自己的节奏,做自己该做的事,尽可能地不被带到这样的"内卷"里面。当我发现在原有的专业任凭自己怎么努力都不可能有前进的空间时,我选择离开这个专业,到一个能让我不把精力放在内耗上的专业去。这一抉择受到的阻力是巨大的,家里一开始就反对,爸妈本能地不同意我从一个排名靠前的专业转到一个默默无闻的专业。而就是在一个不被人看好的专业,我第一次参加了国家级的科创比赛,收获了奖金;我通过用心和努力,补上了挂科的学分,补完了新的专业课程,让自己的成绩排名上涨，最终拿到了保研资格。有这样的机会，完全得益于转专业这个抉择。它让我停止内耗，把精力放到了有用的地方。

果断抉择，走自己的路，朝着自己向往的方向昂首阔步，这样的青春才是无悔的。

披荆斩棘，苦尽甘来

回首四年，我是佩服我自己的，在挑战面前一次也没有怂过，在机遇面前一次也没有放过手。

第一年以低于正常的录取线 20 分进到北理工，一边上着衔接课一边上着基础课，硬是一年修完两年的学分，成功跳级。大二上学期，我一边作为主要干部做着学生工作，一边在弥补匆忙跳级带来的差距。四级，别人裸考 500 分一次过，我认真准备硬是从 320 分开始考，一次不行考两次，两次不行考三次、四次，终于在大三上学期考过了。大三下学期，我背着挂科的学分和转专业需要补修的专业课，搞竞赛、干学生工作、做实习，不见太阳也不见月亮地干，硬是成功保研了。大四，我一边上课做毕业设计，一边在另一个校区带学生，市区通勤早已是家常便饭，很快，我也将会扛过去。

苦尽甘来，我得到了不错的结局。学习上，多次拿到了民族生奖学金和优秀学生奖学金，以专业第二的成绩保送本校研究生。工作上，我从学生会的基层干事慢慢成长为独当一面的副主席、运筹帷幄的主席、被组织信任的党支部副书记，拿到了院级、校级、北京市级的荣誉称号。生活中，我找到了一帮艰难时互帮互助、悠闲时把酒言欢的好兄弟。在大学生活的最后，我更有幸遇见了我挚爱的女孩，她知书达理，落落大方。

合上手边的《大学 青春 人生》，2018—2022 年，我的青春无比精彩。

我的北理故事：在热爱中成长

计算机学院　　钱海

我在这里遇到了很多闪闪发光的人。
我也在奋斗中闪耀着自己的光芒。

序章

在满18岁的第二天，我告别了家乡彩云之南，满载行囊，也满载着期待，来到了向往已久的首都北京。在夜色中瞻仰了天安门，我真切地意识到我人生新的旅程开启了。当然，那时我还不知道，我还会以更加激动人心的方式再走过这里。

在北京城里游玩了三天，一切都让我感到兴奋，更增添了我对未来的憧憬。当然，最特别的时刻，还是踏进我们学校的一瞬间。烈日炎炎的8月北京，我和爸爸妈妈在校门前合影，一起走过宽敞的足球场、美丽的北湖，对那辆标志性的装甲车感到几分惊奇。我很开心地确定：这就是我理想中的大学校园。

我至今还清楚地记得第一次进宿舍的场景：我和初入大学校园的室友们一样，都还有几分稚嫩与无措，家长们忙前忙后，为我们打理居住的环境，而我和室友们不太知道要干点什么，拘谨而困惑地东张西望。这就是我的大学生涯里的第一次迷茫。后来我发现，这四年里我一直在经历着不同的迷茫，同时也不断地思考与探索，从迷茫中寻出一条属于自己的路。

告别父母，迎接人生第一个相对独立的阶段，是一次有几分痛苦的蜕变。和爸爸妈妈拥抱、泪别，然后转身，那一刻心里的五味杂陈我过去从未体验过，各种错综复杂的矛盾想法都从脑海中涌现，但最终归结于两个词——勇气与信心，带着它们，我坚定地向前走。

我走过镌刻"德以明理，学以精工"的磐石，这条校训成为后来四年里我时刻铭记在心的信条，它始终指引着我的大学成长之路。

探索

大学第一课是军训，这是磨炼我们个人意志、凝聚来自五湖四海的同学们的重要一课。我记得那时"战友们"的共同感受是，整个训练过程充满着煎熬，但坚持不懈直到最后，我们拧成了一股绳，似乎真的是一个有战斗力的连队了。"十九连"这个称号铭记在我们心中，可爱可敬的教官与青涩又坚强的同学们，从有缘相逢的陌生面孔发展到彼此熟悉的团体，共同书写了北理故事的精彩序章。

大学，重中之重是学习知识。"知识就是力量"这句培根的经典名言，过去也许主要体现在考试分数，但上了大学以后，随着见识的积累，我更加充分地认识到了知识可以创造的巨大价值，特别是更加理解拥有宝贵知识的人能够为社会、为国家做出怎样的贡献。在英才辈出、学子们矢志报国的北理工读书，让我总感觉到环境中有着一股强大的动力在激励着我刻苦钻研。遵循徐特立老校长写下的"实事求是，不自以为是"的格言，我在四年期间从一个在高数课堂无所适从、对编程语言一窍不通的倍感差距与挫败的初学者，一步一步摸索出自己的学习方法与节奏，不骄不躁、保持谦虚、追求真理。四年里，我的成绩取得了持续进步，大四时如愿在竞争激烈的硕士研究生考试中脱颖而出，幸运地能够在北理继续潜心学习计算机专业知识，更重要的是，我真正学到了能为社会、为国家的发展贡献力量的理论知识与实践技能，并在一点一滴的钻研积累中找到了我所热爱的方向。"兴趣是最好的老师"，找到了热爱的道路，学习便成了一件幸福的事。

我依然清楚地记得在大一时上的两堂课，一堂是北理工"大先生"王越院士给信息科学技术大类的同学们讲的专业导论课，另一堂是受人尊敬的周立伟院士给我们讲授他的科研报国经历的大讲堂，我有幸坐在前排认真聆听了两位八十多岁的老人对青年学子的教诲与期望。他们的光辉经历与崇高品质，以及对待学生和善、用心的态度，让初入大学的我印象十分深刻，我认识到一代代北理工人是如何通过艰苦奋斗而担起时代重任，为祖国的建设发展奉献毕生智慧与力量的。看着他们，我就明白了那句"所谓大学者，非谓有大楼之谓也，有大师之谓也"。我想，大师们就是我们最好的榜样，我们有着比他们的年代优越得多的物质条件，我们没有理由不奋发图强，我们更应该为着更加美好的未来而勤奋探索。

信仰

北京理工大学是中国共产党创办的第一所理工科大学,"延安根,军工魂"是镌刻进北京理工大学的红色基因,我在这里树立了坚定的信仰,成为一名光荣的共产党员。在学习、实践、成长的四年时光里,在党组织的培养、学校的教育下,我越发深刻地理解了我们党"全心全意为人民服务"的宗旨,我决心从点滴小事做起,用自己的知识技能为人民服务。对马克思主义理论的深入学习,使我的思想境界得到了很大的提升,在世界观、人生观、价值观以及实践的方法论方面,我都从中吸收了很多极为宝贵的智慧。

犹记得在考研期间,我在复习备考间隙反复阅读《实践论》《矛盾论》两篇长文,不仅从中汲取精神力量、学习方法论上的智慧,更是从哲学层面深刻地认识世界与人生,可以说它们给疲惫和挣扎中的我提供了巨大的帮助,仿佛一个智慧的长者从历史长河里向我伸出了一只有力的手,将我带出了泥潭。

大学期间,最值得珍藏的回忆,也是最令人心潮澎湃的经历,毫无疑问是参加伟大的 70 周年国庆群众游行了。我们非常幸运,能够有机会参与到这样一场极为盛大的庆典中。在两个月的训练时间里,我一直在期待着那一天的到来,那是无上光荣的时刻。2019 年 10 月 1 日,晴空万里,歌声嘹亮,我们热血沸腾、激情澎湃。我们站在长安街两侧,近距离见证了中国人民解放军威武雄壮的钢铁洪流;然后,我们以前所未有的饱满热情,高高挥舞着花团、紧紧簇拥着花车,歌唱着《走进新时代》,走过天安门广场,我们变成了一片欢呼奔腾的海洋,向党和国家领导人致敬,向全国人民致敬!我们用最热烈而纯真的感情,向祖国致以生日的祝福,这一天将使我永生难忘。

我还记得我在那个月给党组织的思想汇报中写道:"作为一名新时代的中国青年,我会将这次经历铭记一生,将其转化为我的动力,不懈奋斗,为实现中华民族伟大复兴的中国梦奉献我的青春力量。"

热爱

回顾大学四年,我有一种很强烈的感受,那就是不论是曲折还是顺利,我都始终有着源自内心的动力。"人是目的,而不是手段",我摸索了很久才明白这句话,不机械、不空洞,热爱生活,是我坚持的人生态度,也是我的动力源泉。

　　18岁到22岁，可以说是人生的黄金年华。在大好青春，以一个奋斗者的姿态，寻找神奇，发现乐趣，把青春之歌写得丰富多彩，这是一件极为幸福的事情。回顾我的北理四年时光，我努力做到全面发展，与各个领域的同伴们共同进步，在图书馆、足球场、实验室等地方都书写了自己的独家记忆。在这里，永远都有更加优秀的人存在，但从我自己的角度来说，我为自己的一步步成长感到由衷的开心。

　　北理工的四年本科时光，是我目前人生中成长最快的一段岁月。值此文章完成之际，我的本科故事也即将画上一个圆满的句号。在我的心里，这将是一段光芒万丈、永不褪色的宝贵记忆。

　　回顾走过的漫长道路，我的内心充满着感激。我要感谢我在大学里遇到的各位老师、辅导员、同学们，他们都有着非常优秀的能力和值得尊敬的品质，在我学习、生活的过程中给予了我重要的支持和帮助，我感到非常幸运，能在最好的青春与他们相遇。我要感谢我的家人，特别是我的父母，正因为有了父母，才有了今天的我，来自家人的爱，永远为我注入最坚强、最深厚的力量，让我始终可以相信，无论遇到怎样的艰难困苦，都会有人给我最温暖的陪伴。

　　当然，我还要感谢自己，始终心怀美好的理想与希望，坚信"幸福都是奋斗出来的，而奋斗本身就是一种幸福"，坚信"道阻且长，行则将至；行而不辍，未来可期"。

终章与新序

　　"欲穷千里目，更上一层楼"，我的北理故事，即将开启硕士阶段新篇章。在本文的最后，我想以一段非常喜欢的文字作结：

　　通过实践而发现真理，又通过实践而证实真理和发展真理。从感性认识而能动地发展到理性认识，又从理性认识而能动地指导实践，改造主观世界和客观世界。实践、认识、再实践、再认识，这种形式，循环往复以至无穷，而实践和认识之每一循环的内容，都比较地进到了高一级的程度。这就是辩证唯物论的全部认识论，这就是辩证唯物论的知行统一观。

——《实践论》

致我大学四年的碎片时光

经管书院　徐小雯

四年时光飞逝，一转眼就要离开这所学校了，心中思绪万千、百感交集。虽然已离校一段时间，但一直没着手写德育论文，仿佛提笔写完我的大学生活就真真正正地结束了。这四年间我从一个懵懂的高中生成长为一名可以独当一面、能靠自己独立于这个社会的成年人，感谢这四年带给我的成长。虽有遗憾，但我始终相信，所走之路、所经之事、所遇之人，都是我应该经历的。

我曾经是一个很不愿意回看的人，因为每次回忆过去就会想，这四年会不会因为发生或者没发生哪些事，我的人生轨迹会发生改变，又或者在某个重要的转折点做了或者没做那个决定，常常感到后悔或庆幸。但因这次的德育论文，我去翻看了我这四年来的所有拍过的照片、写下的文字、读过的书、走过的路，一幕幕回忆如走马灯般出现在我眼前……

初见乍惊欢

2018年8月24日，我踏上了离家去北理工的火车。到达学校后，我被美丽的校园所吸引了，北湖的黑天鹅、标志性的北理桥、舒适的宿舍……我很快融入了这所校园，离家的悲伤情绪也一扫而光。紧接着，我们迎来了第一次考验——新生军训。我和二十八连的小伙伴们一起经历了站军姿、凌晨拉练、合唱比赛、打靶射击、素质拓展等一系列有趣的活动，大家苦中作乐的态度感染了我。这段时间让我对未知的大学四年充满期待。

后来，为了丰富我的课余生活，我加入了学生工作部的"领航北理"学生发展服务团队和管理与经济学院的青年志愿者协会，希望可以通过自己小小的努力为组织做出自己的贡献。也是在这两个学生组织中，我结识了我大学四年最好的两个朋友。回想当初的第一次见面，我们都没有想到，以后会是如此推心置腹的朋友。

在大一课程的学习中，我了解到了大学学习与高中的不同。大学的课程之间差异很大，有一些数学类的课程需要我们计算推演，一些专业课程需要我们理解掌握，一些选修类的课程可能更考验我们的展示能力，完全不同于高中的题海战术。此外，大学的时间全由自己支配，但刚开学时的事情多且杂，所以有些时候就会使自己处于一个忙乱且无意义的状态。经历了大约一个月时间的调整，我总算可以灵活安排和支配自己的时间了。

回看整个大一，我的生活还是丰富而充实的。学业方面，虽然还是有些马虎，但也取得了两次奖学金；工作方面，我按时参加例会，积极完成组织交付的任务，也可以独立完成推送、海报的制作了，并参与策划了几场大型活动；思想方面，我一直想要加入中国共产党，于是在刚开学时就提交了入党申请书，并成为一名入党积极分子；在体育方面，我积极参加新生运动会，还加入了北理舞团和首都高校艺术体操的比赛团队，通过舞蹈来锻炼自己的身心；在生活方面，我可以很独立地处理自己面临的各项事情，也交到了可以谈天说地、无话不谈的好朋友。大一生活就这样在一片匆匆忙忙中结束了。

我们乘着时代的风

1. 青春逢盛世

2019年的那个夏天，是我永远想起来都会心潮澎湃的一段回忆。这一年的10月1日，是中华人民共和国成立70周年的纪念日。而身处祖国首都的大学生，理所当然地成为为祖国母亲庆生的候选人。这年7月，我作为小队长提前回到学校进行培训工作。分发物资、统计信息、学习动作，虽然很辛苦，但一想到我所做的一切都是为了在10月1日那天的最好呈现，就有了动力。等同学们都返校以后，便开始了大规模的训练。还记得我们炎炎夏日的欢愉、阅兵村的大雨、凌晨往返长安街的校车、花球掉色而染满红色痕迹的冰袖和那个再也回不去的夏天。

2. 没有一个春天不会到来

2020年年初，人们的生活被一个叫做"新冠疫情"的东西搅乱了。每天听着新闻播报数字和各地抗击疫情的故事，我被中国的抗疫力量所震撼，在疫情面前，我看到了大国担当，全国上下众志成城、共克时艰。

进入了大二下学期，生活仿佛也与大一变得有所不同了。我的耳边反复充斥着选专业、保研、考研、出国的声音，仿佛应该在那个对很多事情都一无所知的年纪，早早做出对人生的规划才是最重要的事。而我也陷入了无尽的迷茫，如此多的选择，哪一个才是最对的呢？询问了学长学姐，在网上查找了很多资料也还是无解，于是只能带着疑问继续前行。

何妨吟啸且徐行

大三上学期，疫情逐渐好转，我们也终于被通知要开学了。大三是我这四年来成长速度最快的一年。2021年也刚好是北京理工大学建校80周年，我参与了校庆活动演出，留下了一段宝贵难忘的回忆；第一次参加了数学建模竞赛，取得了全国二等奖的成绩；参加"挑战杯"竞赛，得到了校级银奖；第一次得到了实习面试的机会，拿到了梦寐以求的"安永"的暑期实习项目的offer。不得不说，在"安永"实习的那一段经历确确实实地改变了我的一些观念和想法，这是我第一次走向社会、走进职场。我见到了和在学校学到的完全不同的东西，高大的写字楼、西装革履的人们、英文的办公环境、优秀的团队、精湛的数据处理技术、细致入微的报告、纯熟的专业知识，使我心生赞叹，同时也意识到了自己的不足，单凭自己目前的能力，离一个专业人士还相去甚远。于是，我也更加坚定了读研深造的目标。

笑一个吧，功成名就不是目的

大四，来到了人生的岔路口。在亲友的支持下，我决定去香港读研，匆忙准备了语言考试、文书等材料，好在申请有了一个比较好的结果，没有辜负自己的期待。同时，大四也是我反思最多的一年，突然觉得自己过去几年的思维一直是固化的，应该做什么、怎么选择，完全是在一步一步被推着走，自己当时的想法总是被当下有限的信息所"定义"，而结束之后总是后知后觉。我当下的感受和经历过之后的感受永远不一样，甚至是完全相反的，于是开始不理解自己当初那么选的原因，我因此一度陷入痛苦之中，开始怀疑之前做的一些决定是否正确，也怀疑自己的能力是否配得上自己的野心。如果重来的话我想一定不会做出同样的选择，那时候我把它们统称为"错误"；但是随着反思的次数越来越多，我逐渐发现那些错误的价值远远超过了我的认知该犯的"错误"，该走的"弯路"但凡缺一步都不会成为现在的我。我终于明白了不管再来多少遍我还是会义无反顾地走上同一条道路。于是，我的那些顾虑，也一并削减了许多。

前途似海，来日方长

在我大学生活本该圆满收尾的最后两个月，北京的疫情突然严重了起来。我的实习被迫终止，中关村的校车也停运了。本想着在良乡安稳做好毕业论文的收尾工作，但由于疫情的蔓延，我们都被封在了学校宿舍里。同学们互相帮助配送防疫物资、一日三餐，十天之后，我们被通知离校返乡。那段时间，每夜睡不着从宿舍往窗外看的时候不禁问自己：我的大学四年就这样结束了吗？

一方面，突如其来的疫情给我们的生活造成了不同程度的影响。比如那次错过的实习机会，那个匆匆一别再没能见到的人，那个和朋友约好了但一直没能去的游乐园，那个一生只有一次但再也不会有的毕业典礼，那个期待了很久的毕业旅行……另一方面，疫情也让我更真切地体会到互助的温暖、亲情的宝贵，让我更懂得珍惜，更愿意付出。

就要和这四年的大学生活匆匆告别，有深深的留恋，有些许遗憾。很久之后，在我众多琐碎日子里普通的一天，我会不会怀念这段时光？我想一定会的。

孜孜不辍　玉汝于成

求是书院　刘紫玉

回想2018年，收到北京理工大学录取通知书的激动心情，现在想来还是那么清晰可见。四年来，我在北理工这片红色的沃土上，感受到了新时代对我们青年学子的召唤。

回首这四年，我从一个懵懵懂懂的小孩成长为如今的一名学生骨干，我想说的第一个词就是感谢。感谢所有关怀我们、给予我们指导与帮助的师长，感谢北理工"延安根、军工魂"的红色底蕴，以及给予我们的广阔平台，感谢我们所处的这样一个伟大时代。

树立远大理想，厚植家国情怀

我始终将政治标准放在前面，让树立远大理想、厚植家国情怀、坚定"四个自信"成为自己的内在精神追求和外在行为规范。

我积极向党组织靠拢，于2020年12月成为一名光荣的中国共产党党员。同时，我还是第17期北京市英才学校"青马"班成员，积极参与各项理论学习，参与多项重大活动保障工作。

2019年夏，我曾作为广场合唱团成员参与中华人民共和国成立70周年庆祝活动。我第一批报名国庆专项训练任务，牺牲暑假的时间与战友们一起进行国庆广场合唱团的训练。广场合唱团在国庆专项任务中任务最重、战线最长，但我和战友们没有丝毫退缩，并于2019年10月1日国庆当天，在天安门广场圆满完成了任务。

2020年恰逢北理工建校80周年，我积极报名参加了校庆80周年晚会表演。时间紧、任务重，彩排和联排往往长达数小时，但身边一响起振奋人心的歌声，便忘却了所有的疲惫和辛苦。最终，我们向北理工交出了一份令人满意的答卷。

2020年夏，我经过层层选拔，入选首都大学生英才学校第17期两年制"青马"班，并参与"9·30"向人民英雄敬献花篮活动保障工作。我与其他"青马"班成员一丝不苟地完成任务，保障活动顺利进行。

2021年恰逢中国共产党成立100周年，我作为学生代表参与了大型情景史诗《伟大征程》彩排，在鸟巢展示中国共产党成立100年来波澜壮阔的光辉历程。

2022年北京冬奥会是一场举世瞩目的盛会，我积极投身冬奥志愿服务中，参与冬奥会开幕式彩排、首钢滑雪大跳台赞助企业服务领域志愿服务工作，以及宣教组负责人的工作，在完成场馆任务的同时，带领宣教小组对北理工志愿者的冬奥志愿工作进行记录与宣传，被新京报、北京日报等多家媒体报道，在BITYOUTH公众号制作推送十余篇，均取得较好反响。

我曾在冬奥组委志愿者部宣传培训处实习，参与冬奥会与冬残奥会相关筹备工作，曾在中国科协培训和人才服务中心评价和奖励服务处实习，参与"典赞·2021科普中国"活动保障工作，曾作为北京市学生代表观摩学习政协北京市第十三届委员会常委会二十五次会议，曾担任北京市学联十三次代表大会学生代表，现在朝阳共青团实习，助力首都青年彰显青春、活力、潮流风采。此外，我所在实践团队曾获北京理工大学"优秀实践团"称号。

我从百年党史中汲取奋进的智慧和力量，在大大小小的实践中实现自己的人生价值。

带头勤奋学习，培养科学精神

学生的第一要务是学习，而学生干部、学生领袖更应在学生中发挥表率、起到榜样作用。

我带头勤奋学习，学好专业知识，培养科学精神。我综合成绩名列专业前茅，现已推免至生命学院攻读硕士学位，曾获3次优秀本科生一等奖学金、3次优秀本科生二等奖学金、一次小米奖学金，多次荣获校级及以上荣誉称号。

同时，我积极参加学科竞赛、投身科研科创，曾获中国高校计算机大赛一等奖、北京市生物学竞赛一等奖、北京市物理学术竞赛一等奖、全国大学生数学建模竞赛北京市一等奖等奖项。作为生物医学工程专业的本科生，在医工交叉发展的大背景下，在习近平总书记建设健康中国的嘱托中，我更要把青春奋斗融入科技发展中，将全部的智慧和力量用在祖国和人民最需要的地方。

大气谦和之心，扎根服务校园

我深知学生工作者应品行端正、作风务实、乐于奉献，具有全心全意为广大同学服务的觉悟和能力，这也是我一直以来的追求。

我自入学来一直担任班级的班长，曾带领班级荣获北京理工大学"优秀班集体"、求是书院"优秀班级"等荣誉称号；求是1814团支部在2020年被评为四星团支部。这些荣誉代表了对我工作的认可和肯定，也是我继续努力的源源动力。

我现任16131801班班长、生命学院本科生党支部支委，与班团委共同组织多次团日活动与社会实践，加强了班级同学的思想政治建设，在班级中起到先锋模范带头作用；同时积极配合学院做好班级疫情防控工作及毕业、就业工作，致力于建设温暖生医工大家庭。

书院层面，我曾任求是书院新媒体工作室副会长，和工作室团队致力于打造求是书院对外宣传窗口，树立求是书院精品形象，展示求是书生动人风采。

学校层面，自入学以来，我在校学生会工作三年有余，从新媒体部部员到如今的主席团成员，始终践行"大气谦和，服务校园"的口号，在学生工作中奉献青春和力量。作为主席团成员，在学生会改革的大背景下，我与同学们积极响应上级学联的号召，探索校学生会精简、改革之路，顺利完成了宣传部、新媒体部的合并，建立如今的志愿者制度。

我分管融媒体中心期间，与校学生会的同学一起负责校学生会各大新媒体平台的运营以及平面宣传，做好校学生会对外的宣传窗口工作、对内的服务校园工作。我深知高校新媒体在大学生群体中的思想引领和教育作用，利用新媒体平台宣传学校的各项活动及精神，传递校园新风尚——抓住国庆70周年、抗击疫情、校庆80周年、建党百年、北京2022年冬奥会等重大节点，进行思想主流文化引领。我与团队共同制作《做星星之火，我承诺我祝福——打赢疫情防控阻击战，北理工学子在行动！》《国庆走过天安门！这个夏天他们如何不一样？》等多篇高质量推送，多篇获上万浏览量，曾获团中央转发，取得较好反响。我还作为第45届深秋歌会决赛现场的媒体总负责人，与党委宣传部、校记者团、网络开发者协会共同完成现场媒体运营，在传承与创新中打造北京理工大学精品文艺品牌。

此外，我坚守服务初心，积极参与到2021车站迎新、冬奥会志愿者等多项工作中去，在2020年、2021年开学季作为主编完成新生手册的制作，帮助新生尽早适应大学生活，并负责2021年北京西站迎新工作，累计迎接新生200余人。

习近平总书记在中国人民大学考察时强调，希望全国广大青年牢记党的教诲，立志民族复兴，不负韶华、不负时代、不负人民。是啊，我们身处这样一个伟大时代，更要把握新时代的新机遇，脚踏实地、实学实干、勇于创新，努力把青春奋斗融入党和人民的事业之中，跑出当代青年的最好成绩。"时代的责任赋予青年，时代的光荣属于青年。"我将继续坚定不移跟党走，勤奋刻苦立潮头，大气谦和服务校园，用坚定的信心、满腹的豪情、永不退缩的信念，孜孜不辍，只争朝夕，不负韶华，拥抱未来！

千里之行　始于足下

知艺书院　赵容慧

大学四年匆匆而过，回首四年的时光，给自己带来了什么，留下了什么，有的是历历在目，有的却早已忘却。在人生重要转折阶段的四年时间里，收获了很多，也留下了很多遗憾，但人生总要在弥补遗憾中继续前进，也在满满的收获中激励自己、总结自己，为下一个阶段的开始注入更加强大的能量。

自律伴我成长

现在再回想大一时候的种种，已经很模糊了，模糊到可能记不得做过了什么样的事情。但是在2018年的夏天，永远会记得8月24日的下午，我提着行李箱，从地铁站下车后，看到的明媚的阳光、陌生的环境、热热闹闹的新生以及北理工校园。

在大一的记忆最深处，大概就是军训了吧。在所有人的记忆中，军训是一个锻炼自己、成长自己的一个过程。但是2018年的夏天，因为军训我了解并体验了军旅生活，也让我有缘进入带给我四年收获最多的地方——北京理工大学国旗护卫队。一开始我只是很单纯地觉得国旗护卫队是一个学生组织或者是一个社团，又或者是一个军训的延伸。我仍然记得，带我训练的学姐问我为什么加入国旗护卫队，那时我的回答是：因为我参加了军训，我觉得我应该继续坚持，既然有这样一个机会，那就继续做下去。殊不知，这样看似简单的道理，我经历了无数难过、失败的夜晚，我一次次鼓励自己：既然选择了就继续做下去。在那些训练的日子里，我收获了坚持与自律、体会到了军旅以及电视剧中才能有的战友情。之前我一直都是一个比较自由散漫的人，进入国旗护卫队后我的改变是巨大的，它不仅改变了我的"自由散漫"，而且在我的性格中增加了坚韧，让我拥有一个更加完美的自己。在国旗护卫队的日子里，在每周三天晚上的训练中，在每周日半天的体能训练中，我不断进步、成长。我可以出席升旗活动啦，我可以参加学校运动会升旗任务啦，我可以去清华大学参加首都高校国旗队比赛啦，我一步一步走向成熟。在这个过程中，我收获了一个对我来说特别重要的品质——自律，我的体能也逐渐提高，我收获了友谊。还参加了高校军事特训营，体验了一周当兵的生活。训练的汗水造就了我的成长，优秀的同学促成了我的蜕变，可能这辈子我身上都会留存着国旗护卫队带给我的烙印。那种深入骨子里的自律，那种家国情怀，大概会留存一辈子。虽然在大二我离开了国旗护卫队，但是我知道，一天入队永不退队。

保持一颗上进的心

不知道从什么时候开始，"卷"成为"努力"的另一种说法，在我的专业里，我应该算比较"卷"的那一类人了。在大学四年时间内，我对于自己的分数看得比较重，所以在每门课上面花费的时间和精力都比较多。可能因为对于分数的执着，所以在课堂上也真真切切地学习到了很多知识，至少大学四年的学业并没有荒废，对于产品设计的专业知识也学习到了很多。在这个毕业季回首大学的学习，至少没有后悔吧，但是也留下了不少遗憾。毕竟"学海无涯"，我还算不上一个设计师，充其量只是一个产品设计专业的学生。专业比赛会成功也会失败，失败让我成长了很多，更加懂得了要保持一颗上进的心，自己仍然需要更多的努力，才能达到自己想要的目标。在接下来的研究生学习中，我会更加努力地完成研究计划和目标，要比现在更加努力，要让自己的研究生生涯中少一些学习的遗憾，能够以更加优秀的姿态迎接下一阶段的生活。学习是永无止境的，只有在学习中让自己变得更加优秀，才能获得更多的收获。永远保持一颗上进心！

友谊和爱情

大学阶段是由学校向社会过渡的阶段。我们在大学中，会接触到很多很多人，形成很多很多不同的关系。大学阶段，可能让我最期待的就是友谊和爱情了吧。大学毕业的时候，有两三好友与自己最爱的人陪在自己身边，那大概是一种别样的幸福吧。

在北理工，我认识了很多人，收获了一个很好的朋友，就是我的舍友米米。大学四年生活中，我们从未缺席过彼此重要的时刻，不管是开心的还是伤心难过的，我们都陪伴着彼此，我们从懵懵懂懂的孩子变成了即将踏入社会的青年。这份友情并不会因为毕业而戛然而止，它会一直延续，10年后或者20年后，往后余生，我们仍然会陪伴着彼此，友谊天长地久。

在北理工，我遇见了此生最重要的人。也许是一种别样的缘分吧，我们在这里相遇了。在大学每个难过的时刻，总会有他的安慰陪伴；在大学每个值得庆祝的时刻，总会有他的快乐分享。走出大学的日子，我们仍会陪伴着彼此，不论是学习还是工作，抑或是顺境还是逆境。

大学里人与人珍贵的真诚的情谊是这个世界上最美好的东西。相比于功成名就来说，那些美好的感情让我更加向往。在毕业之际，祝福你我拥有更好的未来。

未来

大学四年已经画上了句号。在四年的时间里，充斥着很多很多的事情，不论是开心的还是难过的，它们共同构成了我的大学生活。并不是一步步的精打细算，而是那些不可预料的事、无法控制的时间、没有考虑的决定，绘制成了我多姿多彩的青春。青春总是留有遗憾的，因为遗憾才显得那么美好，才会激励我们前进。所以在未来的日子里，我会更加坚定自己的脚步。人生旅途中的那些人和事会造就一个鲜活的我。未来会遇到什么样的人、什么样的事、什么样的挫折，以及什么样的烦恼，都不重要，人生是为梦想而点燃的，而青春就是为了完成梦想而存在的。如果人生是一个抛物线，那么青春将是最高点。让我们带着年轻的激情与朝气走向更加美好吧！

感谢

大学四年中，需要感谢的人太多了，感谢在我成长路上给予我支持和帮助的每一个人。首先感谢我的父母，经济上的资助让我安心地学习；精神上的支持，让我拥有了坚实的保障。希望在将来能够让我的父母为我感到骄傲。感谢我的每一任授课老师，在大学的学习生活中，给了我很多专业知识上的帮助，在每一个问题上，他们为我答疑解惑，用自己毕生所学向我们传授知识。感谢我的两位辅导员——辛导和孟导，在大学琐碎的生活中给予我很多帮助，在每一个细小的生活问题中，都能够感受到他们的温暖。感谢共度四年的舍友，在疏桐宿舍和甘棠宿舍，我们彼此互帮互助，在生活上给予了很大的支持。感谢我的同班同学，在大学四年中，一起收获一起成长。感谢我的好朋友们，在大学生活中还能够感受到来自家乡的温暖。感谢在北理遇见的每一个人，你们都是我大学四年重要的组成部分。在毕业之际，我心存感恩，将带着这份美好的记忆迎接我人生的下一段历程。在未来的日子里，我将会怀揣着梦想，不忘初心，继续前进！

前进吧！少女

法学院　王田甜

大学时光匆匆而逝，四年的朝朝暮暮、点点滴滴还能浮现我的眼前，转眼却到了该说再见的时候。我将本次德育终期答辩按内容分为"大学记忆""青春感悟""人生志向""结语"四个部分，简单地对我的大学生活做出梳理和总结。

大学记忆

1. 迷墙时代——理想主义者的自白

初入北理工，我参加了2018级法学菁英实验班的选拔，并有幸成为其中的一员。在经历短短二十几天的军训后，我和同学们从良乡校区疏桐园搬到了中关村校区，开启两年到中国人民大学交流的生活。

大一是每个大学生最迷茫的时期，我们刚刚经历了高考激烈的竞争压力，怀揣着的不只是对未来生活的期待，还有终于放松下来的乐观心态。我在高中毕业的那个假期里进行了一场前往厦门的毕业旅行，为即将到来的全新大学生活做好准备。

大一的一年，在学生工作方面，我通过竞选成为"法菁班"的班长，负责班级同学们两校三地的日常沟通交流。就像我的竞选发言中所描述的，我积极地为同学们做好服务，同时也提升我的综合能力。在社团活动方面，我参加了北理法学院学生会的学习部、宣传部和北京理工大学交响乐团，也参加了中国人民大学法学院法律协会的宣传部，以此丰富我的大学经历；同时积极参加了"一二·九"合唱比赛、"五四"舞蹈、毕业晚会演出、"春之声"音乐会、深秋歌会等活动。在学习方面，我依然按照以往的学习节奏，尽力完成每一科的功课，但没有将个人精力完全致力于提升学习成绩中。

对于这一年，我的总结是"迷墙时代"。我尚未懂得班主任孟老师每一次班会时都对我们嘱咐的"多读书、多运动",尚未学会珍惜来之不易的交流生活和大学时光,只是揣着懵懂的心在这校园中闯荡。我是充满着理想主义的人,幻想、"跳 TONE"是我的代名词。纵然前行的道路是崎岖不平的,指路的明灯是模糊不清的,我内心仍然充斥着一团热火,坚信着整个世界是可以通过自己的努力和付出得到改变的。现在想想,那个时候的自己简直像个空有一腔抱负的热血少女,却不知道要将梦想落地,虽然愚钝但贵在单纯。

2. 健康快乐——珍惜片刻所拥有

升入大二,前半学期我们依然在北理工中关村校区和人大学习、生活,后半学期因疫情影响开启了线上教学模式。前半学期,我还自作主张地选了一些人大的课程。我在选课的时候考虑的不是学分绩点,而是个人偏好。

大二,我参加了令人印象深刻的国庆 70 周年群众游行活动。2019 年暑期,提早返校,进行了近 3 个月的训练,风雨无阻,日夜兼程。周一到周五留在中关村上课,周五晚课后坐着末班校车回到良乡为周末的训练做准备。那段日子是非常辛苦的,我们在飞机场淋过雨,在长安街压过腿,但那段日子又是那么地快乐。

同时,我也在大二经历了许多事,收获了人生智慧,懂得了接地气的生活。2019 年年末因一些个人原因,我缺席了最爱的交响乐团演出,在学习上不够振作,身体上也出了一些小问题。健康快乐是当时我对自己的期许,也要求自己珍惜片刻所拥有的一切。埋葬曾经的暗无天日,仰望此刻的星河灿烂。

3. 那种人——选择比努力更重要

青春期的我们总是叫嚣着:"我不是你想的那种人。"我一直自认为是不够成熟的"中二少女",想要过特立独行的生活,做个真正的个性女生。但随着自己慢慢长大,我越发认识到:想要成为什么样的人是内心决定的,而不是做成什么样子给他人看的。有人认为我是和蔼可亲的好同学,有人认为我是兢兢业业的好班长,也有人认为我是过于热情的自来熟,更有人认为我是恣意生活的酷人。我们无法改变别人对自己的看法,无论这看法是好是坏,是客观还是主观,是否戴上了厚厚的有色眼镜。

大三是大学生活的转折点,在这个节点中做的决定会影响到未来几年甚至一辈子的人生。同学们有的选择了努力学习获得保研名额,有的选择了直接工作,有的选择了出国深造。我和大部分人一样,选择了考研。我仍记得一位对我人生起向导作用的人在食宝街对我的谆谆教诲:"选择比努力更重要"。在他的影响下,我根据自己的实力和理想选择了最适合我的一条道路,并坚定不移地走下去。无论是做哪种人，我都希望自己做最想做的那种人，做最适合做的那种人，而不是被外界的声音所决定。

4. 苦乐交响曲——在考研中磨炼自己

生活就是一首苦乐交织的交响曲，每个人都在穷其一生品尝人生的滋味。大三下到大四上，我基本在为2021年年底的考研做准备，与舍友们共同努力、相互陪伴、相互鼓劲。考研人可能没有看过"凌晨四点的洛杉矶"，但一定看过图书馆闭馆的漆黑模样。一年的努力，为了理想，我们拼尽了全力。看书、背书、做题，无限循环，直到打完这场战役。初试结束后进入复试，又是紧张的复习阶段，直至令人欣喜的结果报出，我感叹这一整年的努力和辛苦终究没有白费！我们每个人目标不同、理想不同，但都要经受生活的锤炼。经历风雨才愈发懂得坚持的可贵。

对于曾经鼓励、支持我的人，我真的很感谢。感谢老师对我的谆谆教诲，在人生方向的把控上给我很受用的建议；感谢家人对我一直以来的陪伴，做我坚强的后盾；感谢同伴对我的加油打气，让我有比从前更强大的心脏。

青春感悟

1. 像水一样

李小龙曾在采访中说过："Be water, my friend."人们总将"顺其自然"作为人生信条，认为水到渠成是最好的指引。我认为这一点非常有道理，"车到山前必有路，船到桥头自然直"并非消极的想法，而是顺应自然的选择。首先，这一点体现在保持健康的身体上。"春生夏长，秋收冬藏"，那么要保持一个健康的身体，规律的作息就是一切的根本。随着年龄的增长，我越发能够体会到班主任每次对我们强调的"多读书、多运动"。大道至简！只有多读书才能够弥补内心的空虚，为未来的工作打好扎实的基础；只有多运动才能够保证好的身体，为学习生活中释放压力做好支撑。其次，这一点体现在人生态度上。我越发认为，能够做一个不那么普通的普通人就已经是人生很高的追求了。无论是学习成绩还是人际交往，都不是能够强求得来的，我们尽力做好自己该做的，而无须费尽心思去将不属于自己的东西占为己有，不然那是不会长久的。

2. 终究还是因为爱

回顾四年来的点点滴滴，我发现一切的学习和生活都围绕着一个词——爱：有来自父母亲人的宠爱，有来自师长们的关爱，有来自同学朋友的友爱。

我能在今日走到如今的位置，取得如今的成就，是在爱的包围下达成的。是这些在背后支撑的力量，让我在每次暴风雨来临时都能坚持自己的信念。对于过往的一切，或悲或喜，我都保有一颗感激的心：我感谢每一次遇见，感谢每一段经历，接受曾经的失去，拥抱未知的彷徨。你们成为我的盔甲，抵抗所有的千军万马；你们让我学会原谅，放下过去并要凝视远方。原来都是因为爱的存在，奔向未来的我才会有更多的勇气和力量。

3. 杂草精神

人生的路是崎岖不平的，人们总是摔倒、站起、再摔倒、再站起。我自认为还算是个较为乐观的人，以乐天派的作风给身边的人带来许多正能量。在很多人看来，我是个话痨的自来熟，或许还做着不切实际的白日梦，但我乐在其中。在四年的成长中，在和同学们的交流中，我也逐渐发现自己的一些缺点，并致力于完善自我人格。与强烈的好奇心相伴而来的是三分钟热度，与真正致力于在学业上有所成就的同学相比，我显得有些漫不经心，一会儿一个想法，缺少了些许静心坐下来的耐力。与大大咧咧的性格相伴而来的是"神经大条"，与心思敏感、见微知著的同学相比，我就显得不够缜密细腻。总的来说，我会去改掉一些自身的小毛病，但我接受这样的自己，我热爱浑身闪闪发光的自己，这样一个独一无二的我。我们每个人都在现实的摸爬滚打中找寻着自己的生活方式，找寻着自己的立足之地，发现着自己的社会价值。作为一个理想主义者，当自己的梦被现实击碎时，我也曾有过无助、彷徨、绝望。过往的经历终究使我们受伤也受用。身边有与我共同面对的人、有坚定支持我的人，无论未来有多少的艰难险阻，我都会充满杂草精神，坚持不懈、毫无畏惧地向前冲！

人生志向

人生志向是个很宏观远大的名词，我至今无法说出我到底想在未来从事什么职业，又在什么方向上发光发热。

小时候一直想做一个爸爸妈妈和老师眼中的好学生，我尽力去将自己变成传说中"别人家的孩子"。当真的成为他人羡慕的好学生、乖小孩后，我发现墨守成规、一成不变的"乖乖牌"不是我真实的样子，我并不想成为千篇一律的人。学习好只是人的一个方面，人是由方方面面构成的，人是立体的，而不是平面的。我想成为一名好学生，但这并不代表我的性格中没有无畏、热血的因子。

曾经我想过将自己的爱好发展成谋生的工具，后来阴差阳错地失去了机会。我也会偶尔想想如果走在那条路上会是什么滋味，但并不会留恋，我很珍惜自己当下的生活。在那个流行滑盖、翻盖手机的年代，我独自在家一天将长笛练习6~8小时都不觉得累；每一次的乐团排练和演出，我都是全心全意地沉浸其中；每一首展示给大家的曲目有我成千上万遍的练习。尽管我已经离过去的梦越来越远，但我仍对自己加入北理交响乐团感到荣幸。

很幸运今年我能在考研大潮中上岸。我要继续见贤思齐，向身边的优秀同学学习。相比之下，我发觉自己读的书太少，在写论文、发表观点时经常张口结舌，非常羞愧。我暗下决心，既然已经选择了学硕这条路，那就好好地走下去，多读书、多积累，以前不认真听的课以后要端正态度认真听。两年的研究生生活会非常紧张且短暂，课程、法考、就业、毕业会接踵而至，我需要备好一个强大的心来面对这一切。无论未来做什么工作，我都希望我能够兼顾工作和生活，在工作之余可以享受生活，找到自己在社会、工作、家庭中的定位，做好自己的角色，在擅长的领域发挥自己的价值。

结 语

海浪拍在岸上溅起了水花，日夜冲蚀，渐把岩石磨成沙。当德育终期答辩的通知发来时，我才意识到我的大学生活已然进入尾声。我记起了当初德育开题时我在班级里表演的"庭上弹唱"，想起了德育中期时为大家准备了信纸和信封，让同学们写下对大四的期待。现如今，我和8名同学因疫情的影响被封闭在宿舍楼，写着这篇德育终期答辩稿。没有想过自己的大学生活会是以这样的方式落幕，只是觉得遗憾，想说的话、想见的人，都可能随着这场疫情而无法实现。新冠疫情是我们这代年轻人所面临的最大挑战，由于疫情影响，一些人的职业规划、人生选择甚至是人际关系发生了很大改变。面对严峻的形势，我们要直面挑战、迎难而上，这才是最考验我们的时刻，最需要付出的时刻，最见证真情的时刻。到未来我们抗疫成功的那一天，希望我们回想起这段记忆时心中是坦然接受的，是充满爱与感动的。

我在毕业论文的致谢中写道："没有人能够代替你独立勇敢，也没有人能够拿走你的坚强善良。自己的人生最终还是依靠自己的力量走下来的，他人能给予的是陪伴和鼓励。坚强善良，独立勇敢，永不放弃，力求进步，希望未来的我能够继续保持这样的品质，终究有一天我会取得成功！"

背灯和月就花阴

特立书院　郑沄龙

"背灯和月就花阴,已是十年踪迹十年心。"恍惚间,四年的大学生活已然过去,那个18岁青涩懵懂的身影依然历历在目。

望尽天涯路

无论高考发挥出色还是失常,我都与大多数人一样,怀着无尽的新奇和满腔的抱负来到了这个校园。大学生活与高中生活不同,除了学业内容的升级,大学生活比高中要多姿多彩得多。走班制度的大学课堂、无人限制的电子产品、自由多样的课外生活和五湖四海的同学,这些突如其来且巨大的改变让我有点措手不及,我和几千名新生一样,努力适应着新环境、新生活。

"昨夜西风凋碧树。独上高楼,望尽天涯路。"大一,在一切都充满新鲜感的环境下,我尝试了许多事物,试图找寻适合自己的一条路。这条路是学习之路,是生活之路,更是理解世界、体验人生之路。在徐特立学院这样一个略显特殊的大家庭,身边的同学仿佛在每件事上都多一股劲、多使一份力。在最重要的学业任务上,由于天分不高,自己也不敢少花时间在此,勉强苟活。自古丑人多作怪,课内知识并不扎实的我企图涉足课外竞赛,大大小小的竞赛也有我的身影,程序设计、数学建模、学科竞赛,然而这些并无所成;但我从中开阔了视界,认识了众多"大佬",因为自己的"菜"而更能理解他们的艰辛和人与人之间的差距,这些不可不谓收获。早闻大学学生事务工作异常锻炼能力,我也想去凑凑热闹,奈何课业任务繁重,左右摇摆之下我还是求全了学业,没有深度参与大学的学生工作,成了我为数不多的遗憾之一。为了丰富自己的课外生活,我也想发展自己的兴趣爱好,可我不识音律、手拙口讷,只能望而却步。最后,在朋友的影响下学起了滑板,学会了第一个可以被称为"技巧动作"的滑行。谁能想到长久地被弃于宿舍积灰的滑板，居然在我大学生活中发挥了举足轻重的作用。

在大一尝试的种种事物，既是对新鲜大学生活的探索，更是对自我人生定位的探索。正所谓条条大路通罗马，每个人都要找寻适合自己的人生之路。

不悔衣带宽

"衣带渐宽终不悔，为伊消得人憔悴。"生活的魅力不在于一时的辉煌，而在于平常的无味，如何从平常生活中发现美好是我们毕生的课题。

千禧年出生的我和同龄人一样，以一种奇妙的节奏和祖国一同成长着。2019年，我19岁，新中国也整整70岁了。这也是我来北京读书的第二年，万分有幸能够成为亲身见证祖国生日的京城学子，更有幸的是能够成为群众游行的一员。70周年庆祝大会的准备其实早就开始了，3月，我收到了选拔参加民兵预备役学生的通知，通过选拔的同学将会参加70周年阅兵方阵的训练，最终将有机会亮相长安街，从天安门前走过，接受全国人民的检阅！"这是何等的荣耀啊，我绝对不能错过！"我这样想着。和父母商量过后，我毅然决然地报了名。在简单的政审谈话后，只要通过体检和初试遴选，我就能进入方阵的训练当中了！体检那天，在做完了各项检查之后，我和一同报名的四五十名同学站在了教官面前。这名教官将要依据一些军人基本动作规范先挑选一部分人，淘汰的人自然无缘之后的训练。我绷紧了神经，尽我最大努力把最好的状态展现出来。我一边脑海里努力回想以前军训时教官说的动作标准，一边尽力将自己的动作和心中所想匹配起来，可是却没能得到教官的认可。我就这样错过了进入阅兵方阵的机会，这件事一直是我的一个遗憾。

正所谓"山重水复疑无路，柳暗花明又一村"，当我在为自己预备役选拔落选而失望时，学校传来了暑假要进行群众游行训练的消息。无论怎样，我得好好把握这次机会，所以我毫不犹豫地加入小队长的队伍中，渴望发挥出自己最大的价值。后来在征集标兵排成员时，我也果断地选择了加入。在我看来，能以这样的形式参与到国庆70周年庆祝大会当中是无比光荣和幸运的，无论训练有多么辛苦，我都要坚持下来！

从提前返校正式训练到庆祝大会当天一共70天，我们顶着酷暑训练了70天。现在回想起来，我已记不起那70天的艰辛，脑海里满是快乐。其实不是真的不辛苦，只是在炽热的爱国心面前，痛苦也都变成了甜蜜：良乡机场，退却困意迎来初次合练的大获全胜；海淀机场，雷雨袭来我们唱出嘹亮歌声。我能记起合练时，经过兄弟院校队伍时的互相欢愉；我能记起口渴难耐时一车共享一瓶水……这些画面都值得我一生去珍存。

　　70天的酸甜苦辣，在我们从天安门走过的那一刻都成为永恒。10月1日，一切都像先前合练那样进行着：凌晨操场集合、排队第一次安检、登车、下车、正义路右拐第二次安检、集结点集合、领取餐包……所有流程每一个人都烂熟于心。约十一点二十五分，群众游行正式开始，伴随着万人合唱团的嘹亮歌声，游行方阵在长安街从东缓步向西走去。我告诉自己，要好好享受在天安门前的两分钟，努力记下这个重要场景的每一个细节。我站在队列中，耳中满是乐声和欢呼声，两侧是和我同样激动的观众，他们挥舞着手中的红旗和我们互动致意。城楼上站着的是我们最敬爱的习近平总书记，他也向我们招手。这一刻，震撼于祖国日新月异的蓬勃发展，欣慰于亲身参与庆祝大会的荣幸，感动于四海同庆的家国情怀……百感交集，热泪盈眶！

灯火阑珊处

　　"众里寻他千百度，蓦然回首，那人却在灯火阑珊处。"

　　转眼毕业季已到，回想曾经入学时的豪言壮志，未免觉得可笑，但转而又有所释然。虽然没有突出亮眼的成绩，但也有可圈可点的地方，也曾为重要的事情努过力、熬过夜，没有碌碌无为任由光阴流转，至于结果意义上的成就对自己真的重要吗？或许对于世俗意义上的成功来说是有意义的，可人生在世活脱潇洒不也可谓精彩漂亮吗？回想大一德育开题报告中我给自己定的人生目标——努力成为一个文理兼长、身体健康、思想积极、生活有条理的人，现在看来，我依然没有改变对我未来的期望。所谓文理兼长，即在本专业（计算机视觉）技术能力突出的基础上继续培养文化素养，目前希望在文学、摄影技术、经济学、社会心理学方面多做了解，这些能够更好地帮助我了解世界，和别人交流。身体健康，这个很好理解，正所谓健康是生命的本钱，没有健康一切都没有意义。在看了那么多行业前辈在岗位上倒下，惋惜生命的同时也告诉自己多注意锻炼身体。思想积极，就是热爱生活的态度。罗曼·罗兰曾说："世上只有一种英雄主义，那就是在认清生活真相之后依然热爱生活。"作为时常仰望星空的唯物主义者，我深知生命的渺小，这也是遇到挫折时调剂心情的良方，但这并不影响我热爱生活、体验生活，以一个社会人遵从社会的规范生活在这个地球上。我也知道我的所谓自主意识也不过来源于神经元的一次次放电、神经递质的一次次胞吞胞吐，但这也不影响我自尊自爱、不逾矩。我想这就是所谓做自己的英雄吧。生活有条理，是我对自己更高的一个要求。如何更好地掌控自己得从掌控自己的生活开始，学会记账和理财，明白自己的每一笔流水；学会规划时间，让生活的每一点滴都变得有目的；学会家务，走向真正的独立；学会记录，让生活的每一点记忆都在未来变得可寻。

四年时光，说长不长，说短不短。文末停笔，大学时光有许许多多有趣的事而没有被写下，但它们永远地留存在我的心中，成为我漫漫记忆中的一颗颗珍珠，它们也会在未来的生活里偶尔闪光，引我再度回忆起这人生中最美好的时光。

行而不辍　容与自熹

光电学院　吴冠霖

本科的四年犹如一壶酒，跌跌撞撞中碰洒了半壶，剩下的半壶酝着青春的时光，焕发出了它的醇香。

大学记忆

1. 人不轻狂枉少年

那一年初入北理校园，顶着大多数同学一听就自动代入"学霸"的徐特立学院名头，北大附中毕业的自信加持，以及北京的生源优势，我以为自己谈不上出类拔萃，至少能混个风生水起，多多少少带点自傲，觉得身边的同学与我有些差距。

起初，事情的发展也没差个太多。在学术氛围浓厚的特立书院，像我这种从开学就热衷于"玩"的人可谓凤毛麟角。很快，我加入了院学生会文艺部，着手举办书院的各种节日晚会和娱乐活动，做主持、拉着舍友们出节目。我还加入了"北理之声"广播台、飞娆古风社。课余时间，我积极参加各种志愿服务、健美操训练，逐渐在各种文体活动和比赛中崭露头角。

然而好景不长，由于一直以来形成的惰性和上课完全不听、课下随意学学的恶习，让我在一些硬核科目的学习上显得极为吃力。上半学期依靠平时成绩"低空飘过"的数学分析课程，在下半学期狠狠地给了我一个下马威，挂科也成为我本科期间最大的污点。在硬性指标面前，所有的加分项都化为了泡影。可以说，我终究还是为自己对学业方面的轻视付出了惨痛的代价，很狼狈地离开了徐特立学院。如果能从头再来，我会努力说服自己少受外界干扰，在学习上多倾注一些精力，但在各方面的选择应该大体不会改变。

2. 咬定青山不放松

大二之初，校园依然是那个校园，但一切在我面前似乎都不一样了。舍友们还在原有的培养计划之中，寝室楼道里每天碰面的同学还是原学院的他们，每当看着大家一起去上课、开团日活动、年级会议，而自己却处于无论新教学班还是行政班都人生地不熟的阶段，说没有感到落寞那是假的。刚转院的时候，我发现新学院的同学们大多已形成了一个又一个"人脉圈"，他们不会注意到自己的专业是否多了一个人，更不用提主动付诸精力来认识我。穿梭于教学楼之间时，我害怕遇到以前熟悉的同学打听我为什么没有和大家一起上课，也不愿再去加入新的团体或组织。回想那段时间的自己，就像处在另一个世界之中孤独的旅者。

人终究是社会性动物。一遍一遍给自己施加心理暗示之后，我主动尝试去和班委们接触，和上课时邻座的同学交流，算是初识了几个同专业的小伙伴。但一切远没有那么顺利，因为选择专业小方向重新分班，我又被分到另一个，面临的又是和当初一样一个人也不认识的尴尬境地。疫情返校以后，因书院变动更换宿舍，我和不同专业的新舍友几乎是从头开始相处，入党的事情也由于书院之间存在交接问题搁置了几近一年，可谓诸事不顺。

所幸的是这些事情都没能在心理方面压垮我，每一次困难来临之后，我都带着不服输的倔强，始终坚信作为自己人生舞台的主角，我有着自己独特的闪光点。在疫情网课的那一学期，我试着投入更多的精力在课业上，并且报名了线上助学活动，陪伴湖北省的一名中考生一同学习。在我尝试帮助她缓解压力的同时，也仿佛在疏导自己。我也通过线上交流平台遇到了与我分享经验的热心学长学姐，并在他们和家人的帮助下认真审视了自己过去的错误，开始尝试接受平庸的自己并面对现如今的生活，慢慢从之前的阴影中走了出来。回想曾经自卑情绪的出现，大多是来源于"聚光灯效应"和自我意识发展中的冲突，也就是理想中的自我和现实中自我的差距，以及实现理想过程中的压力。

3. 待到山花烂漫时

由于重新在社交中主动了起来，我认识了一些同班的小伙伴，也在交谈中发觉先前确实是高估了他人对我的关注度，大家更关心的是我现在这个人，而不是以前的我如何。

大三期间，复习考研成为我人生中的主旋律。但因为数学分析科目的原因，我对自己的考研路一直都没有什么自信，总是一而再再而三地动摇。大三下学期的时候，在小伙伴的帮助下，我认真计算了自己目前成绩的排位，正好处在保研边缘线，对当时的我而言，这一份惊喜就仿佛惊慌失措的旅人在雪夜中看到了温暖的篝火。带着星火般的希望，我的生活变得愈加忙碌了，坚持复习考研的同时兼顾"卷"成绩、"刷"综测，并且在最后一次有加分可能的大型赛事中开始了我的第一次学科竞赛之旅。或许是被老天眷顾吧，团队的指导老师和同学虽然先前不算熟识，但出奇的合拍与互补，我们最终拿下了想都不敢想的国赛一等奖。

公布保研名单的前几周，我的日常生活完全笼罩在压力编织的蛛网之下，每天除了反复被焦虑和恐慌折磨，不断地刷新官网等待出政策，还有联系前辅导员，奔跑于两个校区间整理综测证明材料……最终算是功夫不负有心人，凭借着竞赛的加成和六个学期的综测积累，我成功进入了保研名单之中。然后就是大三一年的付出得到的回报远超预期，国家奖学金、校级优秀学生标兵、青春榜样……我拿到了一个个之前想都不敢想的奖项。重拾信心之余，也感慨自己多少有点大学励志故事的意思，其实大多数困难的攻克都是在心底，不敢说为人处世方面成熟了多少，至少在这些年中磨炼出了更为坚韧的灵魂。

感悟与展望

谈起大一懵懂之时，怀揣着对大学生活的向往，立下了诸多目标，虽然可以说完全没能按照预料的路线发展，但在阴差阳错之间居然也实现了七七八八，我将其归结为目标的力量吧。当年许下的小小梦想，即使在现实中没有刻意回顾，它就像静待发芽的种子一样，一旦有了契机，就能立刻知道这件事是我想要去尝试的。

学术发展规划方面，当年写的长远目标是能够参与团队共同完成至少一项科研项目。很荣幸在大四上学期，在导师和学姐给予的充分信任之下，我作为主要负责人比较完整地参与了一个项目的整体流程，该项目最终成为我的本科毕设题目。其他小目标诸如专业选择、优良率、"大创"、学科竞赛，等等，基本也达成了。唯一没有完成的就是学习一至两门外语。在快节奏的四年中，别说是曾经设想的日语、法语了，由于个人的怠惰和懒散，可以说是书都没有看过几本，连带着英语和汉语的表达能力都下降了不少，也希望能在未来的生活中好好沉淀与丰富自己。

在个人综合素质发展方面，我基本实现了德育开题的目标。如参加赴美交流外出访学项目，开拓了国际化视野；在毕业季之前进入了人生新的阶段，开始尝试并处理恋爱关系；在课余时间里参与社会实践、社团活动和志愿服务，也有参加一些合唱、健美操和配音比赛等，坚持了自己的爱好。在大型活动上，70周年国庆合唱团成员、80周年校庆晚会双节目演员和2022年北京冬奥会首钢滑雪大跳台交通领域志愿者，都是我的北理工高光时刻与人生中不可磨灭的青春烙印。今后，也希望自己能够善于把握机会，成为独立、不依靠父母，并有能力孝顺父母的人，控制并努力改掉自己的性格缺陷，丰富各方面的知识，掌握进入社会的基本技能，真正成为一个多方面发展、有内涵的人。

通过四年大学生活的打磨，我大致形成了自己遇到挫折时的解决方法，比如多约朋友们一起在校园里散散步、晒晒太阳、聊聊天，或者去操场上运动。也对自己有了更为明确的认识：之前总想着做什么事都要留一点余地，这样在未能取得理想结果时还能安慰自己只是没有尽全力而已，但经历了这四年的生活，方才知晓全力以赴才是最难能可贵的，也是最容易取得成效的。失败并不可怕，可怕的只是不敢面对失败。同时，我对马克思主义中"事物总有两面性，既对立又统一"的观点深以为然，不能否认困境中消极的部分，但可以尝试从积极的一面去分析它。能走到今天这一步，我感觉自己已经算是上天的宠儿了。我也愿意相信"溺水的人"，只要有一根绳子能够借力，都是想要奋力向上的。所以在未来，我想我依然会从积极的角度思考问题、用乐观的心态面对生活，也还是会继续热爱参与各类活动，不仅是为了丰富自己，更是想将温暖传递给身边的每一个人。

短短四年本科时光匆匆而过，站在桥的这一头回望一路以来的摸爬滚打，我更清晰地认识了自己，成长了很多，也成熟了很多。于未来的研究生阶段，希望自己能够具体情况具体分析，不忘初心，立足当下，展望未来。

适与适从：一场苦旅的双重印象

明德书院　王禄玺

> 张有志在马路中央停住脚步，双臂下垂，他忽然意识到，自己一直以为美好还未到来，但事实上，美好已经逝去了。……
>
> ——短门先生

适

"适"的本义是走向目的地。出发、到达，人生亘古不变的主题，在这中间，我们不停地追问"如之何，如之何"。人性中永恒的善变，让我们时常怀疑，由此自发地寻找问题的答案，由此在心安处发出新的追问，于是见山不是山，见山又是山。

来到自我的边界，一个与我有几分相像的小学生向我招手，他与我诉说如何在范式的科学家、工人、警察的梦想中出离，讲出"我要做哲学家，去北大，读哲学"的话，被人讥笑但又自我澎湃。在被规训的家庭中，"延续"总成为合时宜的"改变"的替代品。母亲的第一次一意孤行，令我实现了首次人口流动，从一个小城镇前往市重点念书。第一次考试，意外地考得不错，不费什么力气便拿了班里第一，这次，成绩除带来了自我澎湃，我的周围多了掌声与喝彩，好好学习成为我的理解中保持"昂扬"的唯一办法。之后的几年，是对于"昂扬"的不懈追求。之后面临升学，母亲的第二次一意孤行，实现了我的第二次人口流动，从市重点前往省重点念书，我延续了"昂扬"。在远离父母与家乡的日子中，我觉得人活着应该有能力爱别人，也应被许多人爱着，想做一个富有浪漫主义色彩的反叛者。讽刺的是，我依旧选择了顺从，为了家里人对于"985"的期盼，我选择了北理工。我想我还是缺乏母亲那种一意孤行的底气和能力。

如今关于大学四年的生活以及四年前的抉择的印象击中了我，我产生了这四年我到底是收获颇丰还是平平淡淡的怀疑，这样的怀疑让我萌生了以记述的形式反思四年大学生活的想法。

关于大一最深的记忆有两点。第一是军训。我想无论是逆反还是顺从，军训都是大学生刻骨铭心的一次历练。记得当时的天总是很晒很晒，同学们会因被分到一块荫凉的训练场地而雀跃，也会因被分到没有树的篮球场训练而郁闷。为了防止晒伤，即使是男同学也放下心中桎梏，在身上涂上厚厚的防晒霜。防晒霜质地不像一般的护手霜，涂在身上待到变干了就会十分黏腻，它不能阻止出汗，于是在军帽的内衬上防晒霜混合着汗液肆意发酵，形成一种奇特的味道，于是对于军训最深的印象便是日晒、黏腻与味道。这段时光的陪伴让我结识了几位大学好友，算是"患难见真情"吧。第二是新鲜事物的冲击。虽然拿到录取通知书时，并不知道良乡校区在哪，但心中对于大学城的美妙构想令我憧憬万分。后来因女朋友在中关村，房山线地铁成为我往返通勤的"干线"，久而久之也知道它飞跨了永定河与一个森林公园，风光四时不同，非常耐看。这样的景色在钢筋水泥的森林中是一定看不到的。

大学二年级的主题一定是收获，我收获了一段最具光荣感的经历，遇到了一位决心要相伴一生的佳人。能参加国庆70周年群众游行绝对是难能可贵的机遇，我辈青年，生逢盛世，举着花束在长安街上向总书记招手时，真切地感受到了大国气象。后来，从王府井到西单，经过每一处道路我都能说出在此发生的关于这次游行以及训练的故事。那时训练，夜里集合，凌晨彩排，吃的饭是有关部门统一供给的餐包，为了方便和清洁，提供的都是现成的冷食，基本就是饮用水、士力架巧克力、月盛斋的即食火腿片、三片吐司面包，花样虽不多，质量倒是十分过关。面包夹火腿片就是这种令我印象极深的食物，它的配方就像是一道开卷题，材料给定、指向明显，但也可自由发挥，夹上巧克力，甜咸的搭配，给人最简单也最极致的味觉快感。凌晨一两点，三两好友聚成一堆闲聊，吃着面包夹火腿，等待着去集合彩排，期待着又能见到什么新式装备，没有什么比这更能增进感情的了。说到感情，我与茅悦的缘分妙不可言，过多言述幸福只会矫情且令人尴尬。我很庆幸在没有疫情的时候去了北外的校园，在擦肩而过时选择了勇敢打招呼。

茅悦送我的第一个手机壳是从李诞的网店里买的，上面写着一串蒙文，意思是若出发，必到达，确实是正确的废话，但关于出发和到达的思考的确构成了一些哲学的基本命题。四年过来，不敢说到达了一开始的目标地，但我的确到达了一个阶段性的吾心安处。此时的追问是：如何才能过得更好？

适从

  大学生不应无所适从，可无所适从又和适从一道成为我的大学生活的一种底色，大二上到一半，疫情暴发，因生活节奏被打乱的无所适从感困扰着我，在特殊时期，我只能适从非常规的生活方式。转录自己在朋友圈写的小片段，算是对那段日子的记忆：

  "写了两天，像是堂吉诃德向风车发起的盛大冲锋，无果而终。一想也对，我的缪斯远在天边。我封校期间，她所在的北外还算自由，能拿到外卖，于是定了两次花。第一次定了向日葵，那是得到封寝消息的晚上，我无比悲伤，所以定了如此富有暖意的花，并说'心若向阳，无谓悲伤'。失意时钻进脑海中的语句，竟是平时觉得最老套的。第二次是'5·20'中国特色情人节，也就是昨天，卖玫瑰的很多家，都很贵，唯独这家配红豆，点明我的入骨相思，早早买下，她拍了很多好看的照片。晚上，趁花未败，花被善良的茅悦转赠他人。闻不到，我也不太确定她这番借花献佛手有余香否，但我相信有，就像我认定她这个人一样。"

  近日在朋友圈看到一篇文章，说中文已死，我想中文未死，读读《收获》或者三联书店的书就会发现它还在那，还挺好，只是过剩的、逐流量而去的世俗力量驱赶它。我有爱看的下里巴人，也有想看的阳春白雪；我知道我该为的宏大，也有我想做的小事。相信未来！

  摘录笛安的一段话吧，"我听见我的身体里刮起一阵狂风，它尖锐地呼啸着，穿透了我的身体，穿透了我的视觉跟听觉，那就是岁月吧，我知道的，那一定是多年来，疯狂地沉淀在我身体里的岁月。"

  疏解完胸中臆，有种"万籁此都寂，但余钟磬音"的感觉，适与适从，是留存在我脑海里的关键词。

"抹去"的梦想与我的大学生活

宇航学院　齐刘哲烈

德育中期报告会上，我翻出了一封我在德育开题时写给未来自己的信。信中的内容很普通，希望自己能对学业更上心，能提升自己的音乐能力，能坚持学生工作，无非都是希望未来的自己能变得更好云云。其中一个地方勾起了我的兴趣与回忆——在信的最下方，似乎有字被故意抹去了：字被涂成漆黑一团，旁边戏谑地写着："还记得起来这几个字吗？"这无疑是我自己写的，但我的脑海一片空白，压根想不出当时写了什么，又是如何以这种调皮的心态涂抹去了那几个字。但那几个字在当时对我一定有着特别的含义吧，但既然如此，我又怎会忘却那些重要的言语？又或者，那些言语只是……

在泥沼地里奋进着的我的"德育中期"

"我好像真给忘了。"

我在台上尴尬地笑着，同学们似乎也被我的粗枝大叶逗笑。在台上，我是真真切切地忘记了，那被我划去的字符。我尝试在脑海中回忆，把纸翻过来查看反面的字迹，把纸对准灯光试图寻找任何能勾起我回忆的蛛丝马迹。无果。

"就当是抖个包袱，活跃活跃气氛吧，反正都记不起来了。"我在心里这么对自己说，也许过不了多久，我就会忘掉这个"疙瘩"。

德育中期正值大三上学期，我们刚分流到学院小专业。这是一段新旧交织的时间。一方面，大学生活已然过半，和数学分析等较劲竟已是两年前的陈事；另一方面，我们终是踏入了大学生活的后半段，面对全新的班级、全新的同学、全新的专业课，心中说不清是新奇还是忧虑更胜一筹。

我们在德育中期交流会上浏览着一年半以前写给自己的信。细细看来，里头有部分期许是我完成了的。

大学 青春 人生——第三篇 青春行

首先,"保持对音乐的热爱"。音乐可真是我的救命稻草啊。德育中期的那年,也正是新冠疫情暴发的那年,我作为一个湖北人,很早便不由自主地焦虑起来。因为即便封城了,但消息总是流通的——隔壁小区哪栋楼不幸有了感染者,哪个地方的护士不幸感染了……诸如此类的内容必然让人心忧。好在一方面连日下降的新增感染者人数让我们稍感放松,另一方面则是音乐让我的心静了下来。不论是音乐人做出的记录疫情时期自己心态历程的电音大碟,抑或是为世界加油打气的应援歌曲,是传递人生经验的独立摇滚,都让人倍增勇气。我流连于音乐,看音乐的演变,看音乐的先进性,看音乐的预见性,体悟所谓"摇滚精神"。没有流媒体、没有电子下载,20世纪的音乐可真是热闹!边着眼旧时代音乐,边反思如今的音乐产业,边看边学。我认为这也是对我个人价值观的洗礼,也是在思索中锤炼自己的能力。

我在信中还写道,"学生工作确实是你可以大胆追逐的目标"。从德育中期看来,且不论我是否将学生工作做好了,但至少可以说我是坚持下来了:从最初的被评为"组织优秀干事",到偶得机缘参加精工书院赴四川仪陇红色实践,紧接着在2019年夏天参与庆祝国庆70周年群众游行并担任部分骨干工作,再到留任书院学生组织的部长与会长,到评选为校级优秀学生干部,再到代表书院成为校学生会常务代表委员会成员。也许这些内容并不出彩,但我确实将学生工作坚持了下来。

为什么我要执着于学生工作?一方面我确实喜欢为同学们服务的感觉,也许是花了数个小时做出的一篇推送,也许是反复修正的一张海报,也许是回复同学们疑问后收到的一句"谢谢",都让我备受鼓舞。另一方面,我有个"保资"的目标。

在迷茫中闪烁着的我的 "德育开题"

初入大学,我非常不自信。老实说,我在高考中是属于"考得过好"的那一类学生,最终才来到了我连奢望都不敢奢望的北理工。我一方面觉得自己不如那些凭着自己硬实力来到北理工的同学综合素质强,另一方面,我又来到了自己不那么感兴趣的理工类专业。也许在日常生活中我并没有表现得那么自卑,但其实这一直是我心里的疙瘩——对,就和那几个我忘掉,被涂黑的字一样,一直埋在我心里。

我有时也会和辅导员、学育导师们谈到这个话题,老师们也安慰我说大学是新起点,大家站在同一条起跑线上。但事实是,我粗陋的数学理念、简拙的图像思维让我在数学分析、工程制图、大学物理等多门基础课程上的表现都只是表现平平，没有挂科而已。

我和很多初入大学的同学们一样，大家最开始给自己定的目标都是获得推免资格直接保研，但现实却在大一时给了我一记重拳，糟糕的成绩直接否定了保研的想法。但似乎当时的我，不知该说是乐观，还是苦涩中向前看，想着我不能就这么漫无目的地、随机随缘地在这个学校度过我的大学生活。

偶然间，我接触到了"保资"，我便将之作为了我的目标。

在终点闪耀着的我的"德育答辩"

四年一瞬——这是很普遍也很真诚的一种感觉。这四年中我完成的最大的目标，可能就是"保资"了，我在获得推免生资格的同时，将任职精工书院2022级新生辅导员。

我似乎已经为这件事努力了许久。德育开题时，我告诉自己要坚持学生工作，丰富阅历，提升能力；德育中期时，我为自己定下了"保资"的目标。而到了大四，我顺利完成了"保资"的所有流程，完成了我既定的目标。

"保资"要求有丰富的学生工作经验，我为此一直不懈奋斗。我担任过精工书院学生自管委员会会长，负责组织建设、社区管理等多项事务。在工作过程中，我当然也有过苦累与消极的情绪，也擦拭过委屈的泪花，但在我冷静下来后，咬牙坚持了下来。

"保资"还要求有优异的成绩。一个好成绩对我来说不是很容易的事情。尽管我已经保持了非常专注的学习状态，但在大一时，尤其是大一下学期我的成绩也仅仅只能保持在"不挂科"的水平，排名已经来到了中间偏后的位置；而这离当时的"保资"成绩最低条件——排名前35%还相去甚远，而且大一的学科所占的学分又是最多。保研已是不可能，"保资"也并非易事。

但事情似乎在向好的方向发展。在大二上学期，面临着最难的课程之一——理论力学，我几乎将每个周末都投入到课程的钻研之中，虽然最后的分数并没有那么高，但我很开心能够跨过这一个巨大的障碍。随之而来的是2020年的疫情以及居家学习的一整个学期，理论力学的孪生伙伴——材料力学又挡在了我的面前，但在家中学习的我相当自律。或许是我的目标敦促着我前进，或许是在家中的环境更加自由，不用每天为吃什么而发愁，我确实在规律的生活中完成了一整个学期的学习，也比在学校更加自律。尽管材料力学最后的得分与他的孪生伙伴几乎一样平平淡淡，但在许多其他课程中我取得了较以往更好的成绩。

　　成绩的真正起色是在大三的时候，也就是德育中期的那段时间。在分流到各个专业后，课程从公共基础课转为了专业课，这两者之间有了明显的差别，前者庞大的知识体系与抽象的概念于我来说晦涩难懂，而专业课更贴近现实。在新的专业班中，我还能找到三两好友，一起上课，一起完成小组作业，一起复习考试。

　　最终我成功在2021年的9月完成了所有"保资"流程。从如今身处的毕业季回首过去，可以说，"保资"是我许下的梦想。从中小学的命题作文后，我似乎已经失去了谈梦想的能力。可能是太过羞涩，对将目标唤作梦想而感到难以启齿。但回望我的大学生活，我为了一个目标非常有针对性地努力了三四年之久，即使我不再是一个浪漫主义者，我也应当要肯定这个目标在我心中的地位。

　　埋在心中的目标已经完成，与之同时消解的还有不自信。我通过实现自己的梦想完成了与自己的和解。但我心底还有一个疙瘩：那几个被涂黑抹去的字，究竟是什么？——那就是我为自己定下的"保资"目标，定下的"保资"梦想。在德育开题之时，羞涩懵懂的我，为自己定下了这个目标，悄悄地将它涂黑，考验未来的自己，是否坚持为之而努力。德育中期之时，我忘记了开题时的想法，却从来没有忘记为我的目标坚实迈进每一步。德育答辩，我不求我的大学生活与同学们相比更为精彩——我希望每个人都活出自己想要的样子——但我可以自豪地说，我用我自己的力量，完成了我的梦想。

　　我从来没有忘掉那些重要的言语，它们只是为了融入我的每一个脚印。

"小镇做题家"的突围之路

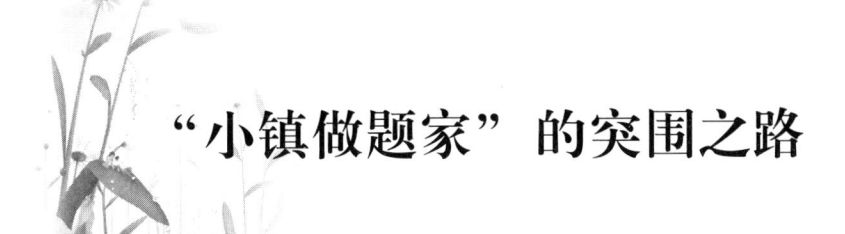

机电学院　何鹏发

夏天悄悄地潜入京城，若不是午后的燥热夹杂着蝉鸣袭来，真让人以为还有大把时间享受这校园时光——是的，在我写下这些文字的时候，毕业的脚步已悄然临近。这四年，历尽千帆，我又一次站在十字路口，而前方的路如何走，还需回首来时的披荆斩棘之路。我本是芸芸众生中的一员，也曾在"分数证明一切"的价值观被打击得支离破碎后，迷茫到连问路都不知从何问起。身陷重围，难道就缴械投降吗？不，"做题家"也有"做题家"的倔强，我始终坚信，我有能力从闽西小山城考进北理工，就一定有本事从北理工走向世界。

山重水复疑无路

1. 大开眼界

或许每个人在高中时期都有对大学的一些畅想，但并不是所有人都会经历曾经奉若神明的价值观被碾压得粉碎的迷茫。虽然现在我已经成功突出重围，但那些令我无所适从的日子可谓是相当刻骨铭心。

大约是从初中开始，中考升学压力下，"分数证明一切"的观念悄悄在我心中扎下了根。到了高中，只要成绩好就被认为前程似锦的氛围更让我对"高分=好前程"深信不疑。我习惯了被量化的指标所定义，天真地以为只要在群体共用的评价标准中获得更高的分数，就理所应当地拥有更美好的前程。

在我高考那年，时任教育部部长陈宝生说，要让大学生合理"增负"，严把大学出口关，不是轻轻松松就能毕业。尽管老师们在各类新生教育活动上也反复强调这一点，我却不以为意。这并不是因为我认为大学课程可以浑水摸鱼，而是我对自己高出投档线15分的考试能力信心十足，而且，我也不是陈部长口中"整天醉生梦死"的那些人。我认真上课，认真写作业，认真考试，还怕学不到本事？

2018年初秋的北京，凉风习习，带着对未来美好畅想的我走进了全英文教学专业的面试间。英语口语本是我的强项——至少和我的大部分高中同学相比是这样。但那一天，和我同场面试的两位同学纯正的英语和竞赛获奖的履历把我惊得说话都开始结巴。面试结束后，我稍稍平复了实力被同龄人全方位碾压的心情，安慰自己"只不过是恰好碰上了两位大佬而已"。

然而，我还是低估了北理工同龄人的实力。我至今都无法忘记，在我因解不开一道非常基础的高数题而排队向老师请教时，队伍前面的两位同学在和老师大谈吉米多维奇；也清楚地记得，在我为学不懂线性代数和分不清"编程"和"C语言"而苦恼时，身边的同学就已捷报频传，校级、市级、国家级、国际级……似乎我身边是一群天才少年，拥有无限的精力，哪怕是课内成绩远不如我，依旧在竞赛场上横扫千军。

最让我信心崩溃的，是"大创"。虽然上大学前的我去过不少地方，不至于像大山深处的孩子进城之后在机场找不着路，但我从未想到，我和大城市的顶尖学子们所接触的事物竟有如此大的差距。我原以为，同样是考上北理工，我和大城市同学的差距不过是曾经上学方式是骑单车还是坐地铁。然而，当"大创"开始立项，在一个个我完全看不懂、毫无概念的选题下，是一群人的蜂拥而上，以至于我反复确认"大创"是不是必修课。其中一项名为"脑电波意念控制机器人"的项目最让我瞠目结舌——在我这种上大学前见过的唯一机器人就是洗衣机的学生眼里，这不是科学，是科幻。"这是什么？那什么东西又是什么？我到底要做什么？这怎么可能是本科生能完成的？"这些就是我面对"大创"时最常见的问题。毫无思路，毫无头绪，好不容易遇上"科研大佬"的经验分享会，也只能自卑地坐在台下听他们轻描淡写地讲述着我觉得难于上青天的问题。对于课堂不教的问题，身边好些同学只需上网一搜便有了答案，而我，即便鼠标握在手里，都不知道第一步应该点哪里。

2. 敢问路在何方

或许是习惯了面对考试的稳扎稳打、步步为营，抑或是性格使然，我对自己的大学规划一向极为保守，不过是沿袭着高考思维，以研究生升学为目标，以拿到尽可能高的成绩为第一要务，学有余力再参加竞赛等提升履历的活动。至于国际班前辈们常走的出国之路，在老师和前辈们对国外陌生环境的描述中，我渐渐产生了恐惧心理，这条路也就暂时被天性保守的我抛之脑后。

在好不容易通过高考建立的自信心被同龄人全方位的硬实力撕扯得七零八落之后，大一大二，整整两年，我都好像迷路在深山中，那些奖项拿到手软的同学只闻其声，知道他们已经登顶，却不见其人，向他们靠近的路，到底在何方？

我自岿然不动

1. 扬长避短

经历了前两年的折腾，我不仅身心俱疲，甚至似乎一无所获。就像是被兵力和火力都数倍于己的敌军围困万千重，近乎死路一条。坐以待毙吗？不！我已经从高考的千军万马中冲出来，难道就这样临阵脱逃？大二下学期因疫情困在家里，临近期末的某天深夜，我辗转反侧，只好"寂寞披衣起坐数寒星"，同时我也仔细思索，这两年，我也不是时时刻刻都在被同龄人全方位碾压，至少每学期末出成绩时，心里还能暗自骄傲一番。其实做题技巧本身就能反映出一个人归纳总结、举一反三的能力，为什么要自我否定长处呢？

于是，我坚持将精力重心放在课内学习上。功夫不负有心人，到了大三，随着"科创热""竞赛热"慢慢退去，我的优势逐渐凸显，亮眼的成绩为留学或就业的简历奠定了基础。此外，曾经让我自惭形秽的不少同学，开始为成绩不好而烦恼。我也逐步认清，大学生活是多姿多彩的，不是所有同学都像我一样，只有在行事思路清晰时才敢揽事，科研也不是研究生的专利。有人想当科学家，自然醉心科研；有人追求领导力，学生工作必然是他们的首选……大学不像中学那样，所有人都在同一条赛道上竞争。所谓"内卷"，无非是把自己的弱项拿来和别人的强项比较罢了。

2. 投石问路

虽说心无旁骛学好课内知识不是坏事，但毕业后的发展是无法逃避的现实问题，总不能拿做题当职业吧？为此，我对毕业后各方向的尝试从大一便开始了。

我曾因自己中式的思维和短浅的见识而惧怕留学，但又对国外充满好奇。为了确定自己是否适合出国读研，我借助北理工的广阔平台，有幸跨过太平洋，到访加拿大西蒙菲莎大学。亲身经历证明，是我多虑了，国外的学习生活并没有我想象中那么高不可攀，加拿大的本科生们不过是拥有比我们多得多的人均资源，而我的英语口语只要放在母语人群中稍加锻炼，两星期下来也能无障碍交流。"迈出国门长见识"的想法自此在我心中生根发芽。

经过大学前两年的学习，我也逐渐从对科研的恐惧中缓过神来。带着试探自己科研兴趣和充实留学申请履历的目的，我尝试在机电学院智能机器人研究所承担非核心科研任务，幸运地获得了几位老师和博士师兄的指导。在大三一年的科研试水中，我发现自己思维方式的可笑之处：我之所以在同辈压力下焦虑不已，是因为我默认敢揽下"科幻"项目的同学具备完成项目的能力；然而，知识和技能是无穷无尽的，即使是博士师兄，也需要在面临科研问题时，临时学习一些知识技能，经过长期在某一领域的经验积累，才能成为我们本科生眼中无所不知的专家。

吹尽狂沙始到金

1. 厚积薄发

时光飞逝，在新冠疫情的影响下，毕业来得十分突然，竟让人匆忙得不知道先抓住哪一时刻的记忆封存。于是我再度回首来时的路，忆起当年"时代新人说"讲演活动上某位优秀前辈的话："但行好事，莫问前程"。当时的我很不理解：没有光明前程作保，如何证明当下所行之事为好事？直到大四申请"优秀毕业生"荣誉称号时我才恍然大悟——相比于身边同学们集中于前两学年的获奖经历，我的硬核履历在大三和大四学年迎来大爆发。我脚踏实地认真学习，短期内确实见不到成效，但在大三以组长身份接手"大创"项目时，我解决问题已游刃有余，有时甚至还能给学弟学妹们答疑；我光荣入党，大四"临危受命"接手班长工作，表面上是给自己无端引入许多烦琐的工作，实际让我体会到"敢为他人之不敢为"的成就感和同学们的敬佩与肯定。在留学申请上，海外高校也为我的努力给出了丰厚的回报，我成功收割了小时候做梦都不敢想的"常春藤"名校的 offer……

不积跬步，无以至千里；不积小流，无以成江海。我庆幸在前两年焦虑迷茫的时候没有自乱阵脚，而是一步一个脚印地杀出一条血路来。这个过程并不高光，却是在为最终的成功突围奠基。

2. 大道通衢

近些年有个词很火——格局。经历了本科四年风雨，我也渐渐悟出一些门道。还是以"突围"打个比方：在一场小范围战斗中突围，主要依靠勇气、努力和临场指挥；而在经济、外交、军事等全方位封锁中实现战略突围，则需要全局性的战略眼光。扬长避短，走出最适合自己的道路，是为大格局。

  我从"小镇做题家"的迷茫中突围出来，也发现并不一定要走足迹最多的一条路。毕竟大家的职业规划都不一样，为什么非要和想当科学家的人比论文呢？当眼光放长远，就不需计较一城一池的得失。埋头前进的同时，请一定记得抬头看路，前方条条大路通罗马，找到最适合自己的一条，远比沿着车辙狂奔重要。

坚定理想　丰富自我

光电学院　杨琢

"杨琢，2018级光电学院本科生，中共预备党员，曾任睿信书院学生会副主席，睿信书院学业指导中心主席，光电学院学代会代表。曾获得'睿信之星——学生领袖榜样''优秀学生干部''优秀团员'等院级、校级荣誉奖项。"

在申请推免的报名表上，我如此描述自己，仿佛大学四年的时间已经浓缩成了一个个标签。在这临近毕业的时刻，回顾大一时所写下的稚嫩规划，有的已经在我不懈努力下得以实现，而有的则在我不断探索的过程中被其他目标替换。

学而时习之

学生的职责，最基本的便是学习。

大一我进入信息科学与技术大类专业学习基础知识。对于各种课程，我一直保持热情，认真对待学习任务，努力提高自己对于学习的积极性，提高对学习的重视，为后续的发展打下良好的知识基础。

在学习的过程中，我对未来分流的三个专业方向进行了浅显的了解。在反复思考与咨询后，我选择在大二进入了光电专业。确定专业后，我开始尝试着参与学科竞赛和科创项目，不只是为了追求成绩，更多的是希望通过这些项目、竞赛来拓宽知识面，提高自己的专业能力，加深对各个专业的理解。在2019—2020学年，我参加了"第八届全国大学生光电设计竞赛"，与小组成员一同跟随指导老师针对高山滑雪运动的直播录制技术进行了研究，获得了创意组三等奖。经历了理论学习与动手实践的过程，我收获了很多专业知识，提高了基础科研能力。

大二下学期的半年时间，我们几乎都是在线上上网课。没有了周边朋友营造的学习氛围，对我的专注力和自控力又提出了更高的要求。我给自己定下目标，首先是在课上紧跟老师思路，尽可能地不分神，完整理解课程的结构。课后，再通过看教材的方法补充课堂中错过的具体知识点，及时完成布置的作业，对知识进行巩固。

随着专业课逐渐代替通识课，课程内容的专业性不断提高。光电专业对我来说不再是一个简单的词汇，而是越发地充实与饱满起来。在大三初，我尝试完成了自己的首次课程设计——一篇周视潜望镜的设计论文。后续，我又在大恒光电公司完成了大学中的首次实习。我们参观设计区域和加工车间，聆听从业人员的介绍，体会这个行业的真实情况，接受实训锻炼，近距离感受光学仪器。在学校期间，我对光学仪器的认知仅停留于知识层面，例如ZEMAX仿真、光路计算，等等，而在本次实习中，我接触到了一些工业上的光学仪器，了解到光学设计中的环境因素、实用方面，等等。经过这次实习，我对应用光学系统的设计，有了更为全面的观察视角，也能从专业角度思考客户的需求、设计的需求，从而进一步接近专业的从业者水平。

大四，我在继续完善自己知识体系的同时，积极准备了推免加分的考核，获得了推免的名额。在毕业设计中，我完成了从提出问题到设计实验解决问题的过程，也体验了每天早出晚归泡在实验室做实验的感觉。回想起在实验室做实验的经历，确实是充满了乐趣，有获得符合预期数据的激动，更有实验仪器出现故障后一步一步将其调试恢复的欣喜。在撰写毕业论文的过程中，如何讲明白工作内容，最大程度地展现出工作内容，这些难题也让我的条理性得到了大幅度的提升。

我的大学生活

学习之外，我的大学生活也充满了乐趣。

延续了小学、中学的爱好，大学的我选择了合唱。从军训演出到每次的"一二·九"合唱比赛，再到校合唱团的各种演出和比赛，我一直活跃在舞台。不论是作为组织者还是参与者，这些经历对我而言都无比珍贵与美好。

与合唱不同，乐队是属于大学的独特回忆。我在大一加入"乡琴"，和兴趣相投的朋友组建了自己的乐队。排练室里一遍又一遍地练习，操场的夜空下和北湖的秋风中尽情地演出，音乐在我的大学生活中闪闪发光。

以学生工作为媒介，以服务同学为追求

大一入学时，我就对学生工作产生了很大的兴趣。进入睿信书院学生会，从睿信书院文艺部的部员做起，参与各类学生活动的策划与筹备，体会和学习举办活动的过程。在学习解决问题的过程中，我的工作能力逐步提升，也产生了许多想法与思考。大一下学期，我主动参与睿信书院学生会策划大赛，带领小组以"北水一战"策划案获得第一名的佳绩。此后，我也策划并主办了"笔下花季"文化衫 DIY 活动，取得了很好的反响，荣获"优秀部员"称号。

在大二上学期，我参与竞选，成为院学生会分管文艺、学习的副主席。一年时间，从协助编写学生手册到策划并主办良乡校区的第一场迎新舞会，丰富的工作经历让我对学生工作的意义有了更深的理解，也更进一步坚定了在这条服务同学的道路上前行的想法。

大三时，睿信书院学业指导中心作为一个全新的学生组织正式成立，我担任了中心的第一任主席，与同伴们一同从零开始建设。一年时间里，我时时关注同学的学习情况，思考如何更好地在学业上提供有效全面的帮助，以数十场讲座、串讲，数百场答疑、自习，为书院的学习氛围奠定了坚实的基础。

通过这些经历我认识到，学生工作旨在为学生服务，解决同学们的实际需求，例如学习上的需求、课外活动的需求。在此基础上，还需要以多样的活动为媒介，最终实现学风建设和对学生思想引领的效果。

了解学生所需，提供实际帮助，学生工作是我实现自己价值的媒介。正因如此，我在大四上学期中，抓住了申请"保资"推免的机会，希望在未来的两年辅导员工作中，可以继续发挥自己的能力，将积极向上的能量传递给更多学生。

将经历化作养分

1. 校友走访

利用大一的寒假时间，我和社会实践小组的成员联系到了两位北京理工大学的老校友，进行了一个下午的采访。他们是祖国最艰难时期的知识青年，经历过最艰苦的学习环境、科研环境，但正是在这样的环境中，他们为国家

建造了急需的坦克与炮筒。在他们的讲述中，我充分感受到他们曾经作为青年人时对国家的责任感，更体会到他们作为老党员的信念与精神。他们的身上不仅有先进模范的精神，还有党员的奉献精神，甘愿在艰苦的岗位上奉献自己的一生，不求名利，不求回报，只是想做好自己的工作，为国家的国防事业添砖加瓦。

经过这次的走访，我深刻地被两位老人的经历与精神所触动，对自己也有了更高的要求。一是要养成努力学习、刻苦钻研的好习惯，在做好本职工作的同时，更多地了解行业的最新动态，使自身工作能力和眼界不断得到开阔提高。二是要养成勤奋踏实的作风，不畏惧高压力的环境和可能出现的失败，保持积极心态，以坚韧不拔的意志去完成各项工作。

2. 探访助农

对于生活在城市里的孩子，脱贫攻坚只是几个文字，一篇报道，几张图片，而对于真正的贫困人口而言，则是他们每天要面对的早出晚归、辛勤工作。在大二暑假，我参与了调查扶贫攻坚情况的社会实践小组。我们走访了河北省保定市的阜平，参观了一家手工业扶贫车间。车间针对附近村民妇女较多且需要照顾老人、小孩的实际情况，选择了简单的手工业产品，减少对工人技术、年龄上的门槛要求，并采取个人自行安排工作时间的制度。更为贴合实际情况的脱贫项目为贫困村带来了真正可以长久发展的脱贫方式。政府—工厂—工人，三位一体协作配合、互相协调，找到最好的发展方式，这样的脱贫攻坚正在不断地改变着贫困地区的生活。

在这次实践中，我深刻地体会到了脱贫攻坚任务的复杂性与其重要的存在价值，也激发了我的思考。作为大学生，我的责任绝不只是活好自己的人生，更多的还有对于国家和人民的责任，如何将自己的能力用在需要的地方，这将是我此后不断思考的课题。

3. 国庆方阵

在国庆70周年活动中，我作为学生代表提前返校进行训练，并作为骨干协助带领中队同学进行训练。从学校马路到操场，再到演习场地，无数个日日夜夜，我们高唱"总想对你表白"，不停挥动手中的花球，刻苦训练，一切都是为了在国庆时走上长安街。走过天安门，那短短的几分钟，我心中无限地膨胀着对于祖国的热爱和自豪。

比起文章和讲座，亲身体会和实践才是爱国教育最好的渠道。在与我校老党员的座谈会中，我的想法也得到了前辈们的肯定，只有看到、做到，才能学到、悟到。

展望未来

　　大学四年，我的能力逐渐长进，但如何才能将我所学的知识、所做的工作与我的理想结合，仍是一个待解的命题。我并不清楚如何才能变成自己想要成为的样子，于是只能不断前行，在实践之中、在生活之中，通过不停地观察与发现，寻找未知的自己，寻找前进的方向。

时光飞逝，回首来路，身后已是布满四年时光中深浅不一足迹的大学之路。追寻梦想的道路不是一帆风顺的，是荆棘满地的，有笑有泪的，有寻找有梦想，有迷茫有奋斗，有失落有成长，有受挫也有收获。但是只有经历了磨砺的人生才会带来更加丰满的馈赠。我们肩上始终承担着一种使命，就是把脚下的路走好，迈出人生新的篇章。

第四篇　人生梦

不畏将来　不念过往

宇航学院　崔爱雅

我在2019年有幸参加了我校最高奖学金——徐特立奖学金的评选，当时只是一名大一新生的我与学长学姐同台分享，怀揣梦想。从大一到大四，我不断积累沉淀，笃行思远，朝着"红色卓越工程师"的目标迈进。

致学：学以精工，笃行思远

1. 身影

刚刚迈入大学的我对一切都保持着好奇心，我听着学长学姐描绘他们眼中的大学生活，看着他们脸上自信的笑容，我不禁开始思考：我的大学生活该是怎么样的呢？

诚然，我很茫然。但很快，我适应了大学的学习节奏：我可以背着书包说走就走；我可以在图书馆挑选我喜欢的位置学上一整天；我可以在操场上晒一会儿太阳，再慢慢走入教室；我可以在快迟到的时候欣赏一眼雪景；我可以跟同学一起早起打球，一起在学习中度过周末；我可以一口气爬到理教的五楼，认认真真地看早上的蓝天；我可以最后一个离开教室，自自在在地数夜晚的路灯；我可以在冬天骑上我的爱车，飞速地赶回宿舍，直面冷风；我可以……

我发现我没有什么不可以，我太喜欢大学了，这是自由的味道。我发现我可以做很多事情，充实的感觉简直太美好了。我爱良乡，一个安静的学习之所，心中空空荡荡，悠然舒畅，无所畏惧。我爱我的学长学姐，是他们无私的分享，让我领略到了这些"我可以"。

我可以，我也可以，我真的可以！

原来，一转眼，我也是学长学姐的一分子了啊，我真的快毕业了啊，回顾四年，真的不舍告别。

2. 成果

大学伊始，我就明确了自己的首要任务是学习。只有夯实基础、学精学深才能有所创新、有所贡献。我一直严谨求学，将奋斗视为青春最靓丽的底色。在学业方面，前六学期均分达 95.909，大一学年综合排名为 1/362，大二学年综合排名为 1/190，大三学年综合排名为 1/17，英语四级 603 分通过、六级 615 分通过。由于优异成绩及综合发展，我 3 次获得国家奖学金，6 次获得优秀学生奖学金一等奖，获得西北工业奖学金，还曾获得"北京市三好学生"、北京理工大学"优秀学生标兵"和"优秀学生干部"等荣誉称号。

在课程之外，我更是勇于突破，在学科竞赛中表现出众。我敢于打破学科壁垒，在陌生的化学与物理的交界学科不断努力，与队友一起探究胶体性质。我们前前后后联系过十多位老师，克服困难解决各种试剂及器材问题。作为学校在该方向唯一参与北京市比赛的队伍，在 2020 年获北京市大学生物理实验竞赛三等奖。此外，我 2020 年获外研社"国才杯"英语写作大赛初赛二等奖；在数学建模三轮校赛中拿到第一名，于 2021 年获美国大学生数学建模竞赛 M 奖（Meritorious Winner）；2021 年获周培源力学竞赛优秀奖。

修身：以身作则，发光发热

1. 经历

"但行好事，莫问前程。"我曾经去听过一次倪俊学长的分享讲座，并把这句话用来勉励自己。

课余时间，我积极参与学生工作，担任班级团支书，多次组织班级活动，获得不错反响；在航模队担任副队长，在护航者协会担任副部长，也曾在校学生会、学生工作部参与策划文体活动并担任宣传等工作。在服务中不断锻炼自己的团队合作意识和沟通、组织能力。

我与踏实负责的小伙伴们一起担任了精工 1907 班的朋辈导师，为学弟学妹提供学业或心态上的帮助；借助学校、书院的平台，开展多次经验分享讲座，累计千余人；参与录制"延河课堂"的"新生课堂"，与 2020 级新生分享大学心得，帮助他们开启自己独特的大学生活；加入精工书院国奖小讲师团队，为身边的同学们和学弟学妹在学习上提供帮助；助力"北理领航"计划，与 2021 级黑龙江新生分享专业学习经验，对学弟学妹答疑解惑。

2. 感悟

我希望通过自己的能量去带动身边的同学以及学弟学妹，使其成为更加积极并能传递正能量的人。其中我对学弟学妹价值观的引领得到了一定程度的认可是我觉得这个过程中最有价值的事。在串讲或分享活动后，多次有学弟学妹私下表示感谢，学姐的温暖和有力的分享让他们看到大学多样的美好，也对自己丰富多彩的大学生活有了更为清晰的定位。

立德：德以明理，时代担当

1. 成长

我在成年后的第一时间递交了入党申请书，渴望以党员的身份更好地服务人民群众。作为大学生，服务的一种方式就是投身志愿服务活动。我在大一下学期加入护航者协会，连续两个学期每周去京蓼学校支教，通过公益去传递自己的一分力量。从不知道该如何跟孩子们沟通，到跟孩子们打成一片，我渐渐学会了怎样去传递爱与梦想。我给孩子们写解忧信件，为他们描绘大学的美好，为他们的梦想增添几抹别样色彩。期待每一个孩子都能坚定自己的梦想，成为新一代的接班人。孩子们也教会了我如何去感受爱，如何让生命看起来透明、纯白，这也是我一直以来热心公益并乐在其中的原因。

2. 奉献

我曾迎接2019级新同学入学，在炎热的夏天帮助新同学办理入校手续，介绍各个楼宇、学校特色。我曾担任北理工80周年校庆志愿者，与北湖的大鹅们一起为学校庆生，慷叹学校筚路蓝缕、峥嵘奋斗的80年历程。我曾在冬奥首钢滑雪大跳台担任志愿者，用热情和专业服务每一位观众，让世界感受中国的温暖。

能够一路志愿一路奉献，是我无比珍视的机会，近200小时的志愿时长的背后是一名青年党员对于服务意识的不断实践。我见证了双奥之城的荣光，更想为祖国的繁荣贡献一分力量。

躬行：创新包容，胸怀壮志

1. 实践

"纸上得来终觉浅，绝知此事要躬行。"我逐渐爱上了科创活动，从吸尘器到小火箭，再到滑翔机，再到项目组飞机……我收获的不仅仅是技能上的增长，更是思想的成熟。科创是需要付出踏踏实实努力，敢于坐冷板凳的。

2. 拼搏

我在2019年获中国国际飞行器设计挑战赛三等奖、北理工第十六届"世纪杯"学生课外学术科技作品竞赛二等奖、北京理工大学第五届"航天科工杯"水火箭设计大赛三等奖、北京理工大学第一届固体火箭发动机大赛三等奖；在2020年获中国国际飞行器设计挑战赛一等奖、北理工第十七届"世纪杯"学生课外学术科技作品竞赛一等奖和二等奖各一项、第六届中国国际"互联网+"大学生创新创业大赛校内赛铜奖；在2021年获第三届"航天四部开拓杯"未来飞行器设计大赛一等奖、第十一届"挑战杯"首都大学生课外学术科技作品竞赛三等奖。

  在书院制培养体制下，我最终确定专业方向为飞行器设计与工程（卓越班）。在老师及师兄的帮助下，我开始初步研究飞行器健康度的课题，在2020年发表了一篇IEEE会议文章。目前已有一项实用新型专利，一项国家发明专利正处于实质审查。

  我将"不畏将来，不念过往"视为提醒自己的箴言，不让过去定格自己，也无畏将来种种。德以明理，学以精工，我正饱含热忱，朝着一名"红色工程师"的方向努力，不负时代嘱托，必将勉力前行！

在锻炼中成长　在力行中前进

机械与车辆学院　王荣煊

我叫王荣煊,就读于北京理工大学机械与车辆学院装甲车辆工程专业,为2018级本科生。我成绩优异,在年级中名列前茅,曾获得3次国家奖学金;我积极参加竞赛,入学以来曾获得6次国家级奖项和3次省部级奖项;我政治立场坚定,现在是一名光荣的中共党员,在庆祝中华人民共和国成立70周年的群众游行活动中担任了八中队的副中队长,圆满完成了任务;我乐于助人,课余时间积极参加志愿服务活动,志愿时长超过200小时,并担任了团支书和三维成图空间技术一部副部长,积极主动地为同学服务。

求真学问,拼搏点燃求知之火

"黑发不知勤学早,白首方悔读书迟。"进入大学后,我下定决心,自己必须要努力学习、拼搏进取,探索知识海洋。我深知学习之路没有捷径可走,因此我非常自律,晚上11:00点后回寝室对我而言是再正常不过的事情。我对自己的要求很严格,反复精读课本、查阅相关扩展资料,以及经常与老师交流探讨,都是我学习过程中的必修课。功夫不负有心人,三年下来我总共获得了3次国家奖学金和6次优秀学生奖学金一等奖,这也是对我努力的认可。

练真本领,奋斗照亮竞赛之路

除了学习课内知识,我还喜欢参加各种竞赛,在探索与发现之中不断成长和进步。

我印象最深的一次比赛经历就是参加2019年暑假期间的第十二届全国大学生先进成图技术与产品信息建模创新大赛。为了准备这个比赛,我和三维成图空间的十几名伙伴一起留在学校参加了为期近一个月的训练。在这段时间里，我每天或是坐在电脑前建模，或是站在绘图板前画图，日子辛苦但纯粹。每天高强度的训练让我感到疲惫，时常在接连画完两张图后强忍着腰酸背痛去电脑前做一道题。这段时间的训练让我读图、画图、三维造型能力有了飞速的提升，也为以后的学习打下了坚实的基础。我收获了日臻完善的技能、不屈不挠的勇气和同舟共济的友谊。最后我取得了比赛的机械类尺规绘图二等奖，这对我而言并不是一个特别理想的成绩。但比赛的结果并非比赛的全部意义，更重要的是能从比赛之中锤炼自己的能力、结交志同道合的伙伴。这是比一张证书更为宝贵的财富。

之后我又获得了证明自己的机会——在第五届北京市大学生工程设计表达竞赛中，以北京市第三名的成绩拿下了机械类本科三维竞赛一等奖，并与四名队友一同收获了机械类本科三维竞赛团体一等奖。我热爱数学，在入学后就参加了北理工新生数学竞赛并拿到了一等奖。我深知这只是起点，必须把目光放长放远，因此报名参加了全国大学生数学竞赛（非数学类）。那些艰涩难懂的题目与课内学习完全不同，在备赛过程中，我一度想到了放弃。但我最后选择了以积极的心态参加比赛，拿到了全国一等奖和北京市第三十届大学生数学竞赛（理工类甲组）一等奖。

除此之外，我还拿到了 2020 年全国大学生机械产品数字化设计大赛一等奖；我希望锻炼自己的动手能力，参加了大学生工程训练综合能力竞赛并拿到了北京市二等奖。所有的这些比赛经历都让我受益匪浅，学到了太多书本上没有的东西。

矢志报国，信念凝成精神之钙

我知道，中国共产党人的初心和使命，就是为中国人民谋幸福，为中华民族谋复兴。我思想进步、立场坚定，积极地向党组织靠拢，并在入学后就向党组织提交了入党申请书。院党课、校党课我主动报名，党章、习总书记的重要讲话我仔细学习。在 2019 年年底，我成为一名光荣的预备党员，在 2020 年年底转正。当我前往天安门对着党旗宣誓时，我感到无比的激动与自豪。我也深知自己与一名合格的党员之间差距还有很大，我决心进一步加强思想理论学习深度，做到知行合一，在实干中发挥自己的价值，为国家与社会服务。

最让我激动不已、回味无穷的事情，是我有幸以"与时俱进"方阵的一名副中队长的身份，参与中华人民共和国成立70周年的庆祝大会。在9次外出演练中，我担任了7次车长和1次食品专员，每次都保证了人员齐全、道具收发完好。我见证了山中的大雨和彩虹，也见证了凌晨睡梦中的北京城。从最初担任车长时的紧张与不安到后来的从容淡定，我在锻炼中逐步成长。这次活动带给我无上的光荣感、使命感，也使我意识到，只有把个人的理想追求融入国家和民族的事业中，才能书写无愧于时代的青春之歌。

乐于助人，服务绽放奉献之花

雷锋说过："自己活着，就是为了使别人活得更美好。"我在班级和社团中担任职务，竭诚为同学提供服务；并在课余时间参与志愿活动，在奉献中实现自我的价值。

我担任了团支部的团支书和党支部的党支书，精心组织策划每次活动。其中"我爱你中国"第二批主题教育被书院推选为优秀团日活动；我参与策划了与另外三个团支部的大型团日活动——话剧《井冈井冈》，这次活动深受好评，关于活动的报道登上了学校新闻网。同时作为班干部，班级的大事小事我都积极承担。或是与同学探讨题目，或是关心同学的上课出勤情况，或是组织集体自习、班级聚餐，我努力做好分内的事情，用心承担干部的职责。

由于在机械制图学习和三维建模软件使用方面颇有心得，我报名竞选了三维成图空间技术一部的副部长。在大二上学期，我负责为学弟学妹们讲解inventor的使用。得益于"筑梦者"活动的经历，我能把控好课程的节奏，并能保证绝大多数同学听懂。当他们举手发问时，我会第一时间跑到他们身边，耐心地讲解他们的疑惑之处。在回答问题的过程中，我能捕捉到自己讲课的不足之处，并据此调整讲课的策略，尽可能地照顾到更多的同学。一年前，是我的学长学姐站在讲台上授业解惑，为我打开了一扇大门。而一年后，我也成了学弟学妹们的引路人。我们一级级学生像是传递着火炬一般，用自己的专业知识为更多人带来知识的亮光。

我乐于与大家分享自己掌握的知识和技能。我为同学串讲大学物理，分享自己的学习心得；担任精工书院的朋辈导师，与学弟学妹一起交流进步；作为书院的"国奖小导师"，为2019级同学编写工科数学分析的期中考试试题，并在考试周答疑解惑……

我参加了许多志愿活动，其中印象最深的是大一寒假期间参加的新泰市

"筑梦者"义教活动。在半个月的时间里，我每天都在精心备课和讲课，尽可能地把自己高中学习数学的经验讲给学弟学妹们。当我站在讲台上，看着他们求知的目光时，突然体会到了身上责任的重大，也更加理解了老师的良苦用心。当我讲完一道题目后，看着他们恍然大悟的微笑和不住地点头，我突然明白了自己正在做的事情的意义。

　　进入大学以来，我有了许多不一样的经历，过程中的收获让我很有感触。我也明白，自己还有许许多多的不足之处，距离一名真正优秀的人才还差得很远。习近平总书记说过，历史只会眷顾坚定者、奋进者、搏击者，而不会等待犹豫者、懈怠者、畏难者。未来我将坚持求真学问、练真本领，知行合一、做实干家，真正地做到在锻炼中不断成长、在力行中不断前进。

北理凌云志　青春当如是

光电学院　仇宇浩

时光飞逝，回首来路，身后已是布满深浅不一足迹的名为大学的人生之路。那跌跌撞撞的足迹中，有笑有泪，有寻找有梦想，有迷茫有奋斗，有失落有成长，有受挫也有收获。犹记得第一次坐上离家来京求学的高铁时心中抑制不住的忐忑迷茫，到如今每次分别的车站前反过来安慰妈妈保重身体时的独立坚定，原来悄然间我已然行过那么远的一段旅程了。四年倥偬，独立生活的手忙脚乱有之，沉溺嬉戏的迷茫颓废有之，幡然醒悟的发奋苦读有之，疫情汹汹的"兵荒马乱"有之，取得成绩的欣然自喜有之。匆匆之间，这一路起起跌跌但沿途繁花似锦的旅途，到如今也将告一段落了。回想高中苦读精疲力竭时每每以对大学的憧憬暗暗激励自己，再回顾四年中的点滴，我终于可以稍稍松一口气，并对那时拼尽全力的自己说："我没有辜负自己的努力，而大学的生活，也远比你憧憬得更绚烂多彩。"

一段旅程结束的标志就是那段岁月被渐渐地浪漫化，以此而论，大学的这四年距离装裱在我回忆的收藏之墙上也不远了。从初见惊奇激动到适应后将每天的坚持与努力作为日常，从毛手毛脚的新人团支书到熟练地处理班级与学校工作的干将，从难以协调生活与学习到逐渐领会如何充实自己的青春，这段静好平凡的岁月里，少年以梦想为舟，以汗水作歌，于是，繁杂的工作富有生气，枯燥的理论学习变得有趣，平淡的生活也绚烂多姿起来。感谢自己没有沉沦在懒惰和迷茫的泥沼，感谢父母时时刻刻的关切挂念，感谢老师们的帮助教导，感谢朋友们的鼓励陪伴。在人生的十字路口，我认真地对待了每一个抉择，我跨越了所有的艰难险阻，我终于可以自豪地对现在的自己说："我没有虚度这些时光，我成了更好的自己。"

"三十功名尘与土，八千里路云和月。莫等闲，白了少年头，空悲切。"而今，经历过奋斗不懈的岁月后，我终于懂得了岳武穆一词一句中对于青春的感叹。四年的时光到底给予了我什么呢？我想一定是给予了我从思想到精神，从学习到生活，从工作到实践的全面提升。

少年之志，当存高远

青春孕育无限希望，青年的命运从来都同时代紧密相连。新民主主义革命时期，一批又一批先进青年在"觉醒年代"纷纷觉醒，一批又一批仁人志士为救国救民而苦苦追寻，一批又一批学生骨干抛头颅洒热血积极投身革命。社会主义革命和建设时期，无数青年们喊出"把青春献给祖国"的响亮口号，无数青年胸怀"敢教日月换新天"的惊天豪情，无数青年怀抱"一万年太久只争朝夕"的理想信念，攻坚克难。改革开放时期，青年们勇立时代潮头，响应国家"五讲四美三热爱"、希望工程、青年志愿者、青年文明号、保护母亲河等号召，革故鼎新，建设"四化"，开时代之先。中国特色社会主义新时代，我辈青年生逢其时、重任在肩，施展才干的舞台无比广阔，实现梦想的前景无比光明，广大青年守正创新、踔厉奋发，在脱贫攻坚战场摸爬滚打，在科技攻关岗位奋力攀登，在抢险救灾前线冲锋陷阵，在疫情防控一线披甲出征，在奥运竞技赛场奋勇争先，在保卫祖国哨位威武守护……

"人生万事须自为，跬步江山即寥廓。"作为新时代的青年，要理想远大、信念坚定，树立共产主义远大理想和中国特色社会主义共同理想，自觉践行社会主义核心价值观，大力弘扬爱国主义精神；要刻苦学习、锐意创新，做到苦练本领、创先争优，努力成为青年先锋；要敢于斗争、善于斗争，学会迎难而上、攻坚克难，做到不信邪、不怕鬼、骨头硬；要艰苦奋斗、无私奉献，坚定站稳人民立场，脚踏实地、求真务实，吃苦在前、享受在后，甘于做一颗永不生锈的螺丝钉；要崇德向善、严守纪律，坚持明大德、守公德、严私德，严格遵纪守法。

李大钊先生曾说"青年者，国家之魂"，孔子也曾说过"后生可畏，焉知来者之不如今也"，鲁迅先生也说过"愿中国青年都摆脱冷气，只是向上走，不必听自暴自弃者流的话。能做事的做事，能发声的发声，有一分热，发一分光"。新时代的青年，我们一定要具有政治远见，要充满斗争精神和牺牲精神，要胸怀坦白、忠诚、积极、正直，要不谋私利、不怕困难、永远脚踏实地。如此这般，我们才能真正地成为新时代的"炬火"。

时代总会将历史的责任赋予青年，实现中国梦的接力棒就要交接到我们的手中。身为新时代的青年，当以实现中华民族伟大复兴为己任，不负时代、不负韶华，更不负党和人民的殷切期望，在实现民族复兴的赛道上奋勇争先。

少年之行，莫问前程

但行好事，莫问前程，这才是新时代青年做事应有的态度。作为北京理工大学光电学院测控技术与仪器专业的大四准毕业生，在大学四年中，我始终秉承北理工人"延安根，军工魂"的传统，牢记"德以明理，学以精工"的教诲，严标准、高要求，立足专业，勤奋学习、认真工作，踊跃参加课外活动和社会实践，全面发展自己。

在思想方面，我始终紧跟党的脚步，追求进步、锐意进取。在党组织的培养下，我2020年10月成为一名光荣的预备党员，并已于去年10月底转正。我将永远与时俱进，认真学习党的工作路线，正确贯彻党的方针政策，时刻关注着党和国家的发展形势，以及国内外的局势变化。

在学习方面，我勤奋刻苦，认真按时完成作业，不旷课，不早退，积极地与老师沟通交流，并配合完成老师和班级之间的对接工作。自大二专业分流以来，我顺利通过了大学英语四级、六级考试，并在三年间始终保持优异成绩，共获得二等奖学金2次，三等奖学金3次。我积极参加科研和学科竞赛，获得了全国大学生数学建模竞赛北京市二等奖、"瞭望杯"大学生新媒体文化节二等奖等奖项，以及校级"优秀学生""五四优秀团干部"等荣誉称号，并最终成功获得学校的推荐免试研究生资格，在北京理工大学光学工程专业继续深造。

在社会实践方面，我经常参加各类社会实践活动，如参与了"一二·九"合唱、时代新人说、思源计划、返乡调查、读书实践、家乡调研等活动，并积极成为校内各种活动的志愿者。

作为新时代青年的一员，作为青年党员，作为大学生干部，我深知实践的重要。四年间，我不断地完善自我、提高自我，充分发挥优点，正视和克服缺点。我可以问心无愧地宣告："少年此行，并无虚度。"

少年之思，不忘初心

追求进步，是青年最宝贵的品质，作为一名青年党员更是如此。四年时间里，我学习了政治经济学理论、马克思主义哲学等，用理论武装自己的思想。

鸦片战争后，山河破碎、神州陆沉，中国大地处在列强入侵、战火频仍、

大学 青春 人生——

第四篇 人生梦

山河破碎、生灵涂炭的悲惨境地，中国人民生活在水深火热之中。从那时起，实现民族复兴就成为中华民族最伟大的梦想。为了改变被奴役、被欺凌的命运，无数仁人志士前赴后继，努力探寻救亡图存的出路。太平天国运动、洋务运动、戊戌变法、义和团运动、辛亥革命接连而起，但都以失败而告终。这并未改变黑暗悲惨的命运。十月革命一声炮响，给中国送来了马克思列宁主义，这犹如黑暗中的一道霞光，给正在苦苦探求救国救民道路的中国先进青年们指明了方向，中国共产党应运而生。从登上中国政治舞台的那一刻起，我们党就坚持马克思主义立场观点方法，始终不渝为中国人民谋幸福，为中华民族谋复兴，从此，中国人民开始从精神上由被动转为主动，中华民族开始艰难地但不可逆转地走向伟大复兴。中华民族伟大复兴曙光在前、前途光明。但是与此同时我们必须清醒认识到，中华民族伟大复兴绝不是轻轻松松、敲锣打鼓就能实现的。我们面临着难得的机遇，也面临着严峻的挑战。在这个关键当口，容不得任何停留、迟疑、观望，必须不忘初心、牢记使命，一鼓作气、继续奋斗。

所以，作为青年党员，我明白红色政权来之不易、新中国来之不易、中国特色社会主义来之不易，深刻理解中国共产党为什么能、马克思主义为什么行、中国特色社会主义为什么好。

白驹过隙，大学四年至此就要画上句号。四年，以生命的长度来衡量，已是不短的二十分之一；而若以青春岁月来衡量，则是整整一段的时光。这段时光一定会在我生命中留下深深的烙印，从青涩的高中生成长为一名合格的青年的我，也一定会感谢这段时光。回想往昔，我们嬉戏走过童年的纯真，我们陪伴走过少年的懵懂，我们相携走过青年的憧憬，如今我们又结束了一段精彩充实的人生旅程。希望我永远保持乐观与坚定，希望我脚踏实地一步一步走好属于自己的人生之路。

大学时光，就此别过吧，下次相逢，我一定会成为更好的我！

青衿之志　履践致远

信息与电子学院　刘泓杉

大学四年时光如白驹过隙，偶尔翻旧照片看到大一刚入学时那个怯懦不自信的自己时不免感慨本科生活带给我的成长，感谢大学以来与每一个人的相遇。

行远自迩　笃行不怠

刚刚进入大学时的我，曾因为高考成绩不理想而怀疑过自己。但我深知勤能补拙的道理，只要足够努力，就一定能不断超越自我，让优秀成为一种习惯。因此，我在大学期间始终将学习放在第一位，努力扎实专业本领、筑牢知识体系。我朝乾夕惕、孜孜不倦：白天在教学楼自习，直到清教室才离开；回到宿舍后，继续学习至熄灯。我不仅勤奋用功，更重视提升效率，慢慢摸索出了适合自己的学习方法——定期总结错题及重要知识点。功夫不负有心人，我的学习成绩突飞猛进，名列前茅：在全部 79 门课程中，满分课程 6 门，95 分以上课程 30 门，90 分以上课程 59 门。我获得 2018—2019 学年、2019—2020 学年国家奖学金，5 次获得优秀学生一等奖学金，纯成绩为电子科学与技术方向第一名。我还通过线上分享会的形式与低年级的同学们分享对于未来规划的建议以及自己的学习经验与心得，解答他们在专业课学习以及日常生活中的疑惑。

如果问我大学以来最大的收获，我觉得是终于找到了自己的节奏。事情多的时候我会不自觉地步速加快，不是为了争那几分钟的路途时间，而是让自己处于一种较为紧张的状态中，有效提高自己的办事效率。等到我不想学习的时候，我就会去学习一项不知道什么时候可能会用到的小技能。记得刚拿到卡西欧 991 计算器的时候我正好闲得无聊，于是仔细读了一遍说明书，即使其中很多内容现在已经记不太清了，但在"电路分析 A"的期末考试中，我靠着熟练使用计算器进行复数运算、解方程组的能力，完成了那次计算量非常大的考试卷子，并获得了满分。填补空余时间的方式很多，无论是学习还是看书，甚至玩游戏、刷剧，除了自己以外没有人有权利去衡量其好坏，哪怕是大家公认浪费时间的活动，只要对得起自己的时间就是值得去做的。

学习专业知识之余，我重视提升自己的学术实践能力，积极参加各类学科比赛。我获得了全国大学生数学竞赛三等奖、全国大学生英语竞赛二等奖、北京市大学生集成电路设计竞赛数字组一等奖、北京市大学生物理学术竞赛一等奖、美国大学生数学建模竞赛 H 奖等奖项。在其中很多比赛中，我都与李畅组队或是共同准备，在与她共同学习、共同熬夜干项目的过程中，也慢慢明白了良好心态的重要性。每当我感到焦虑无法完成任务时，李畅会帮助我分析目前的情况，并给予我鼓励，展现出了团队领导者的素养。在与她的交往中，我逐渐学会了如何在一定压力下维持平和心态。

致知力行　尽心奉献

我在学习之余，积极投身学生工作，尽心奉献，以服务和帮助同学为己任。在大一刚入学时，想到自己初高中很少服务同学，也从来没有参与策划过班级活动，我希望通过当班长为班级尽自己的一份力。但在竞选时，我发现班长一职有另外三位优秀的竞争者，便又开始不自信，在大家投票前差点主动放弃竞选。我其实是一个很容易紧张的人，碰到比较没有把握的事情时会因为不敢面对失败选择直接逃避。还是靠室友的一句鼓励我才打消了弃权的想法。最终的当选是意料之外的，因此我不能辜负同班同学的信任。之后的日子我过得异常忙碌。从大一开始到毕业我一直担任班长，在学习、生活等多方面紧密团结同学，积极帮助同学，受到了大家的一致好评。曾多次举办考前学科串讲、集体自习的活动，并策划了班级德育开题、德育中期、成长分享会、团日活动、青年大学习、学育导师见面会等活动。我组织班内同学排练院运动会开幕式舞蹈，获得精神文明奖；所在班于大一下学期被选为学院重点培养班级。

同时我还是睿信2136班的德育小导师，不仅在线上与学弟学妹保持紧密联系，还从中关村返回良乡面对面为他们答疑解惑、参与班会和德育开题，为同学们的未来规划提出建议。我还参与了2018级学生发展与服务委员会，为考研同学准备加油礼包，并到各个宿舍慰问及分发；为同学们挑选毕业礼物，并对价格进行调查。这些学生工作极大增强了我的担当意识，培养了我的奉献精神，尽职尽责的工作态度让我收获了老师和同学们的一致认可。

全面发展　踔厉奋发

学习工作之余，我积极参与各种课外活动以丰富自己的生活。我勇于尝试，不断挖掘新的兴趣和技能来充实自己。我热爱运动，在大学期间发展出了滑冰、羽毛球、网球、健身的爱好；坚持通过长跑锻炼身体，在校运动会获女子4×400米接力第二名、女子400米第三名、女子200米第四名、女子100米第五名，在三届院运动会获女子100米第二名、女子200米第三名，还获得校级"一二·九"长跑"驿传组"冠军，代表学校参加越野攀登比赛获得北京市第七名。运动为我带来的不只有更为健康的体魄，还有更加规律的作息和更为饱满的精神状态。在我没有把运动作为每天必须完成的任务时，每天晚上睡觉前总要看半个小时手机方才愿意宣布一天的结束躺下睡觉，而在规律运动后躺到床上就没有精力看手机了，睡眠质量也提高了很多。

每年寒暑假的社会实践为我提供了很多拓宽视野的机会。我在2019年暑期社会实践参加"思源计划"招生宣传，为自己高中的学弟学妹介绍北理工的校园文化及科研实力，被评为"优秀招生宣传个人"。我在2020年暑期社会实践中参观中国人民抗日战争纪念馆、双清别墅和香山革命纪念馆，循着先烈们的足印，搜寻历史留下的痕迹，所在实践团获评校级"社会实践重点团队"。在2021年寒假社会实践中，我和队友一起考察石景山区古城村早期蓟城遗迹、房山琉璃河遗址、怀柔区梨园庄村渔阳郡遗址、房山区广阳城村广阳县遗址等地，观察遗存的建筑构件残片并查阅文献，对北京在东汉之前的地名写法和相关时期的文物遗迹遗存进行梳理。在2022年寒假社会实践中，我和队友参与了冬季奥林匹克运动会的调研纪实，考察了首钢滑雪大跳台、北京冬奥组委总部、延庆奥林匹克塔、海坨山高山滑雪赛道，远距离观摩了北京冬奥公园火炬传递、首钢园火炬传递首棒启动仪式、自由式滑雪女子大跳台决赛，参观了北京奥林匹克塔、延庆赛区主火炬台，拍摄了许多纪实照片，并对各个比赛场馆及场馆内设施进行了调研。

"对未来真正的慷慨，是把一切都献给现在。"我希望能够在前进的路上，留一些闲暇的时间去享受过程，积累精神的力量，让自己的生活拥有诗和远方。我曾在夏天的夜晚和朋友一起驱车几十公里去没有光污染的郊区看漫天繁星和美丽的银河，夜爬长城并游览；在晴朗的夜晚拉上同学在校园里看流星雨；在室友刚考完研时一同去圆明园游玩遇到从天而降的苍鹭；和同班女生一起跨年夜在宿舍里聊天狂欢；在校园里拍到巨大的火烧积雨云、雨后伴随双彩虹出现的悬球状云、环地平弧、日晕、幻日等神奇的天象……也许是因为我善于满足自己，抑或是由于我在大学期间异常幸运能有这些好友陪在身边，我的大学生活充实而又丰富。尽管在大一大二不时抱怨良乡校区周围没有游玩的地方，疫情原因无法坐校车去良乡后又异常怀念那里清新的空气、不时从草丛里冒出来的刺猬和野兔、北湖暴躁的黑天鹅和大鹅，以及周围成群的豆娘。女生宿舍楼下那窝可爱的小燕子在某个午后飞走就再也没有回来过，我们坐上盛满行李开往中关村的大巴时也不曾想到回去的机会总被各种各样的事务牵绊住。

小结

"今是生活，今是动力，今是行为，今是创作。"一个人的成功不是用昨日的荣誉堆砌起来的，而是把握每一个今天脚踏实地走出来的。光荣属于过去，未来更加可期。我将自强不息、再接再厉，在北理工这个广阔的平台上，以科技报国的责任感与使命感，书写属于自己的最绚烂的青春篇章，并将自己与国家的前途命运紧紧联系在一起，为实现中华民族伟大复兴的中国梦而贡献力量！

守正求新　诠释时代青年的奉献与担当

自动化学院　郭纪新

岁月悄无声息，不知不觉间已在北京理工大学完成了四年的本科学业。求学、工作、备战考试、参与重大活动、抗击新冠疫情……在这里所经历的一切，回首时都弥足珍贵，成为我生命中不可或缺的一部分，凝练成这一代青年学子的北理工基因。

班长、辅导员：以奉献的初心坚守

1. 基层学生干部的奉献

入学之初，我便竞选了63011816班的班长，从此开启了大学里的学生工作。完成学业是大学生的首要任务。大一年级，在班主任李冬妮老师和辅导员田智勇老师的关怀、指导下，班级各班委通力合作，调动全体同学，落实集体自习签到和学习小组互帮互助制度，并及时做好成绩分析，保证了班级同学成绩不掉队。第一学年班级平均学分绩80.52分，高于全院平均。班级积极组织内建，曾多次举办聚餐和体育健身活动，一同参观过恭王府、军事博物馆，在班会中融入"读书会""女生节"等元素。我犹记得2019年4月，班级连同明德书院德语班和北京中医药大学的同级生举办了一场联谊"轰趴"，丰富了同学们的课余生活，拓展了大家的交际圈。低年级无忧无虑的生活是大学里最珍贵的时光。我们班拿到了运动会拔河季军的奖杯，获得了很多奖项。在第一学年结束时，我们荣幸地获得了"睿信之星优秀班级""主题教育特色支部"等荣誉称号。

从大一开始，我接触了新媒体宣传工作，最早在学校"延河之星"志愿者总队工作。后来，我充分发挥自己的专长，为班级公众号打造了一套完整的宣传文化体系——"拾榴（16）记忆"。一封封稿件，分类明晰，图片大气，文字优美精干，多次获得书院表扬并在睿信书院公众号上推介。

回首自己做基层学生工作的经历，关键还是细心和耐心。一些学校要求的活动看似烦琐，但只要花心思做，适当制造一些仪式感，同学们就会很乐于参与。德育答辩的到来让我回想起德育开题、德育中期。在 2018 级新生"德育开题"报告会工作的进行中，我班的报告会和报告内容获得了辅导员的一致好评，荣登院级宣传平台；德育中期工作在睿信书院鸿远报告厅举行，那时的同学们已不再像大一时青涩稚嫩，开始对人生有了坚定长远的规划和思考。

我们也面临过挑战。2020 年寒假，新冠肺炎疫情突然袭来。学生分散在各地，假期里学校的要求不容易通知到位，这给基层学生工作带来了很大的困难。办法总比困难多，班委通力借助众多网络工具，充分调用社交媒体、班级公众号和视频会议平台，向同学和家长两方推送通知，群发得不到回复就一一单窗，确保所有人收到消息，尽全力配合学校和北京市的防疫工作。

2. 打造"自控金品牌"

从大一打造班级公众号起，我便和新媒体工作结缘，多次向书院供稿，后来在学生工作部"北理瞭望"文化中心团队从事创意采编和美术编辑工作，打造了多篇浏览量 100＋的优质内容。现在，我负责自动化学院学生工作办公室微信平台"自控青春"的运营。从探索经验到独当一面，我已经形成自己工作的核心要诀：守正求新。

想要打造受人喜欢的好新闻，必须要关心人、打动人，让新闻贴近学生生活，体现人文关怀。以教师节为契机，结合学院本科生导师制工作安排，为推动导师制师生沟通交流，我联系了许多同学，鼓励他们带上一张手写的贺卡向科创导师、授课教授送上祝福，借机彼此熟悉，为后续的科创与设计活动奠定基础。据了解，这次活动成了不少刚刚回到中关村校区的本科生与导师之间彼此熟悉的第一步。新媒体工作要利用好平台独有的便捷性，结合"我为群众办实事"实践活动，我主持了"自控青春"平台的便民信息服务体系搭建工作。这是一个创新性的"一对多"公共服务平台，总结了学院情况、办事指南、校园指南等 27 条校园生活攻略，也整理了校招信息、地方人才政策、各类官方招聘网站等 200 余条就业信息，给同学们的生活和就业提供了极大的方便。

打开我的微信便会发现，一条推送的发出至少要经过 3~5 次的修改与预览。正是这些点滴努力的积累，造就了"自控青春"新闻质量的稳步提高，"自控金品牌"愈渐深入人心。

团员、党员：时代青年风华正茂

1. 主动发声话真情

从共青团员到入党积极分子，从发展对象到正式党员，在入党路上，我发自内心地热爱并希望加入这个先进的集体。从提交入党申请书以来就更加严于律己，时刻以党员的标准要求自己。在班里，我是主题思想带头人，和团支书一起举办支部主题教育活动十余场，在班级微信公众号上开设"拾榴记忆——主题学习"版块，用以记录同学们的团日活动和活动心得。2019年，63011816团支部获评"主题教育特色支部"。2019年5月，我作为学生代表跟随书院到红旗渠干部学院接受党性教育。身临其境地体会红旗渠工程给了我强烈的震撼，让我看到并坚信了信仰的力量。拥有这种力量的中华民族必然在前进道路上无坚不破，傲然屹立于世界民族之林。

2. 天安门的思政大课

说到重大活动，国庆70周年群众游行服务活动是2022届学子难以忘怀的盛大记忆。在学校参与国庆70周年庆典的筹备工作中，我是最早一批到达学校接受训练的学生骨干。我在二大队原第7中队担任小队长，一方面要对自己严格要求，"步速分秒不差，动作热情洋溢"，另一方面要带队员训练，做好动作教学与情绪安抚工作。后来，我被调入标兵排，与行进指挥老师并肩训练。标兵排意味着更严格的筛选与加倍的训练量，最终，国庆当天，当行进音乐在天安门响起的时刻，我站在12方阵第1排第6列，用青春向祖国光荣报到。走过天安门那一刻的心情是难以言表的，对祖国的热度、民族自豪感和对未来的希望到达了一个前所未有的高度。我为能参与这项光荣的任务感到由衷的骄傲。

崇德、尚美：综合素质全面发展

回顾在北京理工大学的历程，自己虽谈不上勤奋刻苦，但在老师和同侪的帮助下也收获良多。7次奖学金，5次校级荣誉，一系列专业技能证书，打造了书院制首个"北京市先进班集体"，并幸运拿到2022推免资格。在这里，我要向支持和关心我发展、陪伴我成长的领导、老师、前辈、同侪们致敬，他们的谆谆教诲激励着我，他们的光辉事迹感染着我，他们的关心体贴感动着我。是北京理工大学的平台、机遇让我有幸和大家相遇，成就了这样一段有所追忆、有所收获的大学时光。

在大学校园之外，我还参与了很多社会实践项目。我还记得，自己是北理工附属实验学校"韶光计划"的辅导员，是小孩子的大朋友，带领他们在大学校园中探索学习，而关照他们复杂多变的情绪也培养了我的社会经验。年年盛夏，在外国语学院招生组刘磊老师的带领下，我和同学们响应"思源计划"回到高中为北理工举办宣讲活动，利用社交媒体配合招生组老师联系优质生源，我们还曾拿到河南省唯一一个"北理思源优秀奖"。

奋斗成就人生，美丽装点人生。在大学期间，说到课外技能便是我自学了一些摄影知识和图像处理技术，并有幸得到了一系列专业人士的指导。在北理工生活的四年里，我为学校留下了很多精美的风景照，被广泛征用在学校官网、微信公众号、微博等平台，它们是这段美好岁月的回忆凭证。这份技能也成功让我在学校"留下了点什么"，在良乡校区图书馆、艺术馆和中关村校区研究生教学楼，都有我的作品展示。这些照片，不仅记录了我在北理工美好的学习生活，也把美丽的母校展示给了大家。

一路走来，随着际遇和经历的变化，我的生涯规划历经了多次改变，但唯有奋斗人生观的初心历久弥坚。我这样总结自己的奋斗人生观："博观约取，厚积薄发，笃志恒行，止于至善。"与北理工的缘分还在继续，我将继续在自己的岗位上守正求新，用心做事，书写下一段北理故事、青春故事。

享受大学　无问西东

计算机学院　牟效仑

初入大学时，常听人戏谑道：一个人的知识巅峰早已留在"高三"了。仿佛高中那段挑灯夜战、激情燃烧的学习生活，伴着年少懵懂的美好，随着高中毕业典礼的掌声，被永远地欢送翻篇。那时的我常常思考，那么，大学四年意味着什么呢？是年少与成年的过渡，是独立生活的准备，还是十字路口的彷徨？

"逝者如斯夫，不舍昼夜。"转眼间本科时光已接近尾声，时间在不经意间就带我走完了不可复制的四年光阴。在我眼中，大学生活特殊之处在于：其内容意义完全由我们掌控、定义。离开父母和高中班主任后，奉行什么样的生活哲学、多高的目标规划，甚至于几点起床睡觉的生活琐碎安排，全都落进我们的独立决策权范畴。第一次完全掌握自己生活安排的我，在经历了种种迷茫、彷徨、低谷之后选择了用未来三年再赴一场学术之约。

如果只能归纳一件"过好大学生活"的必须要素，我个人的回答必然是"重视选择"。"重视选择"正是我贯穿大学个人发展全过程的要素，包括了充分收集可选信息、努力获得选择权、大胆体验与冲刺、不断优化选择。这样的过程既可以出现于大学生活的每一个小决策中，也可以是四年依次实现的大目标发展路径。回观这四年的道路，这样的"生活哲学"帮助我走出了十分丰盈的探索之路。"风物长宜放眼量"，借此德育答辩论文总结之际，希望本科的所思所感所经历的可以给我带来"滚雪球"的魔力，为我未来的发展提供指引。

孜孜以求，慎始如终

1. 自我驱动

从高中到大学，我首先面对的便是学习生活的许多改变：从在固定的教室上课变成走课，从每天交一次作业变成每周交一次作业，从一个知识点讲许多道例题变成许多知识点讲一道例题，从各科目集中考试变成分时段结课、考试，从走读变成住宿，从两点一线的单调生活变成充盈着各种活动的"另一种形式的忙碌"……不过自认为适应能力还不错的我很快便熟悉了大学生活的节奏，将自己完全代入了大学生的角色。

挫折是良师

虽说相比于单调的高中生活，大学生活不只是学习而更加多姿多彩，但学习仍然是学生的第一要务。大一上工科"数学分析"期中考试不理想的成绩让我认识到了问题的严重性，痛定思过的我知耻而后勇，摆正了学习态度，提高了对学习的重视程度，戒掉了电脑游戏，养成了课前预习和及时定时复习的良好学习习惯，经过了大半个学期的持续努力，终于在期末得到了一个能令自己比较满意的成绩。

坚持是益友

告别了对高中"保姆式学习"的依赖，我开始在大学课程的学习中发挥主观能动性，将兴趣和学习相结合，以自律的学习状态完成了本科的课程。时至今日，我的学习劲头依旧较好地保持了下来，大学四年的平均学分绩为89 + ，本专业排名第46/374，曾获得校级优秀学生奖学金二等奖3次、三等奖2次。

2. 拓展边际

上了大学后，我感觉自己的学习目的已经开始从应付考试向提升自己转变，那种孩童时期才有的、上学之后逐渐被遗忘的获得知识的愉悦感，逐渐被我重新拾起。"为自己而学"已经不再是一句空话了！我也终于理解了罗蒙诺索夫的那句曾经不能理解的话："现在，我怕的并不是那艰苦严峻的生活，而是不能再学习和认识我迫切想了解的世界。对我来说，不学习，毋宁死。"

充分利用网络学习资源

仅学习课本知识当然是远远不够的。除了课堂学习，我在课余时间里利用MOOC、新东方和其他一些网络学习网站、软件，寻找了一些专业相关和自己感兴趣的内容进行学习。如果放在高中，我怎么也不会想到自己有一天会自愿去找东西学，这也算是我态度转变的一个反映。

参与课题项目

"实践是检验真理的最好标准。"大二伊始，初具专业基础知识的我，作为队长参与了视频标题生成App的"大创"项目（校级重点），经过持续学习和钻研最终于 2021 年 4 月完成结题。这个项目和大学的其他课程项目一起让我感受到了专业的魅力，并让我开始有意识地培养自己的专业实践能力。

三人行，必有我师焉

在大学生活中，我也认识了许多优秀的同龄人，并从他们身上学到了很多。正所谓"三人行，必有我师焉；择其善者而从之，其不善者而改之。"我的时间管理能力、信息搜集能力、实践操作能力，以及其他一些书本上难以获得的能力，都得到了提升。我的眼界也得到了开阔，尤其是在与舍友相处的过程中，我意识到了自己在一些计算机领域的常识存在着"毁灭性"的不足，这也让我意识到了自己的一些隐藏缺陷，同时更激发了我更加努力吸取知识的斗志。

3. 未完待续

经过本科四年的专业学习，我愈发明确了继续在计算机专业领域求学的目标，经过保研选拔有幸将于未来三年继续在北理工进行深耕。不同于初入大学两眼一抹黑的自己，如今的我对于专业学习和求职现状都有了一些了解，本科期间的收获也会为我未来的研究生学习提供助益。

读书虽可喜，何如躬践履

新时代对于人才的定义是多元的。聚焦在大学生身上，除了"读好书"之外，还要"会做事""有思想""有担当"。

1. 专业实践

"纸上得来终觉浅，绝知此事要躬行。"由于计算机专业的特殊性，书本知识只有投入代码实操中才能得到运用。这也让我意识到专业实践的重要性，并在大学四年积极参与各类专业实践，以期在实践中充分发现自身漏洞并及时弥补。

大二伊始，我作为队长参与了视频标题生成 App 的"大创"项目（校级重点），经过持续学习和钻研最终于 2021 年 4 月完成结题。

大三下学期，经过多方了解并结合自身专业兴趣，我主动联系了计算机学院的老师，并加入了他的课题组。在老师和学长学姐的帮助下，我加入了数据库项目，近距离接触到了企业级代码需求，并在学习和实践中进一步补充了自己的专业知识。

"路漫漫其修远兮，吾将上下而求索。"未来三年的研究生学习中，我将继续于实践中完善专业知识，将自己打造成业界的应用型人才。

2. 社会实践

党的十九大提出,新时代的新人才,既要有爱国情怀,又要有国际视野。

一方面,我积极参加了国庆 70 周年庆祝活动,在和同学们并肩作战 3 个月的排练后,圆满完成各项工作任务,为庆祝活动添砖加瓦。在此期间真实感受到的"国富民强"远远超乎了书本或者网络任何的形容,我心中的民族自豪感和国家自豪感也因此油然而生。

另一方面,我利用暑期空闲时间,参与了学校组织的赴美社会调研活动,调研课题方向包括"中美家庭结构与居民文化的调研比较""中美教学环境与教育体系的调研比较""中美公益组织和志愿服务文化的调研比较""中美社会职能与公共安全体系的调研比较""中美医疗机构与医疗保障体系的调研比较"。通过实地调研美国社会环境,我真实感受到中美在文化、家庭组织、社会体系等各方面的不同,也开始学会用更加"一分为二"的视角去分析建立在基础社会框架之上的种种体系差异。

素履之往,独行愿也

大学期间我积极提高自己的思想觉悟和理论水平,于大三上学期正式加入中国共产党,并在党支部中担任纪律委员。

自 2021 年 9 月起,我开始担任计算机学院 2018 级本科生第三党支部支部书记一职。任职以来,在上级党组织和学院老师的正确领导下,我支部以马克思列宁主义、毛泽东思想、邓小平理论、"三个代表"重要思想、科学发展观、习近平新时代中国特色社会主义思想为指导,认真贯彻落实党的十九大和十九届六中全会精神,加强党员队伍和组织建设,发挥党员先锋模范作用。我严格履行第一责任人职责,积极贯彻落实上级部署的有关工作,并取得一定成果。同时,在结合群众、开展工作的过程中,我的人际交往能力和沟通能力也得到了很大的提升。

如果说我是凭着一腔热血和向往加入中国共产党,那么,入党以来所接触到的种种理论、历史,都让我更加坚定地想要作为一名共产党员积极地为祖国基层工作做出贡献。

结 语

回首大学四年,是无数个选择造就了如今的我。很喜欢《无问西东》里的一句台词:"如果提前了解了你们要面对的人生,不知你们是否还会有勇气前来。"我想,这也是我对自己的人生之问。选择没有对错,但很庆幸本科四年的生活中,我有勇气不断突破外力做功,追随自己心之所向,逃离舒适区,成为现在的自己。"风物长宜放眼量",希望我未来可以继续保持坚韧和乐观,在不确定性中寻找确定。

击空明 溯流光 凌万顷

经管书院 侯依琳

经历过"欲渡黄河冰塞川，将登太行雪满山"和"山重水复疑无路，柳暗花明又一村"，也乘过东风之便"崭露头角"，面对众人"诵明月之诗，歌窈窕之章"。天赋平平的我，有幸阅尽大学千种风情，品得万般滋味，并最终获得一份得体的答卷，背后必定有些精彩的故事。

从一个险些挂科、逃课被抓、数学基础差的不羁差生，我蜕变为一举拿下"国奖"、"院长奖"、5次一等奖学金，20门成绩专业第一，并有资格在新生大会上面对新生及家长讲话的优等生。匪夷所思的经历，或许有人艳羡，甚至视为幸存者偏差，但实则背后确有一分耕耘一分收获，几许挣扎几许不甘，以及不计其数的日日夜夜的堆砌。我深知自己能力匮乏，无法以人生导师的身份激扬文字、指点江山。那么就让我用一个叙述者的身份，把我的故事讲给你听……

胜日寻芳泗水滨，无边光景一时新

1. 小荷才露尖尖角

一晃四年，军训之时的点点滴滴依旧鲜活明媚，成为我大学时光中最天真、最灿烂的时光。我将让大一上成为序章，简短凝练地叙述这段青葱岁月。

出于对播音主持的热爱，我报名了军训主播选拔。由于优异的临场应变能力和口语表达能力，我顺利地从160个同学中脱颖而出，以惊艳的表现成为一名主播，当之无愧地进入了北京理工大学军训旅摄制组，成为一名身兼策划、文案、播音等多个角色的创作人。作为一个非一线城市又无甚见识的学生，高级的摄影装备、录制棚给我强烈的新鲜感，也开启了我大一的旅程。

2. 乱花渐欲迷人眼

被高中压抑的愤懑心情在大学得到了疏解。我犹如一度郁郁不得志的落魄文人，希望能够在大学这一片新天地中恣意驰骋。大学里活动犹如光怪陆离的花花世界，让我沉湎其中。我辗转于各种面试比赛，先后被辩论会长、话剧会长盛赞是"史上最佳"，于是"飘飘乎如遗世独立，羽化而登仙"。现在想来，当时的分身乏术竟有种碌碌无为的惨淡意味，颇为自我陶醉。似乎一瞬间，时间就来到了大一上学期的后半段。我的故事就从这里开始细细讲起吧。

瀚海阑干百丈冰，愁云惨淡万里凝

1. 我欲聊发少年狂

大学是什么？

高中老师说："是你可以尽情享受人生最美好的四年。"

学长说："是不挂科就万事大吉。"

那么，让我活出潇洒吧。

于是，我鬼使神差地"裸考"一切我不喜欢的课程。多数课程我提前交卷，雄赳赳，气昂昂，阔步走出考场，并一度觉得这种状态将会是我大学的常态。

"我想自己定义我的大学"，我如是安慰自己，为不愿进取的惰性蒙上一层薄如蝉翼的遮羞布，在十一月飒飒秋风的吹动下岌岌可危。

2. 景翳翳以将入

不祥的预兆早在微积分 A（Ⅰ）的期中考试中露出端倪。人生第一次数学挂科——54 分给我当头一击。天生"数学废"的我，只付出努力的"平均值"，就无法企及"平均分"。即使加强了数学学习，我也仅以灰溜溜的 79 分与之挥别。"思修"，年级垫底的 70 分振聋发聩地鞭挞我固执、不愿低头的自尊心。机械丑陋的 78 分拖着沉重的步伐在成绩单上投下无法抹去的阴影。而管理学也迈着羞赧的步伐姗姗来迟，用差强人意的 80 分含蓄宣告了我第一门专业课的滑铁卢。

3. 冷星残月窗影摇

与其他优秀同学的相形见绌使我顾影自怜。糟糕的成绩让我自嘲地叹气，感慨自己与大学生活的不相容。

然而改变就在冥冥之中悄无声息地发生了。

或许是 Excel 表中那一格格的天梯状成绩排名，燃起了我高中时的冲劲；或许是父亲得知我学习态度时严厉的批评；或许是我厌倦了上半年的自己；又或许我只是不甘心让自己荒废度日……总之，我幡然悔悟，那一刻，似乎有一种火苗在心中觉醒，它告诉我它不甘心被看轻，更不甘心浑噩度日。我不应该擅自把课程分类，择其"善者"而"学"之，其"不善者"而"弃"之。我心里翻江倒海，如梦初醒，后悔和恐惧蕴积在胸。

幸运的是，我的改变的意愿得到了很多支持的声音。我要首先特别感谢我的班主任孙老师，是他在我最后悔无助的时候告诉我还有五个学期可以逆风翻盘。并且，我还要感谢秦学姐不厌其烦地告诉我大一下有哪些需要注意的课程，对我细枝末节的问题也会耐心回答。

在谷底的至暗时刻，别忘记求助。或许有人愿意拉你一把，或许这就是你走出深渊、走向光明的契机。

往者不可谏，来者犹可追

1. 千里烟波，暮霭沉沉楚天阔

大一下是我最重要的转折点。由于大一上微积分的差基础，我在学习微积分（Ⅱ）的过程中尤为吃力，于是，我常驻图书馆磕磕绊绊地啃噬课后题，背诵佶屈聱牙的公式。微观经济学课本被我复盘不下十遍，直到锋利平整的纸张最终绵软无力地躺在我的掌心，寻求一丝休憩。近代史冗长繁杂无从下手，我便拿出学习初中历史的认真态度，如同蚕吃桑叶般啃噬书本，再辅以考研历史真题。编程课的复习最为辛苦，我背着电脑穿梭在各个可能空闲的教室狂刷编程题目，像一个零丁洋里孤苦的游子被一遍遍赶走。那时虽然苦累，但我真正体会到了"以中有足乐者，不知口体之奉不若人也。"

2. 沉舟侧畔千帆过，病树前头万木春

感谢命运在我最无助的时候选择拉我一把。我忘不了的时刻，是 Python 跑出全部正确时满屏的绿色，是近代史的年级最高分的殊荣，是微观经济学答题时的得心应手终得 99 分的满足。

我得知自己的成绩是在志愿活动中返校的大巴车上——从第 35 进步到第 5。虽然依旧无缘一等奖学金，但我获得了年级进步奖。眼泪扑簌簌地掉了下来，润泽了我压抑的心灵。一颗甜美的糖果让我多个日夜的苦涩变得值得。我冷静地复盘全局，分析自己的优势、劣势，比如，我的微积分要低于同阶层的同学，导致总成绩还有不小的上升空间。此外，我提前询问学长学姐下一年的关键课程并在暑假预习。

那时，暗暗定下一等奖学金的目标，我没有告诉任何人，也请你替我保密。

3. 景翳翳以将入，抚孤松而盘桓

命运在绝大多数情况下竭力维持着公平公正。老天从低谷将我拉起，便不愿再对我施舍怜悯的眷顾。大二上我的线性代数、概率论都以并不体面的成绩收场。会计学基础的计算部分出现了大失误，导致整体成绩垫底。能冲高分的课程表现平平，低学分课程拉不开差距。我的成绩再一次泯然众人，从第5掉到了第16。这意味着大二年度的年级荣誉与我无缘。我好像一个给了一颗糖又被打了一巴掌的孩子，手足无措，百感交集。或许丑小鸭终究与高贵的白天鹅有本质的差异？或许一个人生来普通，籍籍无名才是真正的常态？

即使如此，我也依然珍视自己的努力。世界只会抛弃自我放弃的人。所以，只要你还对自己的潜力抱有一丝信心，只要你还保留着残存的一点孤芳自赏，只要你还觉得自己至少有一方面稍有过人之处，那么，请朝着目标继续前行。

4. 木欣欣以向荣，泉涓涓而始流

在疫情的影响下，图书馆中的鏖战转到了家中。线上教学可以反复听课，我不断反刍，敢于提问。大二下的数学课——运筹学和应用统计学我获得了99、98的高分。我最终在年级取得2/98的好成绩，获得了梦寐以求的一等奖学金。但是，由于大二上的难言的成绩，以及较弱的群众基础，我无缘校级优秀学生。我不羞于承认自己没有得到同学的支持。看着申请系统中"学校审核不通过"的结果，以及和我成绩相似但评选上的学生，要说心里觉得理所当然是不可能的。

我不愿刻意讨好别人，不愿拉票，不愿逢迎，不愿用一系列精彩的俏皮话维持同学关系。一群朋友嬉笑打闹甚至让我觉得幼稚聒噪。或许，我天生有一股骨子里的傲气，让我对很多看不惯的人、事嗤之以鼻。或许，这种个性不会被同学喜欢，又或许我给人的初印象就不是好学生的材料，毕竟有过一系列考场败绩。总而言之，我为自己的固执买单了。如果你比我不固执，那么恭喜你将更适应这个社会。希望你知世故而不世故，纵横捭阖间保留赤子之心。

安得万里风，飘飘吹我裳

1. 竹杖芒鞋轻胜马，谁怕？

因为很早就预判自己的成绩不够优异，无法取得保研资格，我早已有了

出国的打算。大二暑假，图书馆生意惨淡，让我有机会独享图书馆单人单间待遇。一个个小隔间成为我词汇量迸发的摇篮，从考六级时 6 000 + 的词汇量一跃成为 14 000 + ，并首考出托福 107 的分数，我未曾停歇。

大三分专业姗姗来迟。令很多人意外，成绩优异的我选择了一个相对冷门的国贸。我想发挥自己的英语优势，毕业后去哥伦比亚大学读金融。由于专业课比数学、政治都要有趣和容易，所以我基本能做到 80% 的课程是专业第一，总成绩一直保持稳稳的首位。在考出并不很漂亮的 GRE322 + 4 后，我已经在为第二次 GRE 考试运筹帷幄，只待时机成熟，决胜千里。

2. 停杯投箸不能食，拔剑四顾心茫然

然而，意外总是悄然而至。由于疫情、国际政治格局以及相关政策的变动，我去美国读书的机会愈加渺茫。先有学姐签证被拒苦苦等待，后有学长特意嘱托不要冒险。日益增长的美国新冠病例让我的"美研梦"距离我愈来愈遥远。

至于保研，我有三大劣势，其一，专业人少且非本校强势学科，排名百分比不好看；其二，没有保研加成较大的竞赛经历；其三，由于前两年并非完美，我没有一般保研人会有的校级甚至市级荣誉。是冒险出国，还是寻求安稳？我在命运的天平上颤巍巍地摇摆不定。

3. 胡雁哀鸣夜夜飞，胡儿眼泪双双落

最终我选择了求稳。大三下伊始，我便开始紧锣密鼓地准备，投出了不计其数的夏令营。然而，看着周围的很多同学逐渐拿下入营甚至名校通行证，颗粒无收的我陷入了哀伤的泥淖。此时拿下专业第一已经成为副业，我的主营业务变成了频繁打开邮箱查看邮件，或者紧跟推送查看开营信息。一天天的日子里，单调乏味中透露着无可奈何，我不止一次地想要放弃，为名校不愿给我一个机会却给别人而愤怒，又在家人的鼓励下不得不重整旗鼓。

命运又用那双大手逗弄着子民，并以此为乐。某个中午梦校入营名单公布，我的手机突然无网络连接，久久不能恢复。某个入营名单中，一个和我名字几乎完全相同的人让我空欢喜一场。某个图书馆的奋斗之夜，一通让我"补充材料"的电话让我燃起必胜的信心，但却用一桶冷水浇灭我的热情。

迷茫在暗夜最为猖獗，吞噬了我的美梦，也顺带赠予我孤单和焦虑作为消磨时间的伴侣。独自辗转在细碎的伤痕里，我有一种文人墨客的伤怀萧索，矫情造作中掺杂了孤芳自赏的可悲。我不羞于展示自己凌晨独自打下的文字：

我是一个需要正反馈才能继续努力的人。又是一个失眠的夜晚，又是我和一部手机。一挫二挫，我原始的不多的锐气和敢拼敢闯的勇气都消耗殆尽，

取而代之的是满满的不自信……

守得云开见月明的过程证明了黎明前的夜最黑暗。黑暗过后，必有曙光。

4. 玉楼金阙慵归去，且插梅花醉洛阳

由于保研过程并非我的主要写作目的，就让我简略分享那些高光时刻。仍记得第一个入营后，我飞也似的跑出教学楼的畅快恣意；仍记得笔试内容正是刚刚闭卷考试内容的欣喜和庆幸；仍记得面试过程中教授满意地对我发出邀请。

2021年7月15日，我收到了梦校的通行证。

随后，"中国人民大学通过研招推免系统给您发送了待录取通知，请及时查看。"我被梦校的A+专业、淘汰率极高的商学院顺利高分录取。

疏又何妨，狂又何妨。四年前的念念不忘，今朝竟有回响。

舟遥遥以轻飏，风飘飘而吹衣

亲爱的你，如果你也像我一样，选择了难度很大、不确定性很强的保研或考研之路，那么我想对你说。无论能不能去你想去的学校，都不用担心，你能去的地方会带给你预想不到的惊喜。你会遇见一些人，觉得相见恨晚，或者遇到一个人，让你觉得在哪里都值得了。遇见该遇见的，接受不能改变的，未尝不是一种畅快和洒脱。所谓命运迷人之处，不是如愿以偿，也不是理所应当，而是阴差阳错和意外之喜。

如果你也像我一样，受到过委屈和不公，也受到过轻视甚至无端的恶意。我想对你说，总有一天，你会用实力证明这些人是错的。我们无法左右他人的想法，无论是妒忌你的优秀，还是厌恶你的性格，还是单纯和你绝缘，我都希望这些负面情绪不要影响你对这个世界的热爱。希望你看清世界的残酷，却依然可爱，依然用好奇、热情和善意爱着这个世界。

如果你也像我一样，不是天赋异禀的天选之子，但渴望变得优秀，并愿意付出汗水与泪水。我想对你说：你做过的每一件事，看到的每一个场景，在人生里绝不是毫无意义的存在。或许在当下，你的努力看似消散在茫茫学海中，但他们其实藏在某个你自己浑然不知的角落，在必要的时候出来拉你一把。希望你笑对挫折，容得下生命的不完美，也禁得起世事的颠簸。

这就是我的故事，不算精彩，不算乏味，但一定真诚。希望多年后，在这里，听你讲故事给我听。

风的季节

求是书院　张睿斌

叶茂风清的六月，风吹起轻盈的蒲公英，把希望播撒到原野的每一个角落，而此时此刻的我也像一颗种子，即将离开校园踏入新的人生阶段。走出熟悉的宿舍，走过充满活力的操场，经过窗明几净的教学楼……渴望将一草一木都刻入脑海，应对未来的思念。

四年的大学生活似弹指一挥间，多少欢声笑语、意气风发，即使不免困顿迷茫，总是步履坚定地向上拼搏。时光随风流逝，白云依然悠悠，飘走多少苦乐。是时候细数得失进退，盘点那些熠熠生辉的宝贵大学经历，带着母校如春风般柔软的祝愿，向更广阔的天地努力。

秋风带凉亦敞亮

回想起2018年的早秋，在前往北京的火车上我不禁畅想四年的美好生活，宣传册里北理工整洁雅静的校园让我神往，北京这座文化底蕴深厚的古都也让我感到兴奋。9月的良乡，丹枫园宿舍洁净明亮，盛夏余威未消，见到了即将伴随四年的同学。还记得军训时每日骄阳似火，大家苦中作乐迅速打成一片。军训日子里令我印象最深的就是在《追梦赤子心》的广播声中进行合练，大家步调一致、昂首挺胸，走出了气势和激情。在靶场的试射也让人热血沸腾，砰砰砰的枪响仿佛告诉自己要瞄准目标并坚持向前。军训也留有缺憾，因为身体不适错过了拉练，失去一次和大家一起坚持完成目标的机会。

2019年适逢国庆70周年，2018级全体学生有幸被选为国庆群众游行方队的成员。训练的辛苦在大家的如火热情下显得微不足道，操场的列队、机场的合练、深夜的彩排都是一生难以忘记的回忆。国庆节当天，秋高气爽，万里无云，在全国人民见证下，游行队伍走过天安门前接受主席检阅，接受祖国检阅。

这些重大活动让我有了一种使命感，我深切体会到其实个人与社会、国家紧密联系在一起，人是组成国的最小单位，亿万水滴终可汇聚成汪洋大海。北理工是一座历史深厚的军工院校，诞生于抗战烽火中，孕育在延河水边。我有幸在北理工学习，潜移默化孕育了一种建设祖国的使命感，这种使命感始终激励着我进步。

冬风遇雪散寒霜

上大学前，我对专业选择毫无头绪，只是因为喜欢化学科目加入了理学与材料菁英班的大家庭，这个家庭的新名字叫求是书院。大一一年的大类培养方案让我对专业选择有了更清晰的认识，大二进入数学与统计学院学习，并在大三选择了统计专业。数学是一门严谨的学科，很多专业课晦涩难懂，需要大量的时间和精力进行学习。还记得大二的寒假，看着窗外的飘雪，我对未来陷入了迷茫，不知道自己能否在数学学习之路上坚持到底。如果自问是否尽最大努力学习数学，我想自己一定犹豫踌躇。虽然大一年级曾获得过奖学金，但学习生活并不算顺利，我没有分配好学习和娱乐的时间，没有克服对数学的畏难心理，没有持之以恒地思考和练习，导致成绩提升不明显，总在中游浮动。2021年年底的寒冬中，结束研究生考试后我站在熙攘的考场上，内心五味杂陈。落榜的遗憾让我对自己的学习方法和态度深刻反思，寻找问题。学习不能靠所谓的天赋，而是需要持之以恒坐穿冷板凳的决心和毅力，需要挑灯夜战的坚持，需要程门立雪、凿壁偷光的精神势头。一阵低迷后，我也努力调整状态，重拾对数学的热爱，重新投入紧张的学习中。

我渐渐明白，不断抱怨、沉迷过去只会麻痹自己，遮蔽了发现弱点的明眼。大学的经历让我学会自渡，不能放弃自我成长。逆境是成长路上不可避免的考验，只有吸取失败的教训不断提升自己的水平，才能改变现状，实现破局。

夏风徐徐敛暑气

大学四年时光，即使转瞬即逝，也绽放了绚丽的光彩。人的成长离不开书籍做伴，除了专业课本，还有广阔的文学天地等待发现。我在课余阅读了很多名著，记得每个炎炎夏日和朋友一起读书、分享心得的有趣回忆。我看到刘慈欣笔下三体舰队的无坚不摧和人心的坚韧强大，感受到沈从文笔下的写实与梦幻，体味钱锺书笔下人生和婚姻的围城之苦，欣赏仓央嘉措立于高原之上对美的洞察……在北京上学的日子，假期还抽空参观了国家博物馆、故宫博物院、军事博物馆、古建筑博物馆、智化寺、天坛公园等地点。新奇的见闻使我见识到古都的魅力。烈日炙烤、汗如雨下，而我在寂静的寺院中学会了控制自己躁动的心。这些经历熏陶了我，我还有幸结交了新的朋友，积累了一些关于古建筑和历史的知识。阅读和参观都是特殊的课程，让我保持内心安宁，寻找和反思真正的自我。

提升思想境界还需要向优秀的人靠齐，我不会忘记那个向党组织提交了入党申请书的初夏。这份入党申请书是经过慎重思考，对中国共产党进行了充分了解后的个人意愿表达。我积极参加了院党课和校党课的培训，虽然并未在毕业前成为光荣的党员，但我会积极努力，提升自己，改正不足，争取早日进入这个优秀的行列。

夏风是夏天闷热空气中沁人心脾的一丝凉意，正像是在漫长学习生活中鼓励自己前行的那些人和事。四年学习生活中有很多人鼓励过我，助我走出低谷，老师们教我认清自己的长处和不足，制定出一条适合自己的发展道路。我衷心感谢这些尽职尽责的老师们！

春风拂柳嫩草香

记得2019年的初春，我怀着好奇的心情加入"延河之星"支教团的队伍，每周前往房山区京蓼小学支教。走入不大的校园，看着这些稚气未脱、淳朴天真的孩子，总希望自己能为他们的教育贡献力量，即使大家相处的时间并不长，也希望为这些孩子打开一扇探索世界的窗户。

求是1813班是充满活力的班级，我担任班级宣传委员，为班级制作推送、剪辑视频等，并乐在其中。此外我还参加了"领航北理"学生组织，担任实践部部长，和小伙伴一起策划、组织大型活动。虽然这些工作并不为人知晓，但是让我感受到互助和为人服务的快乐。班干部和学生组织的任职经历锻炼了我的能力，比如思考问题的全面性和可行性、组织协调能力、理论结合实际能力，还有如何与人有效沟通的能力，等等。

春风吹得校园春色满园，北湖边姹紫嫣红美不胜收，道路旁樱花纷纷扬扬，玉兰亭亭玉立。这些缤纷的花朵正像我多彩的校园生活：体测志愿者让我体会到人工的不易和健康身体的重要性，领航讲座使我在校园也有机会见到各个领域的优秀前辈，学院讲座为我分享了很多有趣的专业常识，班级活动让我增进了和同学的感情。

四年的大学生活给予我很多宝贵的经历，有了各种经历的历练，未来遇事方可坦荡从容。以乐观的心态保持昂扬的状态，积极大胆追求自己的理想，是青年时代最美好的形象，希望我也能手执风的画笔，画出心里最美好的春色。

风再起时

最近刚刚完成毕业论文的撰写，为四年的学习画上了最后的句号。风随着大气流动永不停歇，我的生活也还会继续。耳边回想起张国荣的歌曲："珍贵岁月里，寻觅我心中的诗。"北理工四年的生活就是一首深入我心的诗歌，韵味无穷，深深铭刻进脑海。

入学不久学校便开展了德育开题项目，人生五问这个题目意义重大，翻开当时的文字，初来乍到的懵懂和干劲十足跃然纸上。再回想大三的德育中期检查，那时的自己回顾了两年的得失，也做出了后续的规划。时至今日，回看过去的计划，大部分已经完成，但是还留有很多遗憾和不足，留待日后继续努力。四年求学，褪去了懵懂无知和青涩，我变得更加稳重，收获了许多宝贵的知识，希望早日实现自己的梦想。

旧日时光落下帷幕，风会拂去这些往事的蒙尘，时而想起过去，心里自然是一阵暖意。也是时候让新的主角走向前台，向着更远大的目标前进。考研失利是一次对我的考验，我也应当摆正心态重新开始。我会用从北理汲取来的热情和自信、耐心和学识，来克服毕业后可能遇到的各种困难，规划未来目标，更好地实现人生价值。

风还在吹拂，仿佛催我踏上新的征程……

吾本桥梁　融汇中西

明德书院　吕晨晓

大学四年的时光匆匆逝去，在最后的这段日子里，写下这篇文章，内心感慨万千。就在刚刚，宿舍里正在讨论"大学里你最难忘的一件事是什么"，问到我时，我竟然一时答不上来。四年中涌现了太多的画面让我难以忘怀，而在北理工的这段回忆将成为我人生中灿烂而又明媚的印记！

学：以高标准要求自我

从大一起我就立志在学习方面突破自我，力求为每一次的课程交上完美的答卷。在学业方面，大学四年纯成绩和综合测评排名均为第一名，大一英语四级、六级一次通过。由于成绩以及综合能力突出，我获得2次国家奖学金、1次迪文奖学金、5次校本科生一等奖学金，还曾获得过北京理工大学"优秀学生标兵""优秀团员""明德书院品学兼优榜样"等荣誉，所在宿舍曾获校"优秀学生宿舍"荣誉。

虽然是一名德语生，但我不仅积极参与各类外语学科竞赛，还凭借着自己对数学的热爱，自学了相关的基础数学知识。历经近半年的校赛数学建模集训和筛选，我从一开始对数学建模的一无所知变得得心应手，几个小时之内就可以完成一篇建模论文。

在建模的过程中，一处漏洞要上百次的检查和修正，要在三天之内从海量的数据中筛选出题目需要的数据，新的软件还要现学现用，这些都锻炼了我迅速学习、快速构思的能力。曾几次在放弃的边缘徘徊，但我最终实现了从"零"到"一"的突破，首次参加全国数学建模竞赛就取得了北京市一等奖的好成绩。

在数学领域不断进取的同时，我力求在各类德语、英语竞赛中奋勇争先，取得佳绩。2019年暑假，大一的我初次参加德语专业类比赛——"我的中国"全国德语短视频比赛。本次比赛由中国外文局和中国新闻网等多个对外官方传播机构共同组织。为了让上交的比赛成果达到更好的效果，我选择了暑假留校不回家，与队友们跑遍北京的各个景点进行取景拍摄并写稿录制，最终合成中德两版视频。

这是我第一次接触专业的视频剪辑与外语配音录制等相关知识。视频制作历时1个月左右，在此期间曾多次出现视频无法输出的情况，我和队友常常鏖战到深夜直至问题解决。功夫不负有心人，在经历两轮评选后，我们的作品获得全国三等奖。颁奖在外文局进行，颁奖过程中，我见到了前中国驻德国大使梅兆荣先生和北京周报社社长李雅芳女士。梅大使亲切地问候我学习的情况，并鼓励我做中国文化的桥梁，将中国的声音传播出去。

这次德语类竞赛给我打开一扇新的大门，在接下来的比赛中我越战越勇，在全国各个高校中脱颖而出，带领北京理工大学德语系同学首次获得2020年度全国德语配音大赛一等奖，2020年度全国德语微视频比赛小组赛和个人演讲赛优胜奖，还获得校级德语配音大赛二等奖，2020年度校"外研社杯"英语阅读比赛一等奖，2019年度"外研社杯"英语演讲比赛优胜奖，院德语百词大赛一等奖等奖项。我曾代表北理工参加全国德语演讲比赛、全国德语朗诵比赛等，在各类全国竞赛中展现北理工人的风采，将中国的声音传播出去。

品：以榜样的力量引领前行

"有一分热，发一分光，就令萤火一般，也可以在黑暗里发一点光，不必等候炬火。"鲁迅的这句格言，一直激励着我。要在每时每刻像灯塔一样发光发热，发挥自己的作用，引领着，也帮助着身边更多的人。

课余之时，我积极参与社团工作。我曾任德语爱好者协会会长。我指导开办的德语角等一系列活动得到了校内德语系和理工科学生的热烈反响；积极联系北理工的德国留学生，为北理学子和留学生建立交流平台，促进北理学子的语言和国际交际能力，为日后走出国门学习经验打下良好的基础。以德语爱好者协会为平台，我聚集北理优秀热心的德语生，为校内其他热爱德语的学生开办串讲，带领大家快乐学习。我本人也积极参与德语系每个学期的串讲，为德语系的学弟学妹们带去学习经验，得到了德语系学子的一致好评。

此外，作为宿舍长，我团结舍友，营造良好学习氛围。我所在宿舍7B824为全寝保研宿舍，获北京理工大学官方微博表扬宣传。《双十一，请查收北理工这份全保研（颜）攻略大礼包!》推送点击量高达3万次，在学校范围内获得较好的反响。从疏桐园425到甘棠园824，我所在的宿舍一直是明德书院最优秀的宿舍之一，曾两次获得校级"优秀学生宿舍"称号。宿舍全体成员获奖达百余项，宿舍成员曾有两人获过国家奖学金。我们不只在学习上相互促进、共同进步，也在共同的号召下，积极参与社会实践、党支部学习活动，处处展现北理工学子的风采，展现新时代青年的面貌。

我积极参与学校的各项活动。在"一二·九"合唱、"五四"舞蹈、校庆、运动会等多项活动中都有我的活跃身影。我还参与了国庆70周年阅兵。炎炎夏日，铮铮风骨，在历经几个月的训练后，我以充满活力的姿态光荣地走过了天安门广场。

行：在世界舞台上讲述中国故事

在科研学习中，始终致力于将所学外语应用在实践中，在科研创新、志愿服务、各类实践中传播中国声音，讲述中国故事。2020年，我积极参与"德语语言、科技与文化"本科生学术论坛暨研究生国际学术研讨会，和德国大学的优秀学子们交流科研成果。我的会议论文入选德语学术会议，在德国发表。

2019年暑假期间，我同德语系的几位同学共同制作了讲述中国故事的短视频《平行时空》，对比两代人在北京的生活方式。该作品被中国新闻网选中作为"我的中国"系列比赛宣传视频，由中国新闻网在Facebook等外网平台上进行播放，累计播放量上千次，反响较好。不少外网上的网友表示，确实由此看到了中国几十年来的变化，对中国的面貌有了崭新的认识。此项视频作品也在全国德语短视频比赛中取得了三等奖，德语系主任、参赛人员及指导老师被邀请至中国外文局参加颁奖典礼。

在此次实践中，我了解到了大部分外国民众对中国目前的发展并不了解，对中国文化的认识还停留在百年以前，我决定做中国文化传播的桥梁，利用新媒体，以青年的视角讲述中国故事，让更多的人了解中国、爱上中国文化。

2019年，我参与了北京理工大学中外暑期小学期志愿者活动，为期近一个月。我的热情和较强的英语交流能力给来北理工参加暑期小学期的世界各国学生留下了深刻的印象。每天来回近3个小时的车程，往返于中关村校区和良乡校区之间，我没有觉得辛苦，而是由衷地感受到了能够将中国文化、中国故事传播出去的愉悦。暑期小学期活动结束之前，有一位英国的学生抱住我说，是我们改变了他对中国人的固有印象，中国的学生原来是活泼的、热情的，中国的文化是多姿多彩的。不少学生回国后，依然与我保持联系，并发来了自己录制的感谢视频。

改变文化形象、传播文化声音是个艰难的过程。"每个人迈出一小步，那么世界将迈出一大步"，但我始终坚信，正是由于有千千万万的外语人争做中西文化的桥梁，在世界的各个角落传达中国的声音，我们才没有被埋没，我们的文化才更好地走向了世界。

不忘初心、牢记使命，我将在自己的位置上发光发热，将中西方文化融会贯通，做中西文化沟通的桥梁。希望在未来的日子里，朋友们都能奔赴自己的理想，都能在自己的岗位上发挥举足轻重的作用，用自己的双手构建起心中之未来！

北理故事·无悔青春

经管书院　汪子婕

汪子婕，中共党员，经管书院会计专业 2018 级本科生，专业成绩与综合测评均为专业第二（2/24），现已推免至中央财经大学攻读研究生。曾获得国家奖学金、国家励志奖学金、经管书院院长学业奖学金、北京理工大学优秀学生一等奖学金；被评为北京市优秀毕业生、北京理工大学优秀学生、优秀团员、暑期社会实践优秀团员、管理与经济学院"朋辈导师"、"自强不息"青春榜样……所有荣耀都成过往。毕业的铃声已响起，离别的序曲已奏响，此刻最想做的就是盘点。

大学记忆

大学四年过得很快，每个阶段都有不一样的主旋律。大一参加各种各样的活动，逼着惶恐、胆怯、害羞、谨慎的自己去打开心扉，慢慢地，我变得更加外向、乐观、勇敢、真诚。大二的时候我更自信了，对未来充满了希望，在保证专业成绩靠前的前提下会参加演讲比赛、科研项目，尝试做小组负责人，以追求综合实力的提升。大三的主题曲是保研，为了给简历添彩，除夕夜都在赶论文。那段时间瘦到历史新低，当时的我累到再也不想过那样的生活。但当论文成功发表、各类奖项落在自己手中的时候，我只想感叹："奋斗的青春真好！"虽然最后没有去到理想的学校，但相信一切都是最好的安排，只要自己一直努力。大四对学习以外的生活感受更多，友情、恋爱、实习、毕业设计，这是大学以来最快乐的时光，尤其是有好朋友的陪伴。

想和大家分享一些大学里让我印象深刻的记忆点。首先是学习，我依然觉得大学里最重要的事情是学习。学习是跟保研名额、奖学金、评奖评优等挂钩的，当其他同学获得荣誉的时候，我们多多少少都会有点羡慕的。进入大学后，可以去了解一下学院和学校评奖评优的各项政策，结合自己的目标、兴趣爱好去针对性地完成一些任务。大学里的学习不局限于专业课程，不过我将自己大部分的时间都花在课程学习方面。记得我会完完整整地将微积分的课后习题刷一遍甚至两遍，早上6点室友还在熟睡的时候我轻悄悄地洗漱完后去教室学习，课间休息期间都会回顾刚学到的知识点以及规划下一步的学习。朋友们，别给自己偷懒松懈的机会，上课一定要认真听讲，不懂的知识点要及时弄清楚，布置的课程作业也要认真完成，这样对知识点的掌握才会更牢固，学起来也会更轻松，千万不要用"考试周再集中学习"这样的话麻痹自己。同时，提高学习效率非常重要。虽然大学里我们能够自由支配自己的时间，但是不要在一件事情上耗费不必要的时间和精力，半个小时能完成的事情就不要花一个小时才完成，提高学习效率能够让你将更多的时间花在其他感兴趣的事物上，并且会让你的生活变得更轻松。

再来说一说科研和实习这两件事情吧。在科研这件事情上，我们需要主动。大一阶段可以主动找学姐学长，申请加入他们的科研项目，也可以向导师表达自己想要参与科研项目的意愿。这个过程可以让我们对科研有一个初步的了解并寻找自己感兴趣的方向。在大二大三阶段，可以尝试作为负责人招募可靠的队员来共同完成科研项目，这对大家的组织领导能力有较高的要求。坚持完成项目是一件不容易但成就感十足的事情，学校还是比较重视科研的，优秀的科研成果可以给简历添彩，也是评奖评优的有力证明材料，大家可以提前了解和学习做科研的过程中需要用到的软件和理论方法。实习对于商科和毕业后打算直接就业的同学来说比较重要，我自己在这方面做得并不是很好。进入大学后，大家可以多加入一些实习交流群或者看看有没有学姐学长内推的项目，在学习之余可以多实习锻炼。

此外，我还想和大家交流一下我的交友心得。高中的时候我没有交到要好的朋友，有时候会觉得自己不合群，很难交到真心朋友，但大学的经历告诉我，只要真诚善良地对待他人，你就能收获暖心、幸福的友情。而且在这个过程中我也学会了一件事：朋友之间有时是需要妥协和相互体谅的。大学里能交到一两个随叫随到的朋友的时候，你真的会觉得很幸福。不过有时候也要学会享受孤独，在孤独中成长的故事很动人，在孤独中获取的力量很强大。大一大二阶段，我基本上是独来独往，一个人早起去学习，一个人吃饭，一个人自习。刚开始独自吃饭的时候我会觉得不习惯，熙熙攘攘的人群里，一个人的我显得那么孤单落寞，和周围的环境格格不入，甚至会感到紧张和难堪，好像就我没有人陪伴一样。慢慢地，我习惯了这样的孤独，以前我害怕别人嘲笑我落单了，后来我发现除了自己，几乎没有人去在意我的生活状态，就像我很少去关注别人是否成群结队或独自一人，每一种状态都是正常的。我也开始慢慢享受这样的孤独，享受完全自由地支配自己的时间，享受一个人沉浸的思考而无人打扰，享受一个人漫步校园欣赏青春朝气的大学生活。直到现在，当我遇到不开心的事情时，我都喜欢一个人静一静。在孤独中思考会让我对事物有更深刻的认识，也会让我更加了解自己、接纳自己，和内心的矛盾和解。

青春感悟

再来和大家聊一聊我在大学里的体会和感悟吧。

在大学里，学习依旧是最重要的事情。学习是一个自我提升的过程，这个过程会给你自信、成就感、荣誉感，让你与自我的沟通更加流畅、更加深刻，你也会更认识自己、接纳自己、与自己和解。我来自湖南湘西一个偏远的小山村，初入大学的时候，我很自卑，认为大部分同学都比我更有见识、接受过更好的教育，我害怕自己说的话、做的事和这个环境格格不入，我害怕闹笑话，所以刚进入大学的时候我很胆小，说话做事都是唯唯诺诺的。进入大学之前，姑姑告诉我：大学里，也要努力学习。我把这句话牢牢地记在心里。大一阶段的我是自卑的、慌张的，甚至静不下心来好好地学习，但是我告诉自己：汪子婕，大学里学习依旧是最重要的，你一定要努力，一定要多多尝试，一定要坚强勇敢。虽然我很害怕，但是课上我依旧会勇敢地主动回答老师的问题，课下我依旧付出比别人更多的时间弄清楚每个知识点。我就这样坚持着，学习强度和高中阶段差不多。学期末发布成绩的时候，我紧张又害怕，害怕这个偏远山村来的小姑娘会是倒数几名；但最终揭晓成绩的时候，我是年级第三名，无言的感动和骄傲。那时我就知道，努力的力量超乎我的想象，我也是从那时开始逐渐变得自信——原来付出努力了，这个来自偏远山村的小姑娘一点也不差。后来，我开始尝试更多的东西并为之努力，比如演讲比赛、主持人竞选、学生干部、科研等，在这个过程中收获颇丰。学习提升自我、努力加持丰硕成果，给我成就感、荣誉感，让我更加自信。尝到胜利果实的甜头后，我又愿意更加努力去追寻这种成就感、荣誉感，进而更加自信、从容，这是一个良性循环的过程。

读书有什么用？现在我的感受是：只有真的读书了，读的书多了，你才会理解读书有什么用。相比其他热爱读书的同学来说，我肯定算不上读了很多书，但是我会给自己制订读书计划，在阅读的过程中写读书笔记。现在虽然互联网世界很发达，不过我更喜欢阅读纸质版的书籍。刚开始，我读书只是了解故事情节，并没有太多的感想，但是我告诉自己，要坚持下去。以前无聊的时候会去看手机，执行读书计划期间，我要求自己在想玩手机的时候看书，看书能够让我的心平静下来，也会有更多的成就感。后来读的书多起来了，我隐隐感觉到以前读的书都潜移默化影响着我，指导着我的生活。读完一个故事就相当于了解了一个人、了解了一种生活方式，我们会思考这个人的为人处世、他所拥有的思想、他面对问题时的态度及解决方法，我们会批判、吸收，然后将自己获取的智慧运用到之后的生活中。多读书的人看待问题的角度会不一样，他们的心境、智慧是读书少的人无法体会的。

拓展自己的兴趣爱好，发现生活的美，热爱生活。学习是大学生活的一个重要部分，除此之外我们还要积极扩展自己的兴趣爱好，丰富自己的生活，提升艺术修养。每次学校举办歌唱比赛、文艺演出活动，我都会很羡慕在舞台上展示才艺的人。每个人应该都会期待自己的高光时刻吧，我也期待在更多人面前展示自己。初上大学的时候，我就加入了京工演讲团，在这里也获得了一些演讲、主持的机会，也曾代表北京理工大学参加"美丽延庆·精彩世园"首都高校创意演讲比赛，后来我还参加了"时代新人说""时事论坛"等演讲比赛。我的刻苦练习让我获得了优异的成绩，也让更多的人认识我。现在回想起过往的四年，我会觉得舞台上的自己是勇敢的、迷人的、闪耀的，在青春热烈的年纪留下这般记忆，我的人生似乎更加多姿多彩。

大学四年的经历告诉我，做人要自信谦卑、不卑不亢。自信其实就来自自己的经历，来自你取得的成就；谦卑要求我们怀有敬畏之心，不要看不起比你差的人，也不要对比你厉害的人唯唯诺诺。我的自信来源于我对自己的了解，我知道只要自己认真了、努力了，很多事情我都是可以胜任的。我们以一种不卑不亢的态度与别人交流、向别人学习，我们的收获反而会更多，同时也会有一个愉快的相处氛围。当我和别人接触的时候，我会以真诚、礼貌、友好的态度来交流，我会和一部分人聊得很投机，我们对彼此真诚、善良，然后会成为朋友，我会将我们之间的感情视为珍宝。

把事情做到专而精，学会舍去，不要一味求多，这样你的收获可能会更大。有时候我们的野心会比较大，会制定各种各样的目标，但我们的时间精力是有限的，太多的目标会分散我们的时间精力，最后会导致我们对很多事情都浅尝辄止，没有深入的了解。广泛涉猎当然能够帮助我们了解自己的需求、提升综合能力，但我们一定要做到对某个领域专而精，这才是我们的核心竞争力。有时候我们花必要的时间去把一个领域学深学透，收获也会更大。

大学期间我就深有体会，比如说学习 Python，课程要求不高，不用学很深就能拿到一个不错的分数。有些同学会自我钻研，学习课程要求以外的知识，你会发现他们对 Python 的运用更灵活，实实在在地利用 Python 解决了很多学习与工作上的问题，甚至在很大程度上提高了工作效率；但一部分人的学习就是蜻蜓点水，名义上学习过 Python，但是没有能力运用这个软件来解决问题。

未来可期

这些仅仅只是我自己的感悟，我所讲的方法、感悟可能也只会引起一部分人的共鸣，每个人都会有属于自己独一无二的大学生活，也会有属于自己的青春感受。未来就在前方，只要珍惜当下、挥洒青春，我们必将前程似锦、鹏程万里！

青春正当时

求是书院　汪曼琳

大学时光匆匆，四年的时间说长不长，说短也不短。有时候会突然恍惚，仿佛自己昨天才刚刚拿到北京理工大学的录取通知书，有时候又会觉得，在这里发生过的故事远远不止四年。我时常会想来到这所大学是否是幸运之神眷顾，但当我踩着分数线进入这所学校的时候，我确定的是，曾经的成绩并不能定义谁，踏进北理工校门的那一刻本就是一个全新的起点。当时的我或许没有想到，我会和这里有很长的故事要讲，有许多美好而又意外的事情即将发生。

脚踏实地，努力会有回报

1. 从三等学业奖学金到国家奖学金

大概所有人在高中都被老师灌输过这样一种观念：到了大学就轻松了。当时的我也是这样以为的。我还记得军训结束后开始正式授课的第一周周末，我躺在床上，听着室友们窸窸窣窣收拾东西的声音，她们告诉我要去上自习，我当时非常诧异，但还是收拾东西跟着去了教室。但是大学学习远没有高中那样简单，没有老师来监督，也没有人会一遍一遍地教你知识点。大一上半学期我学得浑浑噩噩，虽然常常往自习室跑，但当时没有真正发现学习的乐趣，也没有找到适合自己的学习方法，所以在一学期结束后，我差点面临挂科的风险，最后勉勉强强拿到了三等学业奖学金。这个差点挂科的风险对当时的我来说是一种巨大的无声的打击。或许正是这样的当头一棒，才让我幡然醒悟，我开始明白，在大学，认真学习才是我的第一要务。

真正发现学习的乐趣其实是在大一下学期复习化学的时候。在这之前，要选择什么样的专业，以后要成为什么样的人，这些问题我统统没有考虑过。

直到在复习化学时，我突然发现化学学科的奇妙，发现了化学中的平衡之美，发现了微观世界中的精彩纷呈。其实现在我也说不清在当时是一种怎样的感觉，只是觉得茅塞顿开，就是以后的学习工作都与它有关我不会厌烦的感觉。当我逐渐发现学习的乐趣后，在大一下学期，我获得了北京理工大学的二等学业奖学金。理所当然地，我在大一结束专业分流时，进入了化学与化工学院继续学习。

在化学与化工学院学习的这段时间，我逐渐找到属于自己的学习方法和步伐，每一堂专业课都加深了我对所学专业的热爱。我想在未来，我的世界一定与它有关。带着对化工的一腔热血，在大二上学期结束时，我以专业第一的综合成绩获得了一等奖学金，也在大二学年和大三学年结束后，以学年专业第一的综合成绩获得了两次国家奖学金。但我仍将其视为幸运得到的礼物，我告诉自己，这也不算什么，未来还有很长，要比以前加倍努力。

2. 做科研的"敲门人"

对我来说，在从理论知识学习到科研实践的路上，大概就是大大小小的竞赛了，从大二开始的三年，我一直在做科研的"敲门人"。从大二到大三，我几乎每个学期都会参与一项竞赛课题，从"大创"到"世纪杯"，从节能减排大赛到课程设计实践，这是我认为最困难也收获最大的经历。第一次参加的科技竞赛是物理实验竞赛，获得了校级三等奖；印象最深刻的竞赛是节能减排科技竞赛，获得了市级二等奖。在我看来，一次次的竞赛是让我不断成长和不断熟练的过程：从一开始的茫然无措到之后的得心应手，从最初的小组员到最后独当一面的小队长。这些成长既是苦难的产物，也是我视作珍宝的财富。在竞赛中，我不仅在自身能力上得到了成长，也越来越能在小组合作中找到自己的定位，既能做一个得力干将，也能成为一个认真负责的管理者和组织者。正是因为这些大大小小的竞赛，我也在这些经历中发现了科研的乐趣，发现了抽丝剥茧、一步一步探寻真知的乐趣。

在服务他人中寻找自我价值

1. 为共产主义奋斗终身

湖南是一个红色气氛浓厚的省份。我在湖南省靠北的一个小山村长大，现在记忆最深刻的是小时候几乎每个人家里都会挂一幅毛主席的画像。当时家里有一架电子琴，外公是一名普通工人，他最爱的歌曲是《东方红》，所以我小时候学会的第一首曲子也是《东方红》。长大成年，加入中国共产党成为一名光荣的中国共产党党员,对我来说,既是目标,也是外公外婆的期望。

进入大学之后,终于有机会实现梦想。2019年3月,年满18周岁的我向求是书院党委提交了入党申请书,并成了求是书院第二批被发展的入党积极分子;2020年12月6日,成为一名预备党员,一年后如期转为正式党员。但我也明白,这是我人生的一个新起点,在未来,中共党员的身份会陪伴我、勉励我,也会监督我。

2. 做好为同学服务的团支书

成为求是1812的团支部书记,是我上大学前没有想过的事情。在初高中,我担任班级小干部的次数屈指可数,更不用说是班长和团支书这样的大干部。从小到大,我一直是班级里默默无闻的那一种学生,不论是学习还是学生工作都平平无奇,所以在被任命的那一刻我既担心又害怕,但是我坚信,我想要做好的事情,一定不会失败。当时的我隐隐约约觉得,或许这会成为我人生的一个转折点。

只要有心要做好的事情,结果就不会差。担任求是1812的团支书以来,我也一直把为同学服务、当好书院和同学间的纽带作为重要工作内容,把维系集体成员间关系当成我的责任,真诚待人、乐于助人。在这个过程中,我已经把1812当成了一个大家庭。在疫情前,我们会在学期结束后一起聚餐,为1812班过一周年生日;在每一位同学生日的时候我们也会送上祝福;每一次集体活动都鲜有人缺席……我们共同学习、共同进步。2018年,我们班获得了求是书院"优秀集体"的荣誉;2021年,获得了校级"优秀集体"的荣誉。能成为这个集体中的一员,我感到无比荣幸。

担任团支书的这四年,也是我改变最大的四年,严格意义上来说,也算不上是改变,应该是我认知的进步。从不敢在人前说话到现在可以勇敢站上讲台,从不善于与人交流到现在可以井井有条安排班级事务,从没有什么主见到逐渐可以说出自己的想法……其实没有什么特殊的方法,只是每一次同学们的善意鼓励,让我相信只要怀着一颗真诚的心去帮助同学、服务他人,很多困难就会迎刃而解。

此刻青春正年少

1. 礼赞七十年

"每一个走过天安门的人,都将成为坚定的爱国主义者。"十年前,我坐在电视机前看国庆60周年阅兵,十年后,我站在天安门前为伟大祖国献礼。

国庆 70 周年应该在所有 2018 级学生中有着最深刻的记忆。在 2019 年 10 月 1 日，我作为"与时俱进"方阵中的一员参加国庆阅兵游行。有一次在沙河机场，突如其来的暴风雨打断了我们的训练，大家穿上雨衣就地避雨，后来王力辅导员面对着暴风雨的方向唱了一句"五星红旗迎风飘扬，胜利歌声多么嘹亮"，未曾想所有人开始齐唱《歌唱祖国》。那一刻，我的泪水夺眶，嘹亮的歌声回荡，分不清脸上到底是雨水还是泪水。那一次，我被这雨中合唱的场面所震撼，现在想起来，心情仍像当时一样激动。我爱我的祖国，爱这大好河山，爱中国人，爱这暴风雨，爱这不惧一切的精神。

一寸山河一寸血，十万青年十万军。祖国 70 年砥砺前行，换来我们如今的幸福生活。我作为新一代的青年学子，不能把自己当成温室里的花朵，而应该担负起新一代青年的责任，做一名爱党、爱国家、爱人民的青年，立志报效祖国。

2. 回到山村

"或许应该趁着青春做些什么，"我有一天突然这样问自己，"或许是有什么你一直想做却没有去做的事情？"于是 2020 年夏天，我作为副队长参与组建了一支支教队，遗憾的是因为疫情，这个计划一直被搁浅。我本以为在这四年已经没有机会，但终于在 2021 年的春天，我再次得到了这样一个机会：前往安徽铜陵的陈瑶湖镇乡村希望小学进行暑期支教。于是在 2021 年暑假，我加入了"夏嘻嘻"支教队。

其实现实远没有理想中那样美好。因为没有床所以睡在办公桌上，没有窗帘所以天亮就是起床的信号，没有碗就用杯子吃饭，没有浴室就自己在野外搭一个帐篷……我们的眼里只有 70 个孩子，或许是想到小时候的自己，又或许是见过一些新闻报道，所以虽然条件很艰苦，我们仍然圆满完成了这次任务。当然我做得还远远不够，但这次经历不仅在孩子心里种下了种子，也在我心里种下了种子，我坚信在未来一定还会有更多机会和更大能力去帮助更多大山里的孩子。

还有一个多月大学生活就要结束，我坐在桌前，回忆如洪水般袭来，眼前的画面像电影般一幕幕滑过。在北京理工大学的这四年，在求是书院的这四年，我收获的不仅仅是知识和丰富多彩的经历，还有可以珍藏一生的友情、爱情和师生情谊。虽然大学生活即将结束，但我和北理工的故事不会结束。

有人说，大学四年，疫情占两年，四年真的太短，短到很多人可能上一次见面就是最后一面，短到很多话还来不及当面告诉你。所以这句话送给你也送给我：珍惜当下，珍惜眼前。

年轮

特立书院　姚怡君

一个人的一生不比冥灵、大椿之长，但长于朝菌、蟪蛄之渺。人生几何，在漫漫之路中，青春凝练了精髓；在漫漫青春中，成长成为永恒的话题。

成长伴随着时间流逝，一个人的成长注定需要时间的积累。十年可以树木，但百年才能树人。在人生短短几十载中，属于大学的那一部分似乎只占了二十分之一，但仅仅是这二十分之一却撬动了人生齿轮旋转的方向，也撬动了如行星一般庞大而又充满神秘的未来。四年匆匆时光，再回头，看见被时间留在过去的大学生活，如河流般在我身上流淌，我走向这四年的长河，打捞，我拾到了挫折、经验和未来。

履新

那天，我第一次来到北京，在人群熙攘中，我走向了学校的大门。我知道，当我踏进校门的这一刻，我将成为一名大学生，怀着激动、惊喜的心情踏上了我大学的征程。走进校园，一切都是陌生的，陌生的马路，陌生的教室，陌生的人群。但又是熟悉的，又随处可见郁郁葱葱的树木、蜿蜒通向图书馆的小路、宽广的操场，还有萦绕在学校各处的花香。

走在校园里，听见了篮球场的欢呼声，看见了学长们匆匆走向实验楼、图书馆、操场……各自忙碌。而作为一名刚入学的大一新生，难免有些不适应。着急上课却找不着教学楼，有时候甚至是出了宿舍在学校里找个卫生间都是那么艰难，所以不妨碍我为这所学校打上"大"的标签。我也相信，在新生们眼里，大学的"大"也是视觉上的"大"。

或许人总是这样，当一个新的事物走进你的生活的时候，好奇心就会被点燃。每每听别人说起大学的社团或是大学的学生会，都会给我一种跃跃欲试的冲动。是否大学就需要这样的活动呢？我怀着这样的疑问，参加了学校的轮滑社，每天晚上参加训练。轮滑社里高手云集，在他们的帮助下，我在半年时间里学会了各种轮滑花滑技巧，由此我对轮滑运动充满了热爱。随后，我又有幸接触风信子社的同学们。我向来对自然风光充满了喜爱，借着社团的"东风"我有机会与社团成员们一起爬山、一起露营。我们在黄昏中徒步，在深夜里躺在草坪上仰望，在黎明之际看着云海日出。

驻足

当一切好奇感消失殆尽的时候，就会觉得大学生活也不过如此。大二，没有了大一时的新鲜感，就犹如一滴水混入了江海，当自己跟周围所有人的相处成为常态时，我进入了自我麻痹的状态。某一天，我醍醐灌顶，突然觉得大学不应该这样碌碌无为。从理论知识下手是证明自己的最好方式。所以我努力学习专业课程，同时在其他课程上也严谨对待。课堂之外我选择了自己最感兴趣也最有能力的活动，即学校组织的数学建模比赛。

大学生活不应只有学习，我们不能只给自己拼上知识的拼图而忽略了实践的拼图。2019 年，我参加了国庆 70 周年活动。整个国庆专项活动期间，我默默地做着后勤保障，为同学们服务。先是在同学们集体训练时，围绕操场巡逻检查；后是凌晨半夜，为白天的正式游行搬运物资。服务是辛苦的，服务也是快乐的。

充实

大三我开始成熟，开始变成另一个自己。我不再像往常一样想到什么就去尝试，而是在每做一件事情时都会理性地思考：能不能？值不值得？对我有没有好处？平时也会准时上课，即使老是踏着铃声进教室。我似乎想通过占满我的时间这种方式，让我不再有多余的时间去怀念过去与思考未来。既然充实可以使我暂时忘掉一切，那我便给自己套上更重的枷锁。在大三的忙碌学习中，我参加了学校的"大创"项目，第一次参加科研工作，在老师和学长的帮助下，学到了基本的科研工作思路和许多专业知识，也意识到真正科研工作者的辛苦。

我参加了校庆 80 周年活动，这次活动，我仍然选择当一位后勤志愿者，在舞台后方为我们学院准备和搬运物资。

时间过得太快，我已走过大学四分之三。

整装待发

如果说大学的前三年是用来探索、学习、发现，那大四就是将前三年的一切进行排列组合，取精去糟。

在结束了所有课程的学习后，大四的我投身毕业设计之中。毕业设计是本科学习阶段一次非常难得的理论与实际相结合的机会。这次较为完整的对车辆控制的设计，锻炼了我综合运用专业知识解决实际工程问题的能力，同时也提高了我查阅文献资料、设计制图等其他专业能力。

四年，一段看似漫长却又短暂的时光，还没有想好该怎样结束它，不知不觉间就已经走到了尽头。时间可以证明一切，时间可以解释一切，时间可以成就一切。

时光荏苒，太多的不舍、太多的留恋只能停留在记忆中，现实要求我们不断地向前，稍微的停顿就会落后。虽然现在还有茫然，但我会努力向前。

微风吹起，时间也已跨越整点，躺在床上对着那颗久违的星星许个心愿：未来安好。四年时间，不知不觉已到尽头，未来还有很长的路要走，带着美好的记忆迎接明天的太阳，追随太阳的脚步不断地前进。

愿我未来前程似锦，科研顺利！

一路泥泞　一路生花

自动化学院　吴桐雨

时光荏苒，大学四年已然进入尾声。在北理工的这些日子里，有过泪水也有过欢笑，我的青春就像一株肆意的花，所幸最后成长为期待的模样。写下本文是把大学的时光总结成文字，献给自己，也献给所有帮助过我的老师和朋友。

静心出发

如果让现在的我回忆 2018 年发生了什么，我只会记得：高考崩盘和入学北理工。我来自南方，那时北理工作为理工科院校在秦岭淮河以北名声在外，而我直到填志愿的时候才知道它的名字。因为心态波动导致的发挥失常就像一根刺扎在我的心里，在所有人都欢天喜地迎接大学新生活的时候，我想着的是如何"逃离"。

为了"逃离"，我做了很多准备。我至今都记得室友看我军训背四级单词的惊恐眼神，但也因为每天的积累和刷题，我大一就以 600 分以上的成绩过了英语四六级。和学长学姐打听了高等数学、线性代数和 C 语言课程的重要性，于是无数个周末里我都是"早八晚十"在图书馆安了家，刷完了吉米多维奇和很多 OJ 题库。在别人畅享学生工作的成就感、社团活动的充实和快乐时，我似乎封闭了自己，每天的生活里只有学习。

我把自己过成了苦行僧，但当真没有任何快乐可言吗？

在 8 月的军训，我体验了 95 式突击步枪射击，也和方阵周围的同学打成一片，她们中的一些人至今仍是我的朋友。和室友一起出过的黑板报、凌晨时的拉练、夜幕时分的盛大晚会，这些点滴在我的记忆里熠熠生辉。

开学之后的日子里，我遇到了非常好的老师。教授我们高等数学的林春燕老师、线性代数的陈晔慇老师，以及电路分析的闫雪梅老师，他们都是我大学学习的领路人。他们对于每堂课的用心和负责让我燃起了对这些学科的兴趣，刷绩点不再是很痛苦的自我鞭策，同时也是不辜负他们和这些有趣的知识。

空闲的日子里我也会走出校园：落日余晖下的紫禁城，坐满了钓鱼大爷的什刹海，清晨5点天安门的升旗，胡同深处慵懒的猫咪，东交民巷两侧的绿荫。每当此时，我都会情不自禁发出一声喟叹："似乎北京也很好啊。"

这一年也就匆匆过去了。我心中的刺开始松动，因为北京的美好，因为老师的谆谆教诲，也因为我的静心。虽然我没有参与很多学生活动，但我每日都和自己对话：我越来越笃定自己的封闭是因为一时失落，青春不应该停滞在高考出分的那一晚，我应该接纳更多新鲜的人和事，去创造更多美好的回忆。我也终于能够正视自己高考的挫败，人生岂是一路坦途？就把它当作一场磨砺和蜕变吧。

摩拳擦掌

感谢自己在大一为了"逃离"而做出的努力，第一学年我的成绩是书院的前十名，也如愿选择了自己喜欢的专业——自动化，开始了自己在自动化学院奋斗的三年。

2019年是中华人民共和国成立70周年，我有幸参与国庆阅兵和群众游行方阵的训练。持续了好几个月的辛苦在记忆里已经模糊，日记只记录了雀跃："忽然觉得在路牙子上吃馊得不行的三明治也可以理解为顶着漫天星空在长安街旁野餐。你走到长安街的路口，看着那些一动不动的军人们，那些装备车和标语车，脑子宕机也就是一瞬的事，欢愉就刻在灵魂的尖尖儿上，不由自主地和所有参与游行的他们打招呼。那是真切的骄傲与自豪啊！"这份宝贵的记忆我将永远铭记于心。

2019年也是我接触专业知识的第一年，电路、机械和代码的新鲜感逐渐褪去，它们"狰狞"的真实面目缓缓展开。理论课不再需要课后的疯狂刷题，如何从刷题模式转变成理解透彻概念并融会贯通是我遇到的第一个挑战。实践课越来越多，几乎每门课都需要半个月内迅速上手一个全新的软件，这是我遇到的第二个挑战。

所幸自动化院内良师众多，而也许是运气使然，我每门课的老师都称得上"神仙老师"。数模电都是由刘彤老师讲授，老师讲课深入浅出，不仅教课更是育人。刘坤老师在细致讲授复变函数的同时，分享他的求学经历和人生经验。在我后来选择研究方向时，两位老师也帮了我许多，师恩难忘，你们是我人生的榜样。

我不是一个聪明的孩子，但在不懈努力下已逐渐能够凝练每门课的重点，结合每堂课的笔记绘制思维导图，不再依靠刷题去堆砌。我的动手能力也在模电和数电实验中得到了锻炼，迅速上手一个新事物不再让我畏惧。有很多人说工科学得杂而不精，但也正是如此，我有了接触很多新事物的机会，看到了行业更广阔的一面，也让我更喜欢自动化专业。

大二的我也敞开了心扉，加入了北理招生协会，担任了组织部部长，参与了"思源计划"系列招生活动。我和我的室友们相处更加融洽，感谢小曹同学的不懈努力，撬开我自闭的内心，成为我大学里最好的朋友。我认识了院里一些其他的伙伴，我们在学业上互相督促，是学习和比赛时的好伙伴。我参加了数学建模比赛、智能小车比赛，和同学一起学习 ROS 系统，最终虽然只获得了校赛奖，但参与的过程是宝贵的。我还加入了数字仿真与艺术表演实验室，学习了 Unreal Engine，参与了集训，感受到了艺术仿真的乐趣与魅力。

2020 年，这一年似乎有些漫长，也许是因为大二的下学期是在家中度过的吧。我有了更多与亲人陪伴的时间，也有了更多课余时间参与竞赛、学习新的知识和技能。大二的我在心态上更加轻松，明白了生活需要有张有弛。"study hard play hard"的道理领悟得也不算太晚。我开始觉得大学生活是彩色的，是有人陪伴的，这让我对接下来的日子摩拳擦掌、充满期待。

厚积薄发

大三这一年无疑是最辛苦的一段日子，每周都是全天满课，甚至周末都需要去做实验、调试设备。后来我回家称体重，发现一学期瘦了 12 斤，经过这一年的抗压，我的能力和心理素质都有很大的提升。

在这一年，我遇到了我的终极好队友——赵依琳。我们从电力电子技术实验开始，一起完成了液压实验、电机实验、单片机课设，等等，这些全新的东西需要在极短的时间学习并上手，对我们都是很大的挑战。在这个过程中，我们相互鼓励、支持，战胜了诸多困难，最后全部以 90 分以上的成绩通过。亲爱的朋友，谢谢你的陪伴，让我在这段艰难的旅程里有人倾诉、一同奋斗。

我还要感谢在这一年帮助过我的同学。韩轶带领我们完成了软件工程课设，让我们做出人生第一款 App，非常有成就感；杨盼盼同学在学业上的热心帮助，让我这个消息"闭塞"的人也能尽早做准备，保研信息战里不输在起跑线上；一起参与智能博弈比赛的张学长，是你的帮助让我们一起拿下了一等奖的荣誉。还有很多人琐碎的帮助，真的谢谢你们。

我也在这一年确定了目标：保研去北理模式识别与智能控制研究所，完成我的研究生学业。我遇到了我的导师陈晨教授，为她的美貌、智慧以及平和的心境所折服，便在一个下午斗胆拜入师门。所幸三年的成绩单还看得过去，也有一些重在参与的比赛经历，老师稍作思考也就同意了我的提议。在此感谢老师的认可，我一定好好努力，不辱师门！

至此，我大学最重要的目标已经完成。在这一路，我收获了坚韧的心性，遇到困难时能够冷静处理，而不是慌乱、抱怨。我也遇到了很多很好的老师，上文没有提及的老师只是因为文字有限，但我感恩的心意是无限的，一切都在心里。还有队友和知音，因为你们的陪伴让我的大学生活不再寂寥。

静候花开

在其他同学考研的时候，我因为保研的身份显得格外清闲。在这期间有过放纵的玩耍，但更多的是对毕业设计的努力。感谢实验室孟凯师兄的提携，带我从零开始科研之路，从研读论文到确定研究思路，再到最后的代码调试、论文撰写，师兄都给了我很多帮助，让我成长许多。

我也在课余学习了很多数据分析的知识，拿下了一些实习 offer，但因为疫情原因，最终没有去。有些遗憾就让未来的自己去弥补吧。

回顾这四年，我没有什么突出的成就。我没有亮眼的科研成绩，也没有丰富的人脉关系。我就是一个普通人，心境起起伏伏，常常遇到学业和生活上的困难；但我也是一个有点努力的人，凡是能够争取的东西我都尝试过，也许最终的结果不尽如人意，但在努力的路上总有美好的风景、好心的人们，他们的存在让我更在乎过程而不是结果。

我相信在未来的日子里，我这朵无名小花也能大放光彩。生活中的泥泞常有，只要保持良好的心态，一直向自己心中的小目标努力，就能处处生花、体悟美好。

那是叫做青春的味道

知艺书院　黄奥博

我在宿舍的电脑前敲下这篇文字，转眼间到了毕业季了啊。"毕业"二字，曾经是那么遥远，如今就已经在不久之后。这段时间是北京的夏，这一年的夏似乎比以往来得还要急，跳过了春天，炎热也有柔和。谈起我的大学与青春，这漫长又短暂的四年，风风雨雨，起起沉沉，有着肆无忌惮的欢快，也有着青春少年的怅然。校园不大，但闭上双眼回忆自己的这四年过往，有那么多的人与事，在心底都留下了一片小小的印记。近几日推开窗子的时候，总会嗅到窗外夏天特有的晴朗的味道，不知道这是什么花草的清香味。这片我生活了四年的土地上，飘来的味道已经嵌进我的记忆里，成为叫做青春的，普通却又特别的味道。

我们相遇北理

那还是自己第一次进入校园吧，带着好几个包裹和行李箱从家里赶到北京。世事难料，现在想来自己入学的那一年，居然是家长可以陪伴我们进出学校的最后一年，那幸福的光景更显珍贵了几分。大学之前我并没有住过学校，对离开家的生活还真的是一无所知。报考的时候填报的专业在进校后又转了一次，于是也在开学那短短的几天里换过了一次宿舍。

不知道当时的室友同学们现在怎么样，只记得自己在军训中的一天被通知换宿舍，带着大大小小的东西下了楼，也就是在那时，结识了相伴四年的同窗室友。来自三个不同城市的同学组成了一个家，大家都是转了专业，因此也是偶然中的机缘让我们重组在了这个宿舍。四人间里只住进了我们三人，未曾想到，我们三人在这四年里，因为宿舍未满这一独特的缘由，又将分别邂逅另外三位要好的朋友。相逢即是缘分。因为同班的三人住进一间，空下来的床位便先后迎来了三位来客，原本四人的宿舍也因此有了六个位置。住进一间的大家并无初见的隔阂。四年光景，我从大家的身上学到了很多，受到了不少的照顾，收获了真正的成长。

那些难忘的故事

大一的我们竟然成为近几年最后一届拥有完整军训活动的年级，烈日下的军姿、夜里的绕校拉练、真枪的打靶练习，光彩多样的生活让我兴奋不已。懵懂无知中进入了校园，本以为是痛苦和疲惫的训练却不承想变成了一份最宝贵的圆满的经历。

大一暑假的国庆活动训练仍历历在目。所有给我们做动员的人都在强调，这是最宝贵的机会。现在想来，那段不长不短的时间，真的为我们增添了数不尽的欢声笑语。我们手里拿着会褪色的花球在操场上来来回回地齐步；我们会有机会在炎热的天气里吃到学校给发的雪糕和西瓜；我们每个人都分到了自己所站的点位……当时曾抱怨为什么要顶着夏日一遍遍地训练，如今却无比怀念！每每想到，总是无比庆幸自己有机会参与到这场盛典之中。

喜欢、热爱与责任

如果说为我的大学生活增添色彩的还有什么，那一定要提到记者团和"拾光"工作室的经历。大一的时候，我报名加入了新媒体联盟，不久后，也是在机缘巧合之下，由一位很要好的学长邀请，几个人又组织起一个名为"拾光"工作室的小家园。这里留下了我成长的印迹。不论是作为新成员还是骨干，又或是组长，或者是工作室负责人，我都牢记使命、不忘初心。

京工"拾光"工作室是一个负责校园新媒体的学生组织，我曾负责插画与设计，后来又慢慢接触了视频、推送、文创的制作。起初是因为热爱，慢慢地又衍生出责任。在这里，我不仅学习到了专业知识与技术，也收获了一帮朋友，体会到了责任与成就，明白了一个组织如何合理运营、如何稳固。在这里，我也收获了机会，和大家一起，我们做出了让自己满意自豪的视频作品。在这里，我们一同参与了校庆、开学典礼、建党庆典，在丰富成长自我的同时也做出了自己的贡献。

认真过便不会悔

回想这几年的经历，在专业知识、实践能力等方面，我看到了自己的进步，也发现了自己的不足。四年前的我第一次得知设计这个专业，并填报了北京理工大学。进入校园前，也对专业知识、手绘基础等进行了训练，本以为迎接我的还会是高中一般的简单轻快，未曾想是复杂的学科内容、自由的学习时间，以及高度依赖自我规划的学校生活，我不出所料地因为高数和英语被卡在了起跑线上。

我知道，仅仅带有对所学专业的热爱是不够的。面对众多学科，我所要做的不仅仅是完成自己擅长的项目，还要迫使自己花更多的时间投入不擅长的项目中。住在北校区静园的日子还历历在目，晚上10点钟走出图书馆可以赶上校园超市的最后半小时营业，坐在设计与艺术空间自习时可以时不时翻翻屋子里有关艺术的藏书……每一段时间的努力都会换得可观的回报。努力的过程让我深刻明白了不进则退与拼尽全力。

大二，我告别了基础课与数学，在更深入的设计专业课学习中逐渐掌握了学习的节奏，了解了自己所选专业的无尽的可能性。

大三下学期，成绩并不突出但仍想继续学业的我选择了考研。早早购买了一大批参考书并选择在大三的暑假留在校园备考。最初我搬着一个装满参考书与笔记的小箱子，驻扎在三楼的自然社会学阅览室，那时候的我把水杯和排插摆放整齐，似乎能感受到自己在这偌大的图书馆里拥有了一款专属的小空间。记得有人说，学习投入也需要一定的仪式感。每日在固定的位置学习，也会对学习效率的提高有很大帮助。

最后的三个月确实是每个考研人都最为"黑暗"的时候。那时候几乎每一天我都在心里默默地退缩与质疑：知识无限，但时间有限，课内的任务不能落下，可自己还没有掌握的东西还有很多……每天为自己规定每一刻的学习安排，抱着自己的平板电脑飞快地补着网课，来回翻看自己打印的背诵资料……一切磨难在成绩发布的日子里消散了。灰暗的日子里让我明白了自己的可能性，让我真实感受到了努力换得回报的快乐，以及实现目标的一刻内心的自豪和喜悦。

结 语

　　回首大学四年，快乐的时光比比皆是，忧伤的事也不在少数。成长总是伴随着太多相聚和分别，充实的大学生活在这个假期将迎来尾声。这段时光为我的画笔吸满了色彩，也为我的人生画卷绘出了底稿。我知道这四年的光阴仅是一个开始，我相信我在未来会用这色彩纷呈的笔描出我的人生。

时代各有不同,青春一脉相承。对于四年时光、八个学期,北理工学子都经历着从梦想初始的少年到善为善成的青年,他们踏石留印、抓铁有痕,在时光的流逝中慢慢长大,收获着成长的真谛,体会着成功所带来的美好,留下一段段耐人寻味的成长感悟,成为更好的自己。

第五篇 德学思

四年的时光早已剥去了大学生活那耀眼的光芒和幻想的色彩,袒露出来的是一个实实在在的躯体。这样平凡实在的日子的确不能让我的心中每天开出一朵花,可也留下它独有的清雅香味,久久萦绕。在我心中,走过的每一个日子,或充实或空虚,或浪漫或平淡,在回首望去的时候都有了独特的味道。虽然,一些事,一些人,开始变得遥远了,闪烁了,可我知道,它们从不曾离去过——在我的记忆里,犹如一件件洗得泛白的衣裳,渗透着肌肤与水的感情。

——09120002 班
李晓莉（2004 届）

思考成为我四年来最大的收获。我开始思考学习中每天的点滴知识;思考工作中的些许成就;思考生活中的一人一事;思考理想带来的阵阵快意。正是这些点滴让我四年串联成线、汇集成河,感慨着无尽的收获,感悟着生命的美好,享受着充实的感觉。虽然偶尔感到辛苦、感到乏味,但思考每次都能神奇地把我带出泥潭,迎接新的挑战。

——04320005 班
高博（2004 届）

不是每段人生路途都有空白的时间去反思,"非典"这段特殊的日子给了我这个特殊的机会,让我反思过去、思考未来。有的时候,我想我们的人生,就像是一次夜间飞行,你总会觉得看不清楚未来的方向。而在面对死亡威胁时,会更容易认清自己的心。"非典"在家的日子,我看到了很多,也想到了很多,梦想的方向、学习的目的,还有人类的价值、生命的意义。静止的时间中,我和心灵交谈,渐渐找到了真正的自己。

——6420011 班
翟晖（2005 届）

一段特殊的经历不得不提——"非典"。时不时传来的新闻报道的上升数据让人心紧,也让我明白了自己最需要做的是珍惜这段暂停的时间——享受大学。这段时间的天气实际上比任何时候都要好,我几乎每天都可以坐在

大学 青春 人生——第五篇 德学思

爽朗而宁静的中心花园的草地上晨读。晨读后再抱一本书去附近转转，教室是不开的，因为要尽量避免集体相处的时间。最热闹，莫过于傍晚的中心花园，如有哪位理想主义的画家定会赞叹这种景象，学校艺术团的乐队把乐器搬到中心花园的一角，当时被我们戏称为"美丽的金三角"。那段时期教会了我遇事不慌的处事态度，我时常对自己说的一句话就是：即使兵荒马乱，我也要从容不迫。

——16120011 班
张寒（2005 届）

四年的岁月虽然已如归鸿般从人生的天空中闪过，却绝非"轻轻飞过而不带走一片云彩"。大学对我们来说只有一次，她的绚丽和多彩是我们用一生的时间也不能忘却的；大学对我们来说是宝贵而又深刻的，她重新塑造了我们，使我们真正成熟，使我们真正成为适应社会需要的人才。

——1420201 班
盛涛（2006 届）

当成长的年轮刻进缘分的痕迹，我们在如歌的日子里学会了珍惜。
当岁月的风车转入真诚的美丽，我们在如诗的时光里读懂了友谊。
生命中，如果有那么一段真心付出的日子，随着时间的流逝，很多具体的故事、具体的情节或许会被淡忘。然而，总有那么一件物品、一种味道成为那段生活的象征、证明：我曾来过、听过、看过、爱过。

——05210201 班
樊瑞贞（2006 届）

即将离开的炎热六月，拽着这根似有似无的线，开启一种叫做回忆的东西，才发现记忆的碎片迎面飞来，那些或暗淡的或亮丽的或跳跃的或沉静的或上升的或下降的，真实地拼凑出了过去的日日夜夜，拼凑出了自己的大学生活，也拼凑出了大学中的自己！

——02230301 班
刘瑜（2007 届）

四年，并不很长，走过的日子却填满了回忆的行囊；四年，并不很短，却转瞬即逝。当我想为我的这四年做些什么的时候，却发现只能用现在的文字来追忆已经逝去的时光，祭奠曾经拥有的青春岁月。四年，多少次日升日落，多少回行色匆匆，多少张熟悉的面孔，多少次擦肩而过，多少个不眠之夜，多少次把酒言欢……多少欢笑，多少眼泪，点点滴滴，熠熠生辉。我深爱着四年来的一切，这是属于我的大学时光，属于我的理工四年。四年的时光将逝，思念还很长。似水流年，照片上还是大一时那张稚嫩而又懵懂的脸，似乎一切就在昨日，清晰而又模糊，淡淡的却挥之不去。

——8110302 班
童旭辉（2007 届）

党员要为人民服务，曾经觉得这个口号空洞，如此庞大的责任岂是一个弱小肩膀可以承载的。其实，深刻地理解、品味，将其细细地融于生活，这份责任就变得真实有力。关心家人、朋友、同学，对陌生人及时地伸出援助之手，响应党中央的号召……这些点点滴滴的小事终将成为汇入大海不可忽视的一流。当我把心中的这份坚持延伸到生活中，它才拥有了一份真实的形态，我才履行了身为党员的责任。

——宇航科学技术学院
龙思佳（2008 届）

大学之大在于大师的存在，我们追寻大师的脚步，聆听大师的见解。我为能有机会站在大师的肩膀上望得更高、看得更远而庆幸。于是大一大二几乎所有的讲座都会去听听，从考研办班的宣讲会到两院院士的学术讲座，从社团组织的娱乐晚会到经理人的职业规划，从每周的电影课到名人谈人生理想，能听的皆听。俞敏洪、杨振宁、谭浩强、邓中瀚等先后登上了讲台，进入了我的视野，拓宽了我的视听空间。

聆听智慧，感悟人生，我愿做蚌里的沙。

——宇航科学技术学院
杨殿亮（2008 届）

奥运会紧张而忙碌，奥运过后，留给我的不仅仅是那一套套漂亮的志愿者服装，铭刻在我心里的是弥足珍贵的志愿精神，是不计较个人得失，只为一个信念无畏地冲到最后的毅力。成长需要付出代价，所有的辛酸与快乐都在为今后的人生做铺垫。人生就是一场旅行，重要的不是沿途的风景，而是看风景的心情。四年来，我用宽容的态度对待身边的每一个人、每一件事，用积极的心态面对每一次挫折，用学习的态度看待周围发生的一切。我尽力快乐地过好每一天，把烦恼通通抛到脑后。对我而言，帮助别人是最大的快乐，其中，帮助几名考研的同学成功调剂更让我觉得无比幸福。

——信息与电子学院
哈楠（2009届）

我非常喜欢在北理工教"实用经济英语"的一位女老师，她告诉我们："人生最美的有三样：阳光，微笑，感恩。"而我把这句话作为我人生的座右铭。用阳光的心态照耀自己，用微笑的姿态感染别人，用感恩的心度过人生的每一天。无论贫贱，无论尊卑，无论来去，保持一颗善良的心，一颗平和的心，一颗保持自我同时不打扰别人的心，我想这样才会过得快乐又充实。

——理学院
李慧娟（2009届）

谁不愿风肆好，月常圆？乐融融，悱恻缠绵，堪媲美高山和流水。哪总得这般缘？终难抵繁华落幕，青春走散。

那一年相聚在此，是落笔刹那的巧合，抑或是冥冥中早已注定的命途。于最初擦身而过的陌路，到某年某月某天某一个转角的相视一笑，四年的光阴恰似挥手一瞬间，却承载了你我如梦烟云的青葱岁月，那一些与玩闹相伴的欢声笑语早已消散，那一些与寂寞无关的泪痕早已风干。任时光脚步匆匆，你越想抓住一些什么，它越将一切抛在风中，都成追忆，似水年华只为过往。记忆如风，它未曾总停留在你心底，记载的篇章却不容你背叛，它停留在时间的长河里。你我生命里四年烟花般绚烂的时光，也即将淡去，褪去它那最后的色彩，静静地、静静地消逝在校园的夜空。

——光电学院
陈妍（2010届）

那一年，我们来到这里；

那一年，我们还不知四年的意义；

那一年，树很直，阳光总是很刺眼；

那一年，我们的脸上是新鲜与梦想。

那一年，我们在别人脸上看到了我们曾有过的新鲜与梦想；

那一年，我们觉得自己自由了；

那一年，四级、六级、保研，我们狠狠抓住最后的机会；

那一年，我们开始明白所谓的前程。

那一年，我们看到别人也在狠狠地抓住我们曾想抓住的机会；

那一年，我们怅然若失；

那一年，我们开始珍惜，珍惜校园、朋友、老师；

那一年，就到了我们该离别的时候。

——设计学院 邵丹丹（2010届）

时间，总是那样的抽象和难以捉摸。子曰："逝者如斯夫，不舍昼夜"。时间的确像是永不停息的水流，不论周遭的空间发生怎样的惊天动地、神鬼共泣，它总是那样淡定而执着、永不停息地前行、前行。在浩瀚的时空面前，个体的存在仿佛是沧海之一粟，渺小得不能再渺小，短暂得不能再短暂。当面对绵延逝去的时间，我们有限的记忆容量变得那样可怜。于是我们常常会有那样一种错觉，仿佛时间如同吐司面包，突然被抽走好几片，从一个断点瞬时就跳跃到了下一个断点。

——软件学院 张龙泽（2011届）

人生是奔涌的河流，裹带着我们每一个人，向前，一直向前，从不停歇。在向前的过程中，我们的脚可能会被随水而来的沙石磨痛，我们的手可能会被漂浮而过的树枝刺伤，我们的容颜也会在河水的不断涤荡中衰老，最终我们的生命会消融在河水中。不再茫然，日子就这样一天天地过，过到最后的那一天。可能我们会以为这就是我们的人生了，就是这样而已了，可是那一年那一天的往事会固执地悄然潜入我们的思维，那一切都是放不开、逃不掉、忘不了的。

——计算机学院
张辰（2011届）

再过不久我们就真的要毕业了。我想我会很怀念作为学生的这段单纯美好的时光，因为它真的一去就不再。回顾四年的林林总总，感慨繁多。

比如你永远不要对一件你没尝试过的事情说不可能。

比如在追求更好更强的道路上大家都一样，如果你没有成功，那只能说明你没有别人努力。

比如苦难是一种财富，吃亏是福，你在经历过后就会懂得，你收获的、你学到的东西有多么的无价。

比如这个世界上没有完完全全的公平，只要你无悔付出过，你就问心无愧。

比如不管是快乐还是悲伤，只要你心中有梦，一切都不那么艰难。

比如离开是一种痛苦，是一种勇气，但同样也是一个考验，是一个新的开端。

那么就让我们这样说再见吧！结束意味着另一个开始，本科时代就这样作别，让我们，以梦为马，路美且长。

——自动化学院
詹依宁（2012届）

我在安静中敲打键盘，往事一幕幕，不知不觉就思绪万千。大学四年，让我明白，学习永远是王道，不停学习会让你受益匪浅：全面了解自己的优势与劣势，取长补短，厚积薄发。以前的我叽叽喳喳、嬉笑怒骂、学习马虎、懒惰贪玩、掏心掏肺、没心没肺，现在的我学会了有所保留、冷静思考、谨言慎行、独立自学。走出了从前的小圈子才豁然开朗，为了兴趣抑或是专业需要，我不再懒惰，在师兄、师姐或同学的建议下自学不少专业知识，自信又找上了我。浮夸的现象、竞争的氛围、渐变的环境无时无刻不在考验着我们，现在才明白，如果当初能在孤独中多想想，想清楚自己要的究竟是什么，那么我想我的人生字典里绝不会有庸人自扰这个东西。

——信息学院
罗香香（2012 届）

"敢"性青春就是要勇敢、果敢、敢想敢做、敢爱敢恨。

我很喜欢杨澜说过的一句话："年轻的时候，最大的财富不是你的青春，不是你的美貌，也不是你充沛的精力，而是你有犯错误的机会。"

大学的四年可以说是我们青春最宝贵的四年。有很多新鲜的经历等着我们去书写。不要让懒惰、懦弱束缚我们自由和奋斗的脚步。大学都有哪些事情是不容错过的呢？每个人都有自己的规划。在大学开始的时候我也列了一个表：参加一次大学生社会实践，做一次社会兼职，当一次家教，做志愿者，独自旅行，在世界 500 强的企业里实习一次，废寝忘食地参加一场比赛，轰轰烈烈地谈一场恋爱——我一直相信，让人成熟的不是时间而是经历。所以我会用饱满的激情去对待新鲜的事物。不断接触新的东西才让我成长得更快。

——生命学院
蔡冬琴（2013 届）

回忆四年前的我，懵懂稚嫩、害羞惶恐，而今天的我，成熟稳重、不急不躁。我想，大学这四年对于我，是认清自己、锤炼内心、塑造人格、升华精神的修炼期，更是拓宽人脉、过渡社会、积淀资本、筹划未来的黄金时刻。四年中，我有付出与收获，有遗憾与不尽如人意，但总的来说，这四年，我的青春没有虚度与颓废，我疯疯狂狂地度过了人生中最美丽、最重要的四年。我要疯疯狂狂地接着走下去。

回想自己的大学四年，我有三个最深的感悟：第一就是当你对未来没有清晰定位时，认准目前最重要的事情并把它努力做好，总是没有问题的；第二就是要有闯劲，不要怕过错，错过才是真的遗憾；第三就是要时刻保持一颗平常心，不要纠结于打碎的牛奶瓶，否则打碎的就是你喝牛奶的心情。

——机电学院
智耕（2013 届）

大学 青春 人生

第五篇 德学思

借用德育开题时说的一句话：大学里，成长比成功更重要。我虽没有取得过什么惊天动地的成就，但是每一步都是人生，我走好了每一步，也就走好了人生。我不必用什么灰色或者彩色的语言来总结两年来的自我，我走过的每一步，都刻在了心里，我也不想再用什么誓言来鞭策接下来的大学生活，我会做到无悔。

——管理与经济学院
周三（2014 届）

如果任何一段旅途，都是一条我们自己选择的道路，那么它应该有不同的寓意在其中，那是生命起伏的脉搏，也是一条带着自我和非我境地左右摇摆的船。好似是时间的针线活，有曾经，有回忆，有现在，有未来，一点点粘起，拼凑出两个字：生活。

青春就像一条倒淌过的河流，终有一天会追求奔跑的自由。那么，少年，出发吧，听从你自己，去寻找。你可以为做过的事情而后悔，这很正常。但记得不要因为没做过的事而后悔，那将痛苦一生。

故事讲到最后，免不了是一场离别。其实这不过是一个开了头的故事，需要一个固定的结局而已。其实散场和开场，真的一样简单。与一些人相逢和告别，犹如夏季那一场场及时雨，来匆匆，去亦匆匆，那些约好要同行的人，驶过年华的月台，最后消失在时间的渡口。

——机械与车辆学院
郑昌海（2014 届）

四载光阴，终如指间沙般匆匆流逝。蓦然回首，不论大学生活留下的是完满还是遗憾，它总会在我们的人生中留下浓墨重彩的一笔。大学，是奋斗的汗水，是飞扬的眉眼，是珍贵的友情，是无悔的青春。

告别大学生活，我们带着信念与努力一步一个脚印继续向前。我不会忘记在大学里培养的积极心态，并且要用这样的心态去学习、工作。同时我将会更加努力地加强自身的素质和修养，提高自己实践工作的能力。我始终会以初中班主任对我的期望为准则，做到"气节如竹，品性如莲，不忘初心，玉骨冰清"。

离别在即，不免有些许的感伤，但我相信，大家将在人生的道路上拼搏出属于自己的一片天地，大学的岁月将在我们的心里沉淀为最美好的回忆。

最后赋诗一首，献给我大学四年的生活：

冬去春来秋几经，流光四载若飞星。

依依玉柳绵绵意，曼曼红芍切切情。

把盏言欢歌尽兴，低眸浅笑舞娉婷。

年华最是青春好，壮志何云难路行。

——机械与车辆学院
陈卓群（2015 届）

时间就像是琉璃瓶里的沙粒，顺着指尖的缝隙悄然地流逝，可是当我们想握紧它的时候，它反而流逝得更快了，最后，散落一地……此时此刻，我只想说，时间过得真快，仿佛昨天我们还是那个刚迈入大学校园的懵懂青年，对于新鲜的上课方式、丰富的社团活动都充满好奇，今天却摇身一变成了大四的学姐，即将和母校道一句再见。此时此刻我想我有必要用文字记录下自己四年来的点滴感悟，送给即将离校的自己。

记得曾经读过这样一句话："壶中乾坤大，松案岁月长。"每个人的经历都可以浸泡成一杯经典的茶，尽敛苦涩，余味悠长。我的大学生活，便似在学习如何沏一壶好茶。不是盲目地沏，而是在沏茶之初，便已在心中对茶的味道提出了要求，并拟定了沏茶的每一道工序，按部就班，挑选适合的茶叶，辅以滚开的沸水，等待恰当的时机，只为心中期许已久的那盏茶……

——人文与社会科学学院
郑尹莎（2015 届）

我感觉我最与众不同的地方是我逐渐学到了一种方法，知道了怎样去研究。大二的时候，我第一次站在了徐特立奖学金的舞台上，那时我刚刚投出自己的第一篇论文。我说，我会把自己的未来奉献给人类的进步。大四，我又一次站在"徐奖"的舞台上，我骄傲地说自己正朝着目标一步一步地努力，离梦想更近了一步！回顾我三年多的大学生活，实验室里一次次的失败、欣喜、失望、激动，让我学会了沉稳、冷静、细心、坚持；老师和同学的鼓励让我学会了感恩与珍惜。北京理工大学给了我启航的双桨，我从这里扬帆起航、勇攀高峰。我将以拳拳之心践行"德以明理，学以精工"，以赤子之心服务社会、报效国家！

——信息与电子学院
武烨存（2016 届）

一卷书来，十年萍散；人间事，本匆匆，当时并辔，桃李媚春风；恰同学，少年知交，酒如情浓。我们相逢在陌生时，却分手在熟悉后。我们播种了四个希冀的春天，收获了四个金黄的秋天；我们经受了四个炎夏的磨砺，也饱尝了四个严冬的考验。因此我们无须失落，我们依然可以一路高歌，让六月的骄阳永远见证我们的无悔青春……

——法学院
王馨桐（2016 届）

现在，正值毕业季，我回顾自己的大学四年，没有悔恨，没有遗憾，多了一点成熟，多了一点沉稳。感谢母校这四年来对我的培育，如今我收获了精深的学术和强健的体魄。从良乡校区到中关村校区，从稚嫩到成熟，您一路见证了我的成长。忘不了北湖旁的杨柳依依，忘不了疏桐楼下斑驳的月光，忘不了中教四周肆虐的妖风，忘不了三月里的漫天杨絮。我即将踏上更加宽广的人生道路，您却仍在那里，静守时光。我会以饱满的热情投身到社会主义建设中去，将您的军工传统发扬光大。

——计算机学院
谈兆年（2017 届）

"人生到处知何似，应似飞鸿踏雪泥。泥上偶然留指爪，鸿飞那复计东西。"大学生活发生过的每一件事就像是一块块拼图，一块又一块地拼凑出一个越来越成熟的我。虽然有些板块已经模糊不清，但是正是它们才构成了我美好的青春，给我带来的思考同样值得我受用一生。

——管理与经济学院
张诗奇（2017 届）

今天碰巧读到这样一句话:"风平浪静的人生是中年以后的追求,当你尚在年少,你忍的痛、受得苦、吃的亏、担的责、扛的罪,到最后都会变成光,照亮你的路。"四年一梦,一梦四年。感谢过去四年在北理工学到的一切。百舸争流,勇者当先。愿未来的我们始终有勇气、有信念面对一切未知的挑战!

——管理与经济学院
张葆鑫(2018届)

少年游,步起由南,却,步起时蹒跚错会,误了好时辰,误了正途道,然,赏了好光景,终了旧时念。

踏莎行,念途往北,虽,念途处险阳横难,未尝遂愿,未入学深处,但,有友傍身侧,忆来不觉难。

——化学与化工学院
覃俊杰(2018届)

"醲肥辛甘非真味,真味只是淡;神奇卓异非至人,至人只是常。"正如最喜欢的这句话所表达的,真正非凡的成果,都是在平凡中实践所得。

——化学与化工学院
刘渊(2019届)

追求高度,就有了攀登;追求自由,就有了执着;追求深远,就有了探索。

——数学与统计学院
余洁(2019届)

时间如水,总是无言。

初不识德育为何物,擅解为当时之论、来时之望。今本科既已,回望四载求学路,不禁潸然及涕下。余谓之德育,建哲思明心志者也。其形小而博大,式微而见远,四载已方见其功。芸芸人者躁之,言未及之而言,理未晓之而授。人云不积跬步，无以至千里。曰：人之立志，跬步不止。

——宇航学院 李沛霖（2020 届）

初次读到就很喜欢简媜《温暖的空旷》："你想起年少时，固执地夺取单一的绚烂与欢乐，抗拒枯萎与悲苦，不禁感到羞赧——真像浅塘在暴风雨面前痛哭啊！人生应如秋林所呈现的，不管各自在岁月中承受何等大荣大枯，一切都在平静中互相呼应、成全，共同完成深邃的优美。树的枯荣装点了磐石，苔痕衬托浮光，因容纳而成就丽景。当心胸无限空旷，悲与欢、荣或枯的情事，都像顽皮的松鼠偶然抛来的小果粒，你咽下后，微笑一如老僧。"希望一生平淡安稳、父母俱存、兄弟无故，仰不愧于天，俯不怍于人。

——光电学院 赵苏怡（2020 届）

从小学到大学，一步步向上攀登，点滴积累，这叶小舟从蓝图到雏形，现在终于能支开一点点风帆，小心翼翼地试探前方的风浪了。

小学时的校训是"好好做个人"，初中时的校训是"读好书，交好友，行远路，做大事"，高中是"先学会做人，再学做学问，不仅要学会，关键要会学"，大学是"德以明理，学以精工"。仔细回想，意外发现它们都不约而同强调，学校首先要培养一个人的完善人格，其次是学问。正如学校的德育答辩系统工程，时至今日才发现，从德育开题到德育中期检查，到最终的德育答辩，是一个完整的过程。这一过程的意义比我原先想的要大，人总是需要契机去阶段性地审视自己，知道自己已经成为怎么样的人，自己要成为什么样的人。大学、青春、人生，其含义原来在此。

——计算机学院 吴沁璇（2021 届）

一代人有一代人的长征，一代人有一代人的担当。奋斗是永恒的时代命题。在毕业的关头，回望自己难忘的大学、奋斗的青春、精彩的人生，我相信，在未来，我也一定可以在奋斗中，在与祖国的同频共振中收获更好的自己。让我的青春在为祖国、为人民、为民族的奉献中焕发出更加绚丽的光彩！

——外国语学院

史铮（2021 届）

"大学有新民之道，则大学生者，负新民工作之实际责任者也。"作为新时代大学生的我们，应当主动肩负起新民工作的重任。又是一年离别季，在此，感谢四年以来传道授业解惑的老师们，感谢求学路上同甘共苦的朋友们。从今往后，我将牢记北理使命，发扬红色精神，为国家网络空间安全贡献力量。

未知难解，已知难别。

新知易结，旧知难见。

提笔至此，落笔是情。

新起点，新征程。唯愿今后不忘初心，赤子之心永存！

——计算机学院

肖云杰（2022 届）

还有一个多月大学生活就要结束，我坐在桌前，回忆如洪水般袭来，眼前的画面像电影般一幕幕滑过，在北京理工大学的这四年，在求是书院的这四年，我收获的不仅仅是知识和丰富多彩的经历，还有可以珍藏一生的友情、爱情和师生情谊，虽然大学生活即将结束，但我和北理的故事不会结束，和你们的故事不会结束。

有人说，大学四年，疫情占两年，四年真的太短，短到很多人可能上一次见面就是最后一面，短到很多话还来不及当面告诉你，所以这句话送给你也送给我：珍惜当下，珍惜眼前。

——求是书院

汪曼琳（2022 届）